हेरम्ब चतुर्वेदी

दिसम्बर 31, 1955, इंदौर में जन्म।

स्नातक (1976), परास्नातक (1978) इलाहाबाद विश्वविद्यालय से उच्च शिक्षा। जनवरी 1980 से इलाहाबाद विश्वविद्यालय में अध्यापन; विभागाध्यक्ष तथा कला संकाय के अध्यक्ष रहने के पश्चात जनवरी 2022 को सेवानिवृत्त।

प्राथमिक कक्षाओं के पाठ्यक्रम एवं पुस्तक निर्माण में परामर्शदाता व विश्वविद्यालयों के उच्च समितियों के सदस्य रहे।

दास्तान मुगल महिलाओं की, गांधी और उनके सत्याग्रह की यात्रा, मध्यकालीन भारत में राजनीति, पाश्चात्य इतिहास दर्शन एवं इतिहास लेखन प्रकाशित।

प्रमुख कृतियों के लिए उत्तर प्रदेश हिन्दी संस्थान का वर्ष 2003 एवं 2005 का नरेन्द्रदेव पुरस्कार; 'दास्तान मुगल महिलाओं की' (लोकभारती, 2013) को बी.बी.सी लंदन ने उस वर्ष की श्रेष्ठ हिन्दी पुस्तकों की सूची में शामिल किया था। लगभग 100 लेख राष्ट्रीय एवं अन्तर्राष्ट्रीय पत्रिकाओं में प्रकाशित तथा 25 पुस्तकें प्रकाशित।

ई-मेल : herambchaturvedi@gmail.com

आवरण : डॉ. अजय जेतली

हेरम्ब चतुर्वेदी

दास्तान मुग़ल बादशाहों की

मुग़ल इतिहास की कुछ अन्तर्कथाएँ

लोकभारती पेपरबैक्स

पहला पेपरबैक संस्करण : 2019
दूसरा पेपरबैक संस्करण : 2024

लोकभारती पेपरबैक्स : उत्कृष्ट साहित्य के लोकप्रिय संस्करण

लोकभारती प्रकाशन
पहली मंजिल, दरबारी बिल्डिंग, महात्मा गाँधी मार्ग
इलाहाबाद-211 001

वेबसाइट : www.lokbhartiprakashan.com
ईमेल : info@lokbhartiprakashan.com

शाखाएँ : 1-बी, नेताजी सुभाष मार्ग, दरियागंज नई दिल्ली-110 002
अशोक राजपथ, साइंस कॉलेज के सामने पटना-800 006 (बिहार)
36-ए, शेक्सपियर सरणी, कोलकाता-700 017 (प. बंगाल)

जे.के. आर्ट प्रेस
प्रयागराज द्वारा मुद्रित

मूल्य : ₹ 250

DASTAN MOGHAL BADSHAHON KI
by Dr. Heramb Chaturvedi

ISBN : 978-93-88211-48-2

पिता स्व. शरदचन्द्र चतुर्वेदी को

जिनके स्नेह की छाँव कम ही मिल पायी

किन्तु इतिहास और जीवन के संस्कार से

समृद्ध करके

1972 के अपने महाप्रयाण के बाद भी

निरन्तर हमें प्रेरित करते रहे

अनुक्रम

भूमिका

लोकभारती' ने 2013 में मेरी एक कुछ कहानियों का संकलन 'दास्तान मुग़ल महिलाओं की' प्रकाशित की थी। बी.बी.सी. लन्दन ने उस पुस्तक को 2013 की श्रेष्ठ हिन्दी पुस्तकों की सूची में सम्मिलित किया था। इससे हमारा रुझान इतिहास पर आधारित कहानियों की ओर घूमा। और यह सिलसिला उत्साहवर्धक परिणामों के फलस्वरूप चल पड़ा। इन ऐतिहासिक कहानियों के क्रम में 'दो सुल्तान, दो बादशाह : उनका प्रणय-परिणय परिवेश' और एक ऐतिहासिक उपन्यास, 'मुग़ल शहज़ादा खुसरू' 2016 में प्रकाशित हुए।

इन कहानियों के लिखने के पीछे अनेक कारण रहे, एक तो जो हमारे समकालीन ऐतिहासिक कहानियाँ और उपन्यास लिख रहे थे, वे उसके कहानी तत्त्व पर तो ज़ोर दे रहे थे किन्तु, उसमें ऐतिहासिक तत्त्व की ओर उतना निष्ठापूर्ण ध्यान नहीं दे रहे थे। उदाहरस्वरूप शेरशाह पर उपन्यास लिखते हुए कोई पहले रोहतास की विजय और बाद में चुनार की विजय चित्रित कर रहा था। उपन्यास तो बिक रहा था मगर इतिहास के विद्यार्थियों का स्वाद कसैला हो जाता था? कि, यह क्या किया यह कैसे लिख दिया? या एक सज्जन जो औरंगज़ेब के बारे में अच्छा उपन्यास लिखते हुए उसके साथ हर जगह रोशन आरा की उपस्थिति दिखाते रहे या नदी पार नृत्यांगना के सुर-संगीत-सुरा-नृत्य के आयोजन का चित्रण करते रहे। स्पष्ट था, वे मुग़ल तौर-तरीक़ों से वाक़िफ़ नहीं थे।

'गुस्लखाने' या दरबार में यूँ रोशन आरा की टोका-टाकी सम्भव ही नहीं थी। निश्चित ही 'मुग़ल हरम' का प्रभाव तो समकालीन राजनीति में था भी किन्तु जैसा चित्रण किया गया वैसा हरगिज़ सम्भव नहीं था। इतना ही नहीं, वाकिया-नवीसों, ख़बर-नवीसों के चलते बादशाह को नदी पार की आहट भी न हो? यह सम्भव था क्या? और फिर औरंगज़ेब जैसा बादशाह? क्या यह बर्दाश्त करता? क्या उसके शासन-काल में यह कृत्य करने का दु:साहस कोई कर भी सकता था? सबसे अजब यह लगा कि ये दोनों शख़्सियत इतिहास अध्यापन से सम्बन्धित थे। हमने अपना विरोध दर्ज किया। दोनों ही लोगों ने यह कहकर पल्ला झाड़ा कि वे इतिहास का अध्ययन-अध्यापन करते रहे हैं किन्तु, मध्यकाल के विशेषज्ञ नहीं हैं अत: थोड़ी-बहुत ऊँच-नीच तो कहानी की रौ में छुप ही नहीं जाती अपितु प्रवाह तो नहीं टूटता। कहने की बात यही कि कहानी तत्त्व और प्रवाह-क्रम पर तो ज़ोर है किन्तु ऐतिहासिक साक्ष्यों, तथ्यों — जो पूरे मध्ययुगीन परिवेश की निर्मिति करते हैं उसे नज़रअन्दाज़ कर दिया गया। इतिहास के विद्यार्थी के लिए यह अक्षम्य अपराध-सा है।

दूसरी महत्त्वपूर्ण बात यह भी है कि यदि आपने प्राचीन कालक्रम का अच्छे से अध्ययन किया हो और उसी में शोध किया हो तब आपकी पूरी पकड़ हो जाती है तब आपको मध्यकाल या आधुनिक इतिहास की ओर रुख नहीं करना चाहिए या आप जिस कालक्रम में जायें तब डूब जायें किसी मछुवारे या गोताखोर की तरह जो मोती की तलाश में नित दुबकी लगाते हैं तब तो आपके हाथ निश्चित ही मोती लगेगा वरना फिर वही ढाक के तीन पात। अत: जब तक आपने अपने विषय और उस कालखण्ड के साथ उस क्षेत्र और समाज का सम्पूर्ण अध्ययन नहीं किया है तब चित्रण निश्चित ही 'ऐतिहासिक' दृष्टिकोण से कमज़ोर होगा ही। जब तक आपने इन बातों पर गौर करके तैयारी नहीं की है तो कहीं-न-कहीं कुछ-न-कुछ कमी खटकेगी? तब आप न 'ममता' जैसी कहानी लिख सकते हैं और, न ही वृन्दावन लाल वर्मा, रामकुमार वर्मा, आचार्य चतुरसेन शास्त्री, अमृतलाल नागर से लेकर

नरेन्द्र कोहली तक की भाँति ऐतिहासिक साहित्य ही गढ़ सकते हैं। सर वाल्टर स्कॉट से लेकर इन सभी वर्णित साहित्यकारों ने 'ऐतिहासिक परिवेश' के निर्मिति और उसके किसी भी आयाम के साथ कोई छेड़-छाड़ कभी नहीं की। पूरे मनोयोग, शोध और वस्तुपरक अध्ययन से ही यह सम्भव हो सकता है। इसमें कोई 'शॉर्टकट' हो भी नहीं सकता है?

तीसरी बात 1974 से इतिहास अध्ययन-अध्यापन करते हुए यह एहसास हुआ कि कोई भी हो वह इतिहास में रुचि लेता ही है अपनी विरासत जानने की ललक से भी और परिवेश को समझने के लिए भी। जहाँ तक इतिहास में हो रहे शोध और गहन अध्ययन का प्रश्न है वह एक निश्चित शैली और सन्दर्भ एवं पाद-टिप्पणियों के कड़े नियमों के चलते काफ़ी हद तक नीरस एवं कुछ मामलों में तो उबाऊ भी हो जाता है। अत: इतिहास दुरूह-सा होता जा रहा है। इसी कारण से लोगों में विभ्रम की स्थिति भी निर्मित होती है। अत: इतिहास के अध्ययन को दिलचस्प बनाने के साथ ही पूरे शोध और ईमानदारी से किये ऐतिहासिक अध्ययन या शोध-कार्य को व्यापक लोगों तक पहुँचाने के लिए कहानियों एवं उपन्यासों का माध्यम कहीं बेहतर और असरदार होता है। जहाँ तक ऐतिहासिक शोधों का प्रश्न है वे मात्र शोध-पत्रिकाओं एवं/अथवा ग्रन्थों के पृष्ठों तक ही सीमित होने के चलते व्यापक पाठक समूह से दूर रहते हैं।

पाठकों के संकीर्ण वर्गों तक सीमित रहने के चलते ही अनेक तथ्य-विहीन, ग़ैर-तार्किक चर्चाएँ ऐतिहासिक तथ्य के रूप में मान्यता प्राप्त करने लगती हैं? हम आपको भारतीय इतिहास के मध्यकाल के अध्ययन के कुछ बहुत प्रसिद्ध एवं प्रचलित उदाहरणों से अपनी बात समझाने की कोशिश करेंगे? आप स्वयं वास्तविकता जानने के बाद उन वास्तविक तथ्यों पर ही सन्देह करने लगेंगे क्योंकि आपका इतिहास के शोधपूर्ण अध्ययन के फलस्वरूप प्राप्त निष्कर्षों से कभी सामना हुआ ही नहीं? इस पूरे प्रकरण में अकबर-जोधा का ज़िक्र समीचीन होगा। जोधा जहाँगीर की पत्नी थी न कि अकबर की। किन्तु वास्तविक

ऐतिहासिक शोध से दूर आमजन इस तथ्य को स्वीकार करने में रुचि ही नहीं लेता क्योंकि हमने सरल सहज भाषा में आम पाठकों तक अपने वास्तविक ऐतिहासिक तथ्यों को पहुँचाने का कष्ट कभी किया ही नहीं। इसी प्रकार अनारकली के भी प्रकरण में किसे ज्ञात है कि वह अकबर की पत्नी (निकाहवाली) या उपपत्नी (मुत्तह या डोला उठवा कर 'हरम' में पत्नी के रूप में प्रविष्ट) थी न कि कोई रक्कासा या नृत्यांगना तथा उसके पुत्र दानियाल की माँ थी जिससे सलीम के शारीरिक सम्बन्ध स्थापित हो गये थे (देखिये, दास्तान मुगल महिलाओं में अन्तिम कहानी के रूप में शामिल अनारकली की तथ्यात्मक प्रस्तुति।)

आइये हम वापस कहानी के कथा तत्त्व से इतर कहानी के 'परिवेश' की बात करें। वस्तुतः जब भी 'इतिहास' शब्द कहानी, नाटक अथवा उपन्यास के साथ सम्पृक्त होता है, तब उस 'इतिहास' तत्त्व को नाकारा नहीं जा सकता। आइये इसी बहाने हम 'इतिहास' और उसकी निर्मिति में सम्मिलित तत्त्वों और कुछ परम्परा की भी चर्चा कर लें। 'इतिहास' की परिभाषाओं की भी वही स्थिति है जो अन्य विषयों की है — 'मुण्डे मुण्डे मतिर्भिन्न'। अतः जाकी रही भावना जैसी उसी के अनुरूप उसने इतिहास को परिभाषित किया, देखा, समझा, पढ़ा, लिखा। किन्तु, 20वीं सदी आते-आते एक सर्वमान्य परिभाषा बन ही गयी। लगभग सभी धाराओं के इतिहासकारों ने माना कि, 'मानव विकास के क्रमबद्ध अध्ययन को ही इतिहास' माना जाये। अतः मानव का विकास किन चरणों से होता हुआ गुज़रा वही इतिहास में पढ़ा जाता है।

ज़ाहिर है, भाषा का विकास बहुत बाद में होता है अतः प्रारम्भिक मानव का इतिहास श्रुत परम्परा में ही संरक्षित-संकलित होता रहा। बहुत काल बाद भाषा के विकास के क्रम में साहित्यिक भाषा पूर्ण परिष्कृत रूप में उभर पाती है। अतः ज़ेनावेस्ता हो या पूर्ण वैदिक वाङ्मय सब क़िस्सागोई के ही अन्दाज़ मर रहे होंगे इसीलिए यही परम्परा सर्वमान्य थी। मौखिक परम्परा में वर्णित अधिकांश समय के साथ स्थूल साक्ष्य के रूप में नही शेष रह गयीं। अतः उन्हें मिथक शास्त्र या 'माइथोलॉजी' के अन्तर्गत रखा गया। भाषा का भी वही धर्म

है जो परम्परा का है। दोनों ही मानव रीति-रिवाजों को, उसके अतीत को पीढ़ी-दर-पीढ़ी स्थानान्तरित करती हैं। अतीत से सीखते हुए मानव सभ्यता विकास करती है और, उसी क्रम के अध्ययन को 'इतिहास' माना जाता है। किन्तु, वह अतीत प्रक्रियाएँ और उनकी समस्त जानकारी भाषा से ही एक पीढ़ी से दूसरी को सम्प्रेषित होती है। और मानव जानता चलता है कि अतीत में क्या हुआ। पुनर्जागरण-काल के यूरोपीय मानव ने जब वाष्प (भाप) का स्वभाव समझ लिया तब बाद की पीढ़ी ने उसका उपयोग सफलतापूर्वक समुद्री जहाजों से लेकर हथकरघे को 'पावर लूम' में बदलने में किया और औद्योगिक क्रान्ति को जन्म दिया जिसने अन्ततः उपनिवेशों की खोज को अपरिहार्य कर दिया ताकि कच्चा माल सहजता से मिल सके और, उनके उत्पादित वस्तुओं के लिए बाज़ार सहज उपलब्ध हो सके?

इस आलोक में 'शेयर्ड ह्यूमन एक्सपीरियन्स' अथवा 'अनुभवों की साझा विरासत' के साथ मानव-सभ्यता का विकासक्रम बढ़ता है। ये साझा विरासत भाषा में भी दिखती है। ज़ेनावेस्ता, वैदिक, क्लासिक ग्रीक आदि भाषाओं में बहुत साम्य था तब न भारोपीय भाषाओं की बात स्थापित हुई? लेकिन जब मानव विकास की साझा विरासत का ज़िक्र होता है तब स्वतः ही समझ आता है की इतिहास का फलक संकीर्ण नहीं अपितु व्यापक है। इतने व्यापक फलक को समेटने के लिए गहन शोधपूर्ण अध्ययन और पूरे परिवेश की समझ एक अनिवार्य शर्त है। अतः 'इतिहास' में भी अब राजवंशों का, व्यक्तियों का इतिहास न पढ़ाकर अब परिवेश को पढ़ाया जाता है। एक ख़ास तरह का परिवेश ही एक ख़ास तरह के मानव की उत्पत्ति के लिए उत्तरदायी होता है और, इसीलिए समझ आता है कि किसी काल में नेपोलियन या बिस्मार्क या हिटलर या गाँधी या अकबर या अशोक जैसे व्यक्तित्व क्यों और कैसे उभरते हैं?

अतः इतिहास में भी अब इस बात पर उतना जोर नहीं रह गया है कि क्या घटना घटी अपितु, अब अध्ययन इसका अधिक होता है कि जब उक्त घटना घटित हो रही थी तब लोगों ने क्या महसूस किया

तथा बाद में उनकी क्या प्रक्रिया रही? इसीलिए अब 'क्लाइमेट ऑफ़ ओपिनियन' या 'विचारों का परिवेश' और उसका अध्ययन-विश्लेषण महत्त्वपूर्ण हो गया है। ऐसे में तो परिस्थितियों का अध्ययन-चित्रण और भी आवश्यक हो गया है। भारतीय साहित्याकाश में तो यह मुद्दा सम्भवत: वैदिक वाङ्मय की सशक्त परम्परा के चलते पनपता और सुदृढ़ ही नहीं अपितु परिपक्व भी होता रहा था तभी हर काल में अच्छा साहित्य सृजित होता ही रहा। हमारे यहाँ यह परम्परा थी अत: उसी परम्परा की ओर लौटने और साथियों को भी लौटने के आवाहन के प्रयास में प्रस्तुर रचना। इसमें परिवेश और कथ्य में विरोधाभास नहीं अपितु तथ्य और कहानी तत्त्व में सामंजस्य ही नहीं दिखायी देगा। और, यही पाठकों की रुचि के अनुसार होकर भी गलत इतिहास से अवगत नहीं करायेगा? वे सही तथ्य भी जानेंगे और साहित्यिक गोता भी लगायेंगे। क्योंकि, हमारे यहाँ 'क़िस्सागोई' की मौखिक परम्परा प्राचीनतम काल से ही वैदिक वाङ्मय की देन है।

इसी से एक बात और निकल कर आती है — जैसे ही श्री आमोद महेश्वरी जी से इस पाण्डुलिपि के प्रकाशन की बात हो गयी, हमने इसे मेल कर दिया। लोकभारती के पुराने स्वामी और प्रकाशन के बुजुर्ग और अनुभवी श्री रमेश ग्रोवर (जो अब भी लोकभारती के सलाहकार हैं) ने इसका पारायण करना शुरू किया। वे एक सुधी पाठक हैं तभी एक कुशल प्रकाशक साबित हुए। उन्होंने कहानी पढ़ते हुए पूछा 'मुगलों के यहाँ मुण्डन?' तब हमने फ़ैसला किया कि 'परिवेश' और मानव सभ्यता की साझी विरासत की बात विस्तार से करें, हालाँकि उनको तो उत्तर देकर सन्तुष्ट कर दिया था कि, मध्य एशिया और भारत की विरासत एक थी और मुग़ल पुरानी परम्पराओं का पालन करते रहे। यह क्रम तैमूर के बाद तक तो सामाजिक रीति-रिवाजों में दृष्टिगोचर होता ही है। बस अब आप सबसे कुछ लम्बी हो गयी भूमिका के लिए क्षमा-याचना किन्तु, इस भूमिका के बिना हमारी बात पूरी तरह से सम्प्रेषित नहीं हो पाती अत: विवशता में ऐसा करना पड़ा।

इस बात को उस पूरे आलोक में समझने की ज़रूरत है जो बाबर के एक ख़ानदानी भाई और प्रसिद्ध इतिहासकार, मिर्ज़ा हैदर दोग्लात ने अपनी महत्त्वपूर्ण कृति, 'तारीख-ए-रशीदी' में वर्णित ही नहीं अपितु तार्किक ढंग से विश्लेषित किया है। इसके लिए तारीख़-ए-रशीदी के अंग्रेज़ी अनुवाद को सहजता से पढ़ा जा सकता है, यथा 'ए हिस्ट्री ऑफ़ द मुग़ल्स ऑफ़ सेण्ट्रल एशिया' अनुवादित ई. डेनिसन रौस तथा सम्पादित एन. इलियास; जो लन्दन के कर्ज़न प्रेस से सर्वप्रथम 1895 में प्रकाशित हुई थी। हमने इसके 1972 संस्करण का उपयोग किया है। इसके पृष्ठ 51 से 71 तक का अध्ययन बहुत दिलचस्प और महत्त्वपूर्ण है, क्योंकि इसमें ही इस पूरे क्षेत्र में सनातन मान्यताओं के साथ बौद्ध मान्यताओं के साक्ष्य सहित उल्लेख दिये हुए हैं। साथ ही, इस तरह के प्रकरण पर बाबर की आत्मकथा, 'तुज़ुक-ए-बाबरी' में भी निरन्तर उल्लेख मिलते हैं। इतना ही नहीं, एक मुग़ल राजकुमारी और बाबर की रचनाशीलता की वास्तविक उत्तराधिकारी उसकी पुत्री गुलबदन बेग़म की कृति, 'हुमायूँनामा' का अध्ययन भी महत्त्वपूर्ण है। वस्तुत: यह मुगलों के सामाजिक-सांस्कृतिक इतिहास की सर्वाधिक प्रामाणिक और समकालीन इतिहास एवं ऐतिहासिक स्रोत है तथा यह मध्य एशिया तथा भारत की सम्पृक्त क्षेत्र एवं विरासत पर भी प्रकाश डालती है।

ख़ैर, शंका समाधान के लिए इस लम्बी भूमिका के लिए क्षमा याचना के साथ ही यह भी आग्रह करना आवश्यक हो गया है कि कई कारणों से भूमिका का विस्तार अपरिहार्य हो गया था। यह इस कृति के सुधी पाठकों की समझ के लिए भी ज़रूरी हो गया है जो अब भी मुग़ल बादशाहों के चमत्कृत करते व्यक्तित्व एवं उनके रहन-सहन, रीति-रिवाज, आचरण-व्यवहार, राजकार्य, युद्धों के विवरण के साथ ही उनकी दिनचर्या या रोज़मर्रा की गतिविधियों को भी जानना चाहते हैं और, जिनके लिए हरबंस मुखिया की 'द मुगल्स ऑफ़ इण्डिया' या रेखा मिश्रा की 'वीमेन इन मुग़ल इण्डिया' जैसी पुस्तकें सहज उपलब्ध नहीं हैं, उनके लिए ही 'क़िस्सागोई' के अन्दाज़ में सत्य

घटनाओं और सही ऐतिहासिक पृष्ठभूमि में पठनीय कहानियों के माध्यम से मुग़ल इतिहास की जानकारी देने का प्रयास है। जब हम मुग़ल बादशाहों से सम्बन्धित वास्तविक घटनाओं का यूँ अध्ययन करते हैं तब उनके विषय में जानकारी के माध्यम से मुग़ल इतिहास का पूरा परिवेश सहज समझ आता है और दिलचस्पी भी बनी रहती है। वे 'प्रबुद्ध निरंकुश शासक' तो थे ही, साहसिक सैन्य गुणों से युक्त होने के साथ वे इन्सान भी थे। अत: उनके मानवीय पक्ष को ही उजागर करती हैं ये कहानियाँ।

अत: अब और विलम्ब न करते हुए, लम्बी भूमिका के लिए क्षमा-याचना के साथ ही यह कृति आप सुधी पाठकों को समर्पित है।

—हेरम्ब चतुर्वेदी

दास्तान मुग़ल बादशाहों की

मुग़ल इतिहास की कुछ अन्तर्कथाएँ

बाबर के कोमल व भावुक पक्ष : उसके वैवाहिक सम्बन्धों पर एक दृष्टि

जब भी भारतीय इतिहास के सशक्त शासकों का उल्लेख होता है तो स्वाभाविक रूप से मध्यकालीन शासक एवं भारतवर्ष में मुग़ल साम्राज्य के संस्थापक बाबर का ज़िक्र होता ही होता है। वस्तुत: 'बाबर' के इस 'बाबर' नामकरण के पीछे भी एक बहुत मजेदार किस्सा है। जब बाबर का जन्म हुआ था तब उसके पिता उमर शेख़ मिर्ज़ा ने अपने श्वसुर, युनुस ख़ाँ (जो चेंगेज़ के वंशज व उस समय मंगोलों के क़ाखान या बड़े ख़ाँ थे) को भी ख़बर भिजवाई थी। प्रसिद्ध मंगोल विजेता चंगेज़ ख़ाँ का यह वंशज व उत्तराधिकारी, सत्तर वर्षीय महान् मंगोल ख़ाँ (या क़ाखान) अपने नवासे के मुण्डन संस्कार पर अपने पुत्री-दामाद की इस ख़ुशी के अवसर में शामिल होने व नये-जन्मे शिशु को आशीर्वाद देने की नियत से फ़रघना आया था। चूँकि, मंगोल इन तुर्कों के समान सुशिक्षित व सुसभ्य नहीं थे, अत: उन्हें उमर शेख़ मिर्ज़ा द्वारा अपने शिशु-पुत्र के दिये हुए नाम, ज़हीरुद्दीन मुहम्मद के उच्चारण में बहुत दिक्क़त होती थी। इसलिए उन्होंने अपनी सुविधा के अनुसार उसका नया और संक्षिप्त नामकरण 'बाबर' कर दिया। और, फिर, संयोग से इसी महान् योद्धा मंगोल क़ाखान युनुस ख़ाँ की पत्नी और बाबर की नानी, एहसान दौलत खानम ने अपने दामाद, उमर शेख़ मिर्ज़ा की आकस्मिक मृत्यूपरान्त अपने साढ़े ग्यारह वर्षीय नवासे (बाबर) का राज्य फ़रघना का दायित्व

सम्हाला था। बाबर का पिता युद्धों और अपने राज्य में शत्रुओं से जब घिरा हुआ था, तभी एक दुर्घटना का शिकार हुआ और चल बसा था। अत: उसके प्रशासनिक दायित्वों का निर्वहन करते हुए उसकी नानी अपने खास अनुचरों-परिचरों के साथ फ़रघना में काफ़ी समय रुकी व रही थी। उसने अपने मंगोल कुल के सदस्यों द्वारा दिये गये नाम 'बाबर' से ही उसका सम्बोधन किया होगा। और उसके लगातार किये जा रहे सम्बोधन से यही नाम ज़्यादा प्रचलित हुआ होगा। इसीलिए फ़रघना के इस नये युवा शासक का यही नाम अधिक प्रचलित हो गया और सदैव उसके अरबी नाम, ज़हीरुद्दीन मुहम्मद के साथ और उसके अन्त में चस्पा हो गया। किन्तु, उसके नाम के बादवाला भाग या अंश ही अधिक प्रचलन में आया। उसके नाम का शुरू या पूर्ववाला अंश तो बस किताबों और ऐतिहासिक दस्तावेजों में ही क़ैद होकर रह गया। हालात तो यहाँ तक हैं कि इतिहास के विद्यार्थी भी एक बार ज़हीरुद्दीन मुहम्मद के नाम से तुरन्त चिण्हित न भी कर पायें मगर बाबर से उन्हें इस व्यक्तित्व को पहचानने में कभी कोई दुविधा नहीं रहती है। वे ही नहीं, सामान्य पाठक भी इस नाम से ही ज़्यादा परिचित हैं। यानी, ननिहाल-पक्ष द्वारा दिया गया नाम अधिक लोकप्रिय व प्रचलित हुआ। वास्तव में, यह सरल और अमरत्व प्रदान करनेवाला नाम प्रतीत होता है।

यही ज़हीरुद्दीन बाबर न केवल भारतवर्ष में मुग़ल साम्राज्य की स्थापना के लिए ज़िम्मेदार था, अपितु हमें और हमारे देश को युद्ध में तोप के प्रयोग के साथ-साथ तुलुग़मा जैसी नवीन मध्ययुगीन युद्ध-तकनीक से भी अवगत कराने का ज़िम्मेदार था। जहाँ अकबर ने सुदृढ़ीकरण से मुग़ल साम्राज्य को एक नया कलेवर दिया था, वहीं बाबर ने अपनी आयुध श्रेष्ठता व बेहतर यद्ध-तकनीक से प्राप्त विजयों से मुग़ल साम्राज्य की स्थापना का श्रेय हासिल किया था। उसने महज़ चार वर्षों में चार महत्त्वपूर्ण युद्ध लड़कर अफ़गानों और राजपूतों को बुरी तथा, पूरी तरह से पराजित किया था। इनमें से पानीपत (1526) एवं घाघरा (1529) अफ़गानों की शक्ति को नेस्त-नाबूद करने के

लिए लड़े गये थे, वहीं खानवा (1527) तथा चन्देरी (1528) राजपूतों को पराजित करने के लिए लड़कर विजित किये थे। इसके बाद ही उसकी मात्र अड़तालीस (48) वर्ष की आयु में ही 1530 में शीघ्र मृत्यु हो गयी। अनेकानेक कारणों के चलते हुमायूँ निरन्तर असफल होता चला गया। उसे पूरब और पश्चिम दोनों ही दिशाओं के अफगानों का क्रमशः शेर ख़ाँ (बाद का शेरशाह) और बहादुर शाह गुजराती सामना करना पड़ा। उसके पास न तो तोप जैसा कोई नया हथियार था, जिससे भारतीय अनभिज्ञ हों और न ही अब भारतीय शासक तुलुग़मा युद्ध-तकनीक से ही अनभिज्ञ थे, अतः जहाँ बाबर अपने से कमज़ोर प्रतिद्वन्दियों से विजयी होकर भारत में मुग़ल साम्राज्य की स्थापना में कामयाब हुआ था; वहीं, दूसरी ओर हुमायूँ को सैन्य व सामरिक आयामों में भी अपने बराबरवालों से लड़ना पड़ा था। अतः बराबर के युद्ध लड़ते हुए वह असफल ही रहा। अपनी सैन्य असफलताओं के चलते ही उसे शेरशाह के विरुद्ध चौसा और गंगा-तट के युद्धों में पूर्ण पराजय का सामना करना पड़ा। इन पराजयों के चलते उसे भारत से ही पलायन करने के लिए बाध्य होना पड़ा था। जिसके फलस्वरूप एक बार पुनः शेर शाह ने सूर-वंश के राज्य के साथ-साथ उत्तर भारत में द्वितीय अफ़गान साम्राज्य की स्थापना की थी। ख़ैर संघर्षशील हुमायूँ वापस भारत आने में कामयाब रहा और उसके बाद उसका योग्य पुत्र अकबर गद्दी पर बैठा तब मुग़ल सत्ता की पुनर्स्थापना के कार्यों ने उसे अमरत्व प्रदान करते हुए उसके शासनकाल को भारतीय इतिहास का स्वर्णिम अध्याय ही बना दिया। किन्तु, मुग़ल साम्राज्य की शुरुआत तो बाबर ने ही की थी अतः उसका नाम भारतीय इतिहास में सदा के लिए दर्ज हो गया। अतः इस वीर योद्धा और मुग़ल राजवंश के संस्थापक के कोमल पक्ष को विश्लेषित करके उसके चरित्र व मज़बूती को परखा जाये। आख़िर वे कौन-से तत्त्व और विशेषताएँ थीं, जिससे वह बाबर हुआ और ऐसा हुआ।

भारतवर्ष में मुग़ल साम्राज्य की नींव रखने वाले इस चगताई या बर्लास तुर्क शासक ने स्वयं अपनी मातृभाषा, तुर्की में अपनी आत्मकथा,

'तुज़ुक-ए-बाबरी' लिखकर अपने बारे में हमारे अध्ययन को बहुत आसान कर दिया। वह जितना अच्छा सेनानायक था, उतना ही कुशल प्रशासक, साहित्य-सर्जक, कवि-हृदय, कलम का सिपाही और एक नेक-नियत इन्सान भी था। उसके लेखन की सबसे बड़ी खासियत ही यही है कि वह बेबाकी से अपनी आत्मकथा में सब-कुछ सच-सच बयान करता है। अत: उसके वैवाहिक जीवन के विषय में हमें समस्त जानकारी उसकी 'तुज़ुक' से प्राप्य है और, रही बची बातें उसकी उतनी ही विदुषी पुत्री, गुलबदन बेग़म की कृति 'हुमायूँनामा' में प्राप्त हो जाती हैं। बाबर ने अपने एक क़रीबी दुग्लात रिश्तेदार के पिता की पुरानी शत्रुता भुलाकर उसे न केवल शरण व पितृ-तुल्य स्नेह दिया, अपितु शिक्षित, सुसंस्कृत किया और कश्मीर में स्वायत्त-शासी राज्य की स्थापना की भी आज़ादी बख़्शी थी। इसी मिर्ज़ा हैदर दुग्लात ने 'तारीख-ए-रशीदी' में इन मध्य एशियाई परिवारों के साथ-साथ बाबर व हुमायूँ के विषय में बड़ा सुन्दर व प्रथम-दृष्ट्या विवरण दिया है। वस्तुत: इन तमाम कृतियों से हमें बहुत दिलचस्प ज्ञान होता है और बाबर के व्यक्तित्व के अनोखे पक्ष भी खुल जाते हैं। अपितु उसका व्यक्तित्व सम्पूर्णता एवं समेकित रूप से समझ में आ पाता है। हमें उसके वैवाहिक जीवन के साथ उसके सामाजिक, सांस्कृतिक व कूटनयिक सरोकार भी समझ में आने लगते हैं, क्योंकि, प्राचीनतम काल से विवाह जैसा सम्बन्ध या संस्था कूटनयिक, राजनीतिक सम्बन्धों की स्थापना से लेकर विजय की 'ट्राफी' की तरह प्रयुक्त होती रही है।

बाबर की आत्मकथा में हमें उसकी प्रथम पत्नी के रूप में आयिशा सुल्तान बेग़म का उल्लेख मिलता है। यह भी बाबर की भाँति चगताई या बर्लास तुर्क जनजाति या नस्ल की थी। इन दोनों का यह विवाह बहुत पहले से दोनों भाइयों के पारिवारिक सम्बन्ध को सुदृढ़ करने की नियत से तय हो चुका था, जब वे दोनों बच्चे ही थे। वास्तव में, मंगोलों के रिश्तेदार होने के कारण चगताई मंगोलों के नातेदार भी चगताई तुर्क कहलाये वरना थे तो वे 'बर्लास तुर्क' ही। जिस समय इन

दोनों का विवाह तय हुआ था उस समय बाबर की आयु मात्र 5 वर्ष थी। अर्थात् यह विवाह उसके बाल्यकाल में ही 894 हिजरी सन या 1488-89 में निश्चित हो गया था। यह बात उस वक़्त की है जब बाबर सम्भवत: अपनी याददाश्त में पहली बार फ़रघना के बाहर यात्रा पर समरकन्द गया था। तभी वहाँ के शासक और बाबर के ताऊ सुल्तान अहमद मिर्ज़ा की इस पुत्री से उसका विवाह तय हो गया था। यह विवाह दोनों के पारिवारिक बुज़ुर्गों द्वारा निर्धारित हुआ था। गुलबदन बेग़म हमें सूचित करती है कि आयिशा सुल्तान बेग़म सुल्तान अहमद मिर्ज़ा मिरां शाही एवं उसकी पत्नी कुतुक (कुतक?) अथवा खतक बेग़म की तृतीय पुत्री थी। यह सुल्तान अहमद मिर्ज़ा और कोई नहीं बाबर के पिता, उमर शेख़ का सबसे बड़ा भाई था। इन दोनों के विवाह के इस निर्धारण के दस वर्ष पश्चात् जब वे कुछ बड़े हो गये तब हिज़री सन् 905 के शाबान माह या 1499 में उनका निकाह मध्य एशिया के खोजन्द में सम्पन्न हुआ था। इस समय फ़रघना का युवा शासक बाबर मध्य एशिया में खुसरू शाह तथा अहमद तम्बोल जैसे शासकों व सैन्य-वीरों के साथ राजनीतिक प्रभुत्व के विस्तार एवं अपने राज्य के अस्तित्व की सुरक्षा के लिए संघर्षरत था। आयिशा बेग़म का यह पूर्व-निर्धारित विवाह एक वीर शासक के साथ उस समय सम्पन्न हुआ था, जब बाबर स्वयं अपने अस्तित्व की सुरक्षा के लिए भयंकर, रक्त-रंजित युद्धों में फँसा हुआ था।

हमें यह नहीं भूलना चाहिए कि इन दोनों की शादी तय होने और विवाह सम्पन्न होने के दस वर्ष की अवधि के बीच में आमू व सीर दरियायों से बहुत सारा पानी बह चुका था? परिस्थितियाँ बहुत बदल गयी थीं। 1494 में इसी सुल्तान अहमद मिर्ज़ा ने अपने छोटे भाई से हुई अनबन के चलते अपने साले महमूद ख़ाँ (जो इत्तेफ़ाक से जिस पर आक्रमण किया जा रहा था, उस उमर शेख़ मिर्ज़ा का भी साला था) के साथ ही फ़रघना की घेरेबन्दी किये हुए था। इसी समय उमर शेख़ मिर्ज़ा की अख्शी में एक पर्वत की चोटी पर स्थित अपने कबूतरख़ाने के डह जाने से मृत्यु हो गयी। उसका राज्य उसके अपने

बड़े भाई और साले की सेनाओं से घिरा हुआ था और वह उस वक़्त अख्शी के अपने इस प्रिय कबूतरख़ाने में मौज़ूद था, जब वह डेह गया। उसकी आकस्मिक मृत्यु के बाद उसकी सास ने फ़रघना का कार्यभार सम्हाल लिया और बाबर की ओर से राज्य के इन दोनों शत्रुओं को सन्धि-पत्र भी भेजा तब भी अहमद मिर्ज़ा आसानी से नहीं माना था? बाबर ने तो इस औपचारिक राजकीय पात्र-व्यवहार के अतिरिक्त उसे अलग से एक व्यक्तिगत पत्र भी लिखा, जिसमें उसने अपने इस ताऊ, सुल्तान अहमद मिर्ज़ा से निवेदन किया कि चूँकि, इस समय उसकी दुःख और संकट की घड़ी है, अत: वह इस दुःख की घड़ी में तरस खाकर अपने निरीह भतीजे के राज्य से जारी घेरेबन्दी उठा ले। बाबर ने तो यहाँ तक लिखा कि वह निवेदक बाबर को अपना पुत्र, सेवक या दास मानते हुए उसे माफ़ कर दे और वह इसकी एवज़ में एहसान मानते हुए सदैव सुल्तान अहमद मिर्ज़ा का अधीनस्थ शासक व वफ़ादार सेवक बना रहेगा? हमें स्मरण रखना चाहिए कि सुल्तान अहमद मिर्ज़ा की पुत्री आयिशा बेग़म से बाबर की शादी पक्की हो चुकी थी और बर्लास तुर्कों के रिवाज़ और सगुन या शुभ-लक्षण या टोटके के विश्वास के चलते बाबर को इस नन्हीं-सी दुल्हन का नक़ाब उतारने की रस्म भी अदा करवायी गयी थी। अत: दोनों ताऊ-भतीजे होने के साथ, श्वसुर-दामाद के भी करीबी रिश्ते से बन्धे हुए थे। इसीलिए बाबर ने उनके अधीनस्थ एक वाइसराय की हैसियत से फ़रघना पर शासन करते रहने की दरखास्त की थी? वह उससे युद्ध समाप्त करके घेरेबन्दी उठाने की प्रार्थना कर रहा था।

हम पाते हैं कि बाबर के इस व्यक्तिगत पत्र में समर्पण, निष्ठापूर्ण व्यवहार की शिद्दत से की गयी एक ईमानदार अपील तो थी ही, उसमें अपनत्व व दीनता या समर्पण के भाव की भी कोई कमी नहीं थी? किन्तु सुल्तान अहमद मिर्ज़ा के दिमाग में इस प्रतिकूल परिस्थिति में अपना स्वार्थ हावी हो गया और एक बदमज़गी के चलते उन्होंने घेरेबन्दी नहीं उठायी? सम्भवत: सुल्तान अहमद मिर्ज़ा के दिमाग में राजनीतिक प्रभुत्व के विस्तार की आकांक्षा व लिप्सा जोर मार रही हो?

इन भाइयों में तैमूर की विरासत के लिए निरन्तर लड़ाइयाँ और युद्ध होते ही रहता था और वर्तमान युद्ध भी उसी कड़ी में लड़ा जा रहा था, जब बाबर के पिता की दुर्घटना में गुजरने की वजह से वह शासक बन गया था। अत: ऐसी परिस्थिति में सुल्तान अहमद मिर्ज़ा को लगा होगा कि भाई की मृत्यु के अवसर का फायदा उठाकर वह फ़रघना को अपने अधीन करके इस समस्या का स्थायी समाधान कर ले? अत: सुल्तान अहमद मिर्ज़ा ने अपने होनेवाले दामाद और इस अल्प-वयस्क भतीजे, बाबर के दूत-सन्देशवाहक को बुरी तरह से फटकारकर अपने शिविर से भगाकर अपने आक्रामक तेवर तथा अपना स्पष्ट सन्देश भिजवा दिया था। और उसने आक्रमण ज़ारी रखते हुए अंदिजन पर अपनी घेरबन्दी को और सशक्त कर दिया। मगर ऊपरवाले को कुछ और ही मंज़ूर था? सुल्तान अहमद मिर्ज़ा के सैन्य शिविर और फ़रघना के अंदिजन शहर के मध्य एक पतला सा दरिया पड़ता था। दुर्भाग्य से उक्त दरिया पर निर्मित पुल अहमद के सैनिकों के चलने के कारण टूट गया। यह पुल क्या टूटा सैनिकों ने अशुभ लक्षण मानते हुए, उज्बेगों के साथ हुए तैमूरियों के एक पूर्व युद्ध-विभीषिका का स्मरण करते हुए आगे बढ़ने से इनकार ही कर दिया। शायद परवरदिगार बाबर के साथ था? बाबर का राज्य इस अनहोनी के चलते बच गया और उसका ताऊ और सम्भावित श्वसुर अपना-सा मुँह लेकर वापस समरकन्द लौटने को विवश था। उसके लाख समझाने पर भी सैनिक और सैन्य-अधिकारी अब आगे बढ़ने को तैयार नहीं थे। वे इसे अशुभ संकेत मानकर बेवजह आत्महत्या के लिए तैयार नहीं थे। अगर सुल्तान अहमद मिर्ज़ा के सिपाहियों के बोझ से अंदिजन का वह सँकरा पुल न टूटता और उसे अहमद मिर्ज़ा के सैनिक व सेनापति अपशकुन या अशुभ पूर्व-संकेत न मानते तो न जाने क्या होता? या अहमद मिर्ज़ा और नये शासक बाबर के मध्य युद्ध तो अपरिहार्य दिख ही रहा था?

वाकई अंदिजन के उस सँकरे पुल का टूटना कोई अपशकुन या अशुभ पूर्व-संकेत ही था, क्योंकि, सेनापतियों व सैनिकों की हठधर्मिता

के चलते ही सुल्तान अहमद मिर्ज़ा बड़े बेमन से अंदिजन से वापस अपने राज्य समरकन्द के लिए लौटने को बाध्य हुआ था? सम्भवत: वह अपने प्रमुख सेनापतियों के माध्यम से उन सबको भला-बुरा कहते हुए अनेक अप्रिय बातें सुनाते हुए तथा अपने सैनिकों के अन्ध-विश्वास को कोसता हुआ भारी मन और निराशा से वापस समरकन्द लौट रहा था? और संयोग देखिये, समरकन्द पहुँचने से पूर्व ही मार्ग में ही उसकी मृत्यु हो गयी और पूरे बर्लास तुर्क-मंगोल इलाके में यह समाचार और पूरा प्रकरण आग की तरह फैल गया। सबको शायद समझ आने लगा था कि बाबर को परवरदिगार ने ही फ़रघना के शासन के लिए चयनित किया है और उस अल्लाह की कृपा उसके ऊपर पूरी तरह से हो चुकी है। हमें याद रखना चाहिए, कि बाबर के पास इस समय अंदिजन से लेकर अख्शी और उनके सम्बद्ध क्षेत्रों का कुल लगभग अस्सी मील के क्षेत्र का ही राज्य शेष रह गया था। इस बीच समरकन्द का शासक, सुल्तान अहमद मिर्ज़ा जीवित नहीं रहा था, अत: अमीर तैमूर के इस परम्परागत राजधानी पर उसके वंशज होने के चलते बाबर की नज़र जाना और समरकन्द-विजय उसके लिए सपना और महत्त्वाकांक्षा हो जाना एक अपरिहार्य-सी स्थिति थी? अत: हमें इस पृष्ठभूमि में सहज समझ आता है कि बाबर-आयिशा पारस्परिक सम्बन्ध किस जटिलता में शुरू होनेवाले थे? और शायद इसीलिए इनकी शादी टलती गयी और दोनों के पिताओं या उन दोनों सगे भाइयों की आकस्मिक मृत्युओं के तीन-साढ़े तीन वर्ष बाद जाकर सम्पन्न हुई। वाकई आमू व सीर दोनों ही दरियायों में इस बीच बहुत पानी बह चुका था।

विवाह होते ही बाबर ने एक नया अनुभव किया था? अपने परिवार की महिलाओं, विशेषरूप से अपनी माँ और नानी के साथ सम्पर्क-सम्बन्ध के अतिरिक्त यह घर के बाहर की और वह भी कम उम्र की किसी महिला के साथ बाबर का पहला इतना नज़दीकी और इस नये किस्म का वास्ता था? विपरीत लिंग के किसी सदस्य के साथ इस प्रकार का यौनाकर्षण से उपजा या उसे कहीं उकसाता हुआ-सा

निहायत असमंजस पैदा करता एक नैकट्य या प्रगाढ़-सा सम्बन्ध-सम्पर्क था? उससे पहले वह सिर्फ़ महिलाओं को निहायत आदर और अदब से देखता और उनसे पेश होता रहा था अत: वह समझ ही नहीं सका कि उसका व्यवहार इस पत्नी-रूपी महिला के साथ कैसा हो? वह अभी तक प्रतिकूल राजनीतिक परिस्थितियों से जूझता हुआ सिर्फ़ युद्धों, संघर्षों, लड़ाइयों के विषय में ही करीब से गहनता से जानता था। उसे विपरीत लिंग के साथ सम्बन्धों का अनुभव नहीं हुआ था? इसी तरह उसे मदिरा चखने का अवसर भी बहुत बाद (हेरात) में मिला था। अत: युद्ध-तकनीकों, रण-नीतियों, आयुधों, अस्त्र-शस्त्रों से लेकर कूटनयिक चालों में फँसा यह युवा शासक सिर्फ़ राजनीतिक शतरंज का आदी और अभ्यस्त था? अभी उसे संवेदनाओं, भावनाओं, प्रेम, वासना या यौनाकर्षण किसी का कुछ सही भान ही नहीं था। उसे वस्तुत: महिलाओं से सम्पर्क, सम्बन्ध, व्यवहार का कोई ज्ञान ही नहीं था। उसके लिए यह सब इतना अनजाना, अजब-सा सम्बन्ध था, जिसके लिए अलग किस्म की परिपक्वता की ज़रूरत थी। पिताजी की जल्दी मृत्यु से उपजी उसकी प्रतिकूल परिस्थितियों ने जितनी जल्दी उसे युद्धों, प्रशासन, सामरिक समझ और शूरवीरता दी थी, इस ओर उसका दिमाग न तो गया था और न ही उसके लिए उसके पास अवकाश या ऊर्जा शेष थी। फिर उसे समझ ही नहीं आया होगा कि यह भी क्या किसी शत्रुता के भाव से जीतनेवली जंग है अथवा कोई किला फ़तेह करने जैसा है? इसकी विधि और तौर-तरीके से न तो वाक़िफ़ था और न ही इतनी पक्की उम्र थी कि वह इस दाम्पत्य-सम्बन्ध का वास्तविक अर्थ ही समझ पाता?

अपने ही बनाये सामरिक जाल और, निमन्त्रित किये गये युद्ध में फँसे बाबर के पिता के इस तरह अचानक हादसे में गुज़र जाने के चलते, उसने अपने-आपको, इन प्रतिकूल परिस्थितियों में अपने राज्य के शासक बनते ही शत्रुओं की सेनाओं से घिरा पाया, जिसमें से एक सेना उसके अपने ताऊ (भावी श्वसुर) की थी और एक मामा की थी। उसके पिता व ताऊ के अतिरिक्त एक अन्य चाचा का यानी तीन भाइयों

की शादी अहसान दौलत या बाबर की नानी की तीन बेटियों से हुई थी। यानि बाबर की दो चाचियाँ उसकी मौसी भी थीं। अत: रिश्तेदारी व सम्बन्धों की भी जटिलताएँ कम नहीं थीं जो इनके पारस्परिक सम्बन्धों को भी अपने बनते-बिगड़ते समीकरणों में उलझाये रहती थीं। अत: पूर्व में की गयी एक संधि का उल्लंघन करते हुए, जब बाबर के पिता उमर शेख़ मिर्ज़ा ने अपने भाई के अधिकारवाले कुछ भू-क्षेत्र पर अनधिकृत स्वामित्व स्थापित किया था, तब दोनों भाइयों के मध्य यह युद्ध अपरिहार्य हो गया। उसका साला भी गुटबन्दी या पहले से तय कूटनयिक सम्बन्धों के चलते अपने दूसरे बहनोई के पक्ष में बाबर के विरुद्ध मोर्चा सम्हाले हुए खड़ा हो गया। उसी युद्ध के दौरान पर्वत की चोटी के सिरहाने पर निर्मित उक्त कबूतरख़ाने के भवन के अचानक डह जाने से उसका पिता चल बसा था, अपने छोटे-से राज्य को युद्धरत शत्रुओं से घिरा छोड़कर। यह तो भला हो उसकी नानी का जो उसके रक्षार्थ हाज़िर हुई और अपने दामाद की आकस्मिक मृत्यु से उत्पन्न परिस्थितियों से अपनी प्रिय बेटी का घर व राज्य बचाने के लिए बाबर के राज्यकार्य में सहायता प्रदान करने लगी थी। उसी ने अपने दामाद एवं अपने लड़के को फ़रघना की घेरेबन्दी ख़त्म कर लेने या उठा लेने के लिए बाध्य कर दिया। उसी ने मात्र साढ़े ग्यारह वर्ष के बाबर के राज्य को बचाने का बीड़ा अपने सर उठा लिया।

बाबर का जो भी प्रारम्भिक सम्बन्ध महिलाओं से हुआ, उसमें वे माँ और नानी के ही रूप में संरक्षण प्रदान करती हुई-सी थीं? यदि बाबर की नानी ने राज्य का कार्य न सम्हाला होता तो फ़रघना का यह सीमित और छोटा राज्य भी उसके हाथ से तभी निकल जाता जब उसके पिता जी की उस दुर्घटना में मृत्यु हुई थी और फ़रघना का यह छोटा और सीमित-सा राज्य शत्रु सेनाओं से घिरा पड़ा था? अत: बाबर की नानी ने ही अप्रत्यक्ष रूप से सत्ता सम्हालकर अपने पुत्र और दामाद को लिख भेजा कि वे अपनी सेनाएँ फ़रधना से वापस ले जायें, क्योंकि जिससे उनकी शत्रुता थी वह काल कवलित हो चुका था, अब तो सत्ता नाम के लिए बाबर और वास्तव में उसकी नानी, एहसान दौलत ख़ान के हाथों में थी? अत: उनका पुत्र, महमूद ख़ान एवं

दामाद, सुल्तान अहमद शेख़ मिर्ज़ा (बाबर के पिता, उमर शेख़ मिर्ज़ा के बड़े भाई) दोनों को घेरेबन्दी समाप्त करने के लिए कहलवा भेजा। उसका मन्तव्य यही था कि वे अपनी सेनाओं के साथ अपने राज्यों की ओर लौट जायें? अब एहसान दौलत ने बाबर के राज्य को दुरुस्त किया। बाबर को उसने धीरे-धीरे शासन-प्रशासन का अभ्यस्त किया। उसे अपरिहार्य रूप से लड़े जा रहे युद्धों के लिए पर्याप्त समय देते हुए, उसकी नानी ने राज्य के प्रशासनिक-दायित्वों का पूरी ऊर्जा के साथ निर्वहन किया। तम्बल जैसे विश्वासघाती सरदारों, छोटे भाई के षड्यन्त्र व उज्बेगों व अन्य मिर्जाओं की महत्त्वाकांक्षाओं के बीच युद्धों की निरन्तरता में फँसे हुए बाबर के स्थायित्व, सैन्य-शक्ति व शक्ति-समीकरण को दुरुस्त करने के नज़रिये से, उसके विषय में भी सोचना बाबर की नानी का कर्त्तव्य था? अतः स्थानीय शक्तियों से सम्बन्ध बनाने कि कड़ी में उसकी चचेरी बहन, आयिशा सुल्तान बेग़म से पूर्व में तय किया हुआ उसका विवाह अब सम्पन्न किया गया। सबने यही सोचा होगा कि, कम-से-कम दो भाइयों के परिवारों में वैवाहिक-सम्बन्धों की स्थापना से पारिवारिक प्रतिद्वन्दिता एवं कटुता कुछ कम होगी तथा एका बढ़ेगा और बाबर को राहत, शक्ति, संसाधन व किसी राज्य का साथ भी मिलेगा? अब दोनों के पिता नहीं थे अतः पारिवारिक शत्रुता पर एक विराम सा लगा था। एहसान दौलत की दोनों पुत्रियाँ उसकी बात सुनने को राज़ी रही होंगी और वे स्वयं पारस्परिक मधुर सम्बन्धों की भी आकांक्षी रही होंगी अतः यह विवाह सम्भव हुआ होगा। बाबर एवं उसके राज्य के लिए भी यह फ़ायदे का सम्बन्ध था? राज्य के एक ओर, एक मोर्चा बन्द होगा तो दूसरी ओर इससे राजनीतिक व सैन्य मज़बूती भी आयेगी? अतः इस समय बाबर के राजनीतिक हितों को देखते हुए ही यह विवाह अब बिना विलम्ब के सम्पन्न करने का निर्णय लिया गया था। और इस दौर में शैबानी के नेतृत्व में उज़्बेग शक्ति गति से तैमूरी विरासत के समक्ष एक बड़ी और गम्भीर चुनौती खादी कर रहे थे। अतः तैमूरी परिवारों की एकता भी ज़रूरी ही नहीं अपरिहार्य हो रही थी?

चूँकि, इस उम्र तक बाबर का विपरीत लिंग के साथ, अपनी माँ और नानी के अलावा किसी अन्य स्त्री से किसी प्रकार का कोई सम्पर्क-सम्बन्ध ही नहीं रहा था अत: वह इस सम्बन्ध को न तो समझ सकता था और न ही बिना समझ और परिपक्व दृष्टिकोण के, उसका निर्वहन कर सकता था। अत: वह अपनी नव-ब्याहता के समक्ष सदैव सकपकाता ही रहा था। उसकी हिचक, झिझक एवं अनाड़ीपन से उपजे शर्मीलेपन ने उसके व्यवहार को कोई सुनिश्चित और पति-पत्नी का सुपरिभाषित स्वरूप ही नहीं ग्रहण करने दिया? इससे वह स्वयं भी दाम्पत्य सुख व संवेदनाओं से अछूता ही रहा और अपनी इस पत्नी को भी उसके वैवाहिक अधिकार, पति के प्यार, दुलार, स्पर्श, संवेदनाओं व दैहिक आवश्यकताओं की सन्तृप्ति, दाम्पत्य-सुख, सन्तोष व पूर्णता से वंचित ही रखा। उसके इस अधकचरे व्यवहार ने उस बेचारी को अतृप्त व असिंचित ही नहीं रखा होगा अपितु व्यथित भी रखा होगा? कुछ उसकी उम्र, कुछ हालात और कुछ पारिवारिक मन-मुटाव, जिसमें सभी भाइयों की सन्तानें अपने-आपको दुसरे से अधिक श्रेष्ठ समझतीं और आगे निकालने के लिए या साबित करने के लिए प्रयासरत भी रहती थीं उसने भी बाबर के इस दाम्पत्य-सम्बन्ध को प्रतिकूल रूप से प्रभावित किया होगा।

आयिशा सुल्तान बेग़म अपनी पीढ़ी में अमीर तैमूर के सबसे ज्येष्ठ वंशज और बाबर के पिता के सबसे बड़े भाई की पुत्री तो थी ही, साथ ही चूँकि, उसका पिता ज्येष्ठता के चलते अमीर तैमूर की राजधानी समरकन्द जैसे समृद्ध व सुप्रसिद्ध क्षेत्रवाले राज्य का स्वामी था अत: उसका अभिमान भी उच्च था। उसे बाबर के पिता के साथ ही अपने पिता की भी मृत्यु के बाद हुए अपने विवाह को न जाने किस विवशता का परिणाम माना? उसे लगा होगा कि दोनों परिवारों के बीच जो रिश्ता कायम हुआ था वह सम्पन्न तब हुआ जब दोनों ही परिवार प्रतिकूल परिस्थितियों से जूझ रहे थे? अपने दोनों लोगों में ज़्यादा बदतर स्थिति किसकी थी, शायद इसका आकलन उसने बाबर के युद्धों में उलझे रहने के आधार पर ही किया होगा? उसे लगा होगा कि यदि यह पूर्व-

नियोजित और तय हुआ वैवाहिक-सम्बन्ध आड़े न आता तो उसका विवाह तो किसी भी समकालीन मध्यएशियाई शासक से हो सकता था? वे सब इस वंश के साथ वैवाहिक सम्बन्ध स्थापित करते हुए न केवल गौरवान्वित होते, अपितु अपने सामाजिक-राजनीतिक स्तर को सुदृढ़ व सुधारने का भी अवसर पाते? आख़िर, चंगेज़ ख़ाँ के परिवार की लड़कियों से इनके वंशजों के विवाह होना चंगेज़ के परिवार अपना गौरव मानते ही थे? तब ज़ाहिर ही है, कि शेष शासकों के लिए तो इससे अच्छा सम्बन्ध कुछ हो ही नहीं सकता था? ऐसे में अगर परिवार के एक लड़के और नव-सिंहासनारूढ़ बाबर के साथ उसका पूर्व-निर्धारित विवाह सम्पन्न हो रहा था, तो भी उसकी नज़र में यह निश्चित ही बाबर के लिए ही एक अधिक लाभदायक सम्बन्ध था? वह राजनीतिक उतार-चढ़ावों के अनिश्चितता के दौर से गुज़र रहा था। उसे इस विवाह से अधिक लाभान्वित होने की आशा थी? अत: आयिशा बेग़म को उम्मीद ही नहीं विश्वास रहा होगा कि बाबर ही नहीं उसका परिवार इस रिश्ते की सम्पन्नता के लिए उसका और उसके परिवार का कृतज्ञ होगा और उसे हाथों-हाथ लिया जायेगा? आख़िर वह तैमूर के वंश की ज्येष्ठतम भाई की पुत्री जो थी और ज्येष्ठ उत्तराधिकारी की पुत्री?

किन्तु, यह भी सत्य था कि अब समरकन्द का यह महत्त्वपूर्ण और समृद्ध राज्य भी उज़्बेगों की बढ़ती शक्ति और शैबानी ख़ाँ के नेतृत्व में उनकी बढ़ती, घनीभूत वा सशक्त होती राजनीतिक प्रभुता के चलते संकटग्रस्त हो चुका था? उस पर अस्तित्व के संकट के बादल उमड़ने लगे थे? अत: उस परिवार को भी तो एक वीर शासक की ज़रूरत थी, जो उनके लिए दामाद के रूप में एक परिवारीजन की तरह मज़बूत सम्बल और सहायता के लिए खड़ा हो सकता था और साहस से इस नयी जागृत उज़्बेग शक्ति का सफलतापूर्वक सामना तो करने की हैसियतवाला होता? वास्तविकता भी यही थी, बाबर ने दो बार उज़्बेगों को पराजित करके, समरकन्द पर अपना आधिपत्य स्थापित करके यह प्रमाणित भी किया था कि पूरे मध्य एशिया में जब मंगोल

(महमूद ख़ाँ) व बर्लास तुर्क (तैमूरी वंशज) दोनों ही इस नयी उभरती शक्ति से पराजित हो रहे थे, वही एक व्यक्ति था जो उज़्बेगों के नेता शैबानी ख़ाँ को पराजित करने की क्षमता, योग्यता व साहस रखता था? प्रत्यक्षं किं प्रमाणं? बाबर ने तो यह साबित किया ही था? अत: दोनों तरफ़ की सौदेबाज़ी का नतीज़ा था यह वैवाहिक सम्बन्ध और इसीलिए इनके दाम्पत्य-जीवन के शुरू से ही इसमें ग्रहण के चिह्न भी परिलक्षित हो रहे थे। जहाँ विवाह कूटनयिक कारणों से होते हैं वहाँ पारस्परिक आदान-प्रदान का छोटे-से-छोटा हिसाब भी रखा जाने लगता है। ये सम्बन्ध या रिश्ते दिल से नहीं दिमाग से उन परिवारों द्वारा या उस सम्बन्ध के लिए ज़िम्मेदार उनके बुजुर्गों द्वारा चलने या चलाये जाने लगते हैं। इस तरह से संचालित होते सम्बन्ध, जहाँ दोनों पक्षों — वर एवं वधू में बहुत पारस्परिक मिलन और संवाद न होता हो या बहुत कम होता है वहाँ दाम्पत्य-प्रेम और सुख प्रतिकूल रूप से प्रभावित होता ही है? अत: शुरू से ही यह विवाह इन्हीं कारणों के चलते अपने असली दाम्पत्य-स्वरूप में कभी आ ही नहीं सका। इसके चलते तनाव और घनीभूत होता चला गया, गलतफ़हमियाँ बढ़ती गयी होंगी। दोनों पक्षों की ठण्डे, वस्तुनिष्ठ या सन्तुलित, दिल व दिमाग से सोचने-समझने की शक्ति कमतर होती चली गयी होगी? और छोटी-छोटी बातें बड़ा स्वरूप ग्रहण करने लगी होंगी? हर बात बतंगड़ हो रही होगी?

वास्तव में आयिशा बेग़म की उम्र, सुन्दरता और, उसमें नव-यौवना की स्वाभाविक अल्हड़ता होने के साथ-साथ अपने ख़ानदान और परिवार के चलते जागृत स्वाभिमान के साथ ही एक नव-विवाहिता की बढ़ी हुई ख़्वाईशें, इच्छाएँ, एषणाएँ, सपने भी उसके साथ साये से चिपके बाबर के घर-परिवार में दाखिल हुए होंगे? बाबर की इस चचेरी बहन और अब पहली पत्नी के तो पाँव ही जैसे ज़मीन पर नहीं पड़ रहे होंगे? शायद बाबर को समझ में ही नहीं आया कि वह एक पति है अथवा कोई दास या बस अथाह प्रेम में डूबा कोई प्रेमी? वह किस भूमिका में रहे और अपनी इस नयी ब्याहता को लुभाये? वह

स्वयं किस भूमिका में अपने पति को देखना चाहती है, इसका इशारा भी तो नहीं दे रही थी, बातों से बटन तो दूर था? अपनी पत्नी की इच्छा भी तो उसे समझ नहीं आ रही थी? उसको समझ ही नहीं आ रहा था की इस नव-यौवना, इस नव-विवाहिता की आकांक्षाएँ और इरादे क्या हैं? उससे वह क्या अपेक्षाएँ कर रही है? अत: दोनों एक-दूसरे को समझने में नाकामयाब तो रहे ही और इसीलिए बाबर अपनी नव-विवाहिता से बचने की ही कोशिश करता रहा? वह उसके समक्ष पड़ने से कतराता ही रहा? यह उसकी स्वाभाविक प्रतिक्रिया ही मानी जानी चाहिए। इस उम्र में और ऐसी परिस्थितियों में कोई भी पति शायद ऐसी ही प्रतिक्रिया दिखाता? ज़ाहिर-सी बात है जब कहने-सुनने का कोई सबब हो न हो तब वह क्या और कैसे बात करे? इस उधेड़-बुन में ही दिन-रात व्यतीत हो जाते और बाबर अपनी इस पहली विवाहिता पत्नी से मिलने का न तो साहस करता, न ही कोई उमंग जगती और इसीलिए वह उससे मिलने के लिए मन भी नहीं बना पाता था? अपितु, उलटे हर बहाने के चलते उससे मिलना टालता ही रहता था? जिससे मिलने का आकर्षण और कम हो जाता और झिझक बढ़नी स्वाभाविक ही हो जाती थी? बाबर और उसकी पहली पत्नी इसी उधेड़-बुन और अनिश्चितता के शिकार होते ही चले गये।

बाबर तो खुद अपनी आत्मकथा में इस तथ्य को स्वीकार करता है कि जब उसकी माँ उसे अपनी पत्नी से बेवजह दूर रहने के लिए बहुत उलाहना देती, तब वह बमुश्किल उसके पास जाता, किन्तु, यह मिलन भी आधा-अधूरा ही होता और वह भी माह में मात्र एक-आध बार। ज़ाहिर ही है कि आयिशा सुल्तान बेग़म की अपनी ख़्वाहिशें, खुशियों और सुखी दाम्पत्य-जीवन के सपने रहे ही होंगे और वही भी मध्यकालीन मध्य एशिया के उभरते हुए सैन्य प्रतिभा और साढ़े ग्यारह वर्ष की आयु में ही फ़रघना के शासक हुए एक वीर युवा की पत्नी होने जा रही थी। उसके साथ 5 वर्ष से भी कम आयु में विवाह तय हो जाने के कारण भी उसने जो भी सपने देखने शुरू किये वे सब-के-सब स्वाभाविक रूप से इसी एक व्यक्ति के इर्द-गिर्द बुने व बने

हुए थे। उसकी चाहतें, आकांक्षाएँ, इच्छाएँ, एषणाएँ, सुख के सपने सब-कुछ इस एक व्यक्ति पर ही केन्द्रित थे। जो कुछ भी नव-यौवना के स्वप्न और कल्पना लोक में इस रिश्ते को लेकर ख़्याल उठाते थे, वे इस तरह अतृप्त, अधूरे व बिखरेंगे, उसने सोचा भी नहीं होगा? वह बाबर की बेरुख़ी और अपने प्रति आकर्षण की कमी से अपमानित भी महसूस करती रही होगी? वह रोज़ ही मरती रही होगी, अपनी नज़रों और अपेक्षाओं में? सम्भवत: उसके परिवार की अन्य महिलाओं, खासतौर से बाबर की नानी और माँ का अपना इस प्रकार से ख़्याल रखना इस कमी को और रेखांकित व गहरा करता होगा? और, अपमान एवं तिरस्कार का भाव और सालता होगा?

वैसे तो सभी पत्नियाँ अपने पति पर अधिकार के साथ अपने समर्पण के एवज़ में पति के प्यार, दुलार, अपनत्व, पूरकता की प्रत्याशा तो करती हैं। वे चाहती ही हैं कि उनका पति उनका पूरा-पूरा ख़्याल रखे और सभी ख़्वाहिशें पूरी करें, मगर नये विवाह में तो यह आशा ही नहीं एक प्रकार का विश्वास ही होता है कि ऐसा ही होगा? इतना ही नहीं यहाँ तो मसला ऊँची नाक और ज्येष्ठ परिवार की बेटी होने के एहसास से भी प्रभावित था? आयिशा अपने-आपको बाबर से और अपने परिवार को ज़ाहिर तौर पर बाबर के परिवार से श्रेष्ठ समझती और मानती थी? और उस दौर की असलियत भी जब यही थी तब वह कमसिन लड़की इस तथ्य को अपने ज़ेहन से कैसे जुदा कर सकती थी? उसे यही भरोसा, विश्वास और आशा थी, अत: वह उस विचार से कभी पृथक् हो ही न सकी और सब अर्थ का अनर्थ होता ही रहा। वह शिद्दत से यही मानती थी और मानती ही रही? उसने अपने-आपको बदलने या नये सम्बन्ध में ढालने की न ज़रूरत, न व्यावहारिक, न अहमियत ही समझी और न ही उसको कोई अवसर ही मिल पाया? शायद घर-परिवारवालों से—माँ आदि से इस दरमियान इस सम्बन्ध में वार्त्ता सम्भव होती, तो वे उसे समझाने का प्रयास करतीं और स्थितियाँ बदलतीं? किन्तु यहाँ तो युद्धों की अविरलता और राजनीतिक अस्थिरता ने सम्पर्क, सम्बन्ध, यात्राएँ, संचार-व्यवस्था

काफ़ी हद्द तक अव्यवस्थित कर दी थी। उस बृहद परिवार में ही पारस्परिक प्रतिद्वन्दिता और निरन्तर हो रहे युद्धों ने भी ऐसा कुछ सम्भव नहीं होने दिया। अत: वह जिस विश्वास के साथ बाबर से ब्याही जाने के वक़्त आयी थी, उन्हीं विचारों से लैस, अपने-आपको क्यूँकर और कैसे बाबर से कमतर आँकती?

दूसरी ओर, उस मध्यकालीन युद्धपरक परिस्थितियों के सामन्तवादी समाजवाली सोच में भला पुरुष किसी भी महिला से निम्न हो या माना जा सकता था? जहाँ महिलाएँ युद्ध-विजय की पहली और अमूल्य 'ट्राफी' के रूप में मान्य हों, वहाँ आयिशा बेग़म के ख़्याल किसी भी पुरुष के अहम् को चोट पहुँचानेवाले ही हो सकते थे? बाबर इतनी सी उम्र में वो सब-कुछ हासिल करने में कामयाब हुआ था जो उम्र के परिपक्व से पड़ाव पर व्यक्ति अथक मेहनत और अनेक प्रयासों के उपरान्त पाते थे? संयोग से उसके पिता की युद्ध के दौरान एक दुर्घटना में मृत्यु हुई व उसे फ़रघना के शासक का पद हासिल हो गया था। यह उपलब्धि किसी का भी दिमाग ख़राब कर सकती थी और फिर जनजातीय सरदार और उनका उसके समक्ष अधीनस्थ भाव? अनेक सरदारों का समर्पण और अपनी बहनों, पुत्रियों के साथ विवाह-प्रस्तावों की बौछार, ये तमाम बातें बाबर के दिमाग में शासक होने के गुरूर को ज़रूर पैदा करके मज़बूत करती रही होंगी? उसमें उसकी पहली पत्नी का अपने-आपको श्रेष्ठ व ज्येष्ठ कुल का साबित करना और वैसा ही व्यवहार, क्या बाबर के गले उतरा होगा? किन्तु, यह तमाम ख़्याल जब उन दोनों के खून के क़तरे-क़तरे में हर साँस में रचे-बसे हों तब पति-पत्नी के रूप में मिलन बड़ा असहज और असम्भव-सा था? शायद इस नवयौवना के सारे विचार, ख़्याल, इरादे और सपने बाबर के अलग स्तर पर होने की वजह से भी अधूरे ही रहे हों?

अत: बाबर उससे खिंचता, झिझकता, सकुचाता हुआ अव्यावहारिक-सा पति होकर ही रह गया होगा? ऐसी परिस्थितियों में अपनी पत्नी के प्रति बाबर का यह नज़रिया स्वाभाविक और समझ में आने योग्य था अत: उसके दृष्टिकोण से प्रभावित उसका व्यवहार ऐसा ही हो सकता

था? विचित्र, अपरिपक्व, असमर्पित व भ्रमपूर्ण यौनाकर्षण के अभाववाले इस रूख़े व्यवहार से बुरी तरह से बाबर और आयिशा बेग़म के दाम्पत्य-सम्बन्ध धूल-धूसरित हो गये? आयिशा बेग़म भी अपने पति से आशा के अनुरूप सामान्य व सन्तुलित व्यवहार न पाकर, अपने अरमानों की भाँति बिखर ही गयी और फिर वक़्त की नज़ाकत के चलते बिफ़र भी गयी। ख़ैर बाबर की अपनी मानसिकता के साथ उसकी परिस्थितियाँ भी काफ़ी हद तक पत्नी के प्रति इस बेरुखी के लिए ज़िम्मेदार थीं। वह 30-40 दिनों तक अपने युद्धों में व्यस्त व उलझा रहता और इतने दीर्घ अन्तराल के बाद ही सुकून के कुछ पल पाता था, किन्तु इन सुकून के पलों का भी इस्तमाल वह दाम्पत्य-जीवन के लिए नहीं कर पाता था, यह निश्चित ही चिन्ताजनक एवं अफ़सोस की ही बात थी और एक गम्भीर विवाद का विषय भी होता जा रहा था। उसने बाबर से कोई ज़बरदस्ती तो विवाह किया नहीं था। यह विवाह तो दो परिवारों की समझ और रज़ामन्दी का नतीजा था, तब फिर उसे एक विधिक रूप से निकाह करके लायी गयी पत्नी के सुख, अधिकार, सन्तृप्ति क्यों नहीं प्राप्त हो रहे थे? उसने समर्पण, सुख प्रदान करने या प्रेम व सद्व्यवहार में क्या कमी की थी? औरों से वह किसी रूप में भी कम न थी?

बाबर की यह पहली पत्नी एक सुसंस्कृत व सम्पन्न आभिजात्य परिवार से ही नहीं थी बल्कि समकालीन परिवेश में तो वह बाबर से बेहतर स्थिति वाले परिवार से ताल्लुक रखती थी? उसका पिता बाबर के पिता का सबसे बड़ा भाई होने के साथ ही, अमीर तैमूर की प्रसिद्ध व समृद्ध राजधानी समरकन्द का शासक था और, यह समरकन्द सारे बर्लास या चगताई तुर्कों के लिए उनके पूर्वज अमीर तैमूर की असली विरासत थी। ख़ैर परिवार के ज्येष्ठ भाई की पुत्री होने के नाते तो उसका एक स्थान था ही, स्वयं आयिशा बेग़म का आकर्षण किसी से कम नहीं था? ना जाने कितने पुरुषों को उसने अपनी ओर मुख़ातिब पाया था और कितने अब भी किसी आकर्षण से वशीभूत उसे एक बार देखने के बाद कुछ देर अपलक देखते रहते थे? उसकी चाल-ढाल।

रहन-सहन, संस्कारयुक्त व्यवहार-आचरण एवं प्रशिक्षण सब-कुछ मिलाकर उसे एक आकर्षक व्यक्तित्व का धनी बनाते थे। अतः बाबर का उसके प्रति यह अनाकर्षण या उपेक्षा का भाव, एक प्रकार से उसे अकारण दण्डित, अपमानित व प्रताड़ित किया जाना नहीं तो और क्या महसूस होता? इस खास दौर में बाबर की तुलना में सम्भवतः वह अधिक जागरूक, परिपक्व और समझदार महिला थी। उसने तब तक यह सब अपने पति के हाथों बर्दाश्त किया जब तक जायज़ था? किन्तु दोनों ने अपनी संकुचित और कुण्ठाग्रस्त विचारों के चलते एक-दूसरे को समझने, सुलझने और बदलने का भी कोई अवसर न दिया? उसने खुद को अपनी ओर से बदलने की न तो कोशिश की और न ही अपने दाम्पत्य-सम्बन्ध समाप्त करने की ही हड़बड़ी या जल्दबाज़ी की? मगर वह अनन्त काल तक उसके अपरिवर्तनीय और अपरिवर्तनशील व्यवहार के लिए सिर्फ़ प्रतीक्षा तो नहीं कर सकती थी? और किस प्रत्याशा में? आमू और सीर नदियों से जब बहुत जल बह चुका तब उसका धैर्य जवाब देने लगा। किन्तु, तभी 1501 में एक शिशु मेहमान के रूप में एक नन्हीं-सी परी ने जन्म लेकर, कम-से-कम, आयिशा बेग़म के इस दुःख को कुछ कम किया होगा? किन्तु जितने भी लोग व परिवार के सदस्य यह मान रहे थे कि इस नये मेहमान के आगमन से इन दोनों पति-पत्नी के मध्य की दूरी को कम करने के लिए वह सेतु का काम बखूबी करेगी, सम्भवतः गलत साबित हुए।

वस्तुतः सन्तानोत्पत्ति पारिवारिक पूर्णता के साथ, दाम्पत्य को भी नयी ऊर्जा और स्पन्दन देने में कामयाब होती है। प्रायः ऐसे दम्पति जो किन्हीं कारणों से अपने मध्य किसी पारस्परिक दूरी का अनुभव करते थे, वे भी किसी अनजान-सी डोर से प्यार और समझ के एक बन्धन से बँध ही जाते हैं? वे सन्तान के प्रेम और संरक्षक की भूमिका के चलते उस शिशु के प्रेम, वात्सल्य में अपने-आपको एक ही केन्द्र के इर्द-गिर्द पाते हैं और ज़ाहिर है, मिलने का सूत्र व केन्द्र भी होता ही है। हाँ, माताओं के लिए तो सन्तानोत्पत्ति एक निश्चित ही सम्पूर्णता

प्रदान करनेवाली घटना होती है। वे स्नेह, कोमलता, समर्पण, प्यार, भावनाओं की नयी सरिता में तैरने से लगती हैं। वे तमाम प्रकार के अवसाद तक से उबर आती हैं? वे एक नये आयाम से किसी सृष्टि-कर्त्ता के भाव व दृष्टिकोण से पूरी कायनात को देखने में भी सक्षम हो जाती हैं? वे निहायत उदारता, सहिष्णुता, विशालता के भाव से परिपूर्ण हो जातीं हैं। ख़ैर, इन सब के अलावा एक नन्हीं-सी जान की परवरिश में माएँ इतना अधिक व्यस्त भी हो जाती हैं कि समय के अभाव के चलते वे अन्य बातों पर ध्यान भी नहीं दे पाती हैं। इसीलिए एक माह का समय कब उड़ गया आयिशा बेग़म को भी ज्ञात न हुआ, मगर उसके बाद जो हुआ वह शून्य को जन्म दे गया – एक ऐसे शून्य को, जिसे भरा ही नहीं जा सकता था?।

आयिशा बेग़म की यह ख़ुशी जो बेटी कि शक्ल में आयी थी, एक ही माह की मेहमान थी और वह चल बसी। एक माँ के लिए अपनी औलाद वह भी छोटी-सी बेटी या नन्हीं-सी जान का यूँ चला जाना ऐसे ही था जैसे जान का शरीर से ही निकल जाना। ऐसी माँ के लिए तो यह सूनापन और भी खलनेवाला था, क्योंकि वह अकेली, दुखी, अशान्त मन किसी सहारे के बिना सम्हाल ही नहीं सकती थी। ऐसे में स्त्री का वह भी कम उम्र पत्नी का एक ही सम्बल हो सकता था। जो सांत्वना और शान्ति पति की छाती से लिपटकर रोने में मिलती और जो सन्तोष उसके चुप कराने और संवेदना को सम्हालने में मिलता, जब वह उससे भी महरूम हुई, तब उसका शोक कई गुना अधिक हो गया था। उसे ऐसे में लगा होगा कि पति कितना ज़रूरी किन्तु उसके लिए अप्राप्य है? ज़ाहिर है उसका अवसाद और बढ़ ही गया। तब वह यही सोचने को बाध्य हुई होगी कि ऐसे पति से क्या वास्ता? उसका वह कौन ख़्याल रखता और उससे कितना ही ढंग से वास्ता ही रखता था? ऐसे पति से तो पति न होना ही बेहतर है, अगर वह पति अपनी भूमिका में ही सक्षम और सफल न हो और खासतौर से ऐसी प्रतिकूल परिस्थिति में जिसमें अब आयिशा बेग़म अपने-आपको पा रही थी? अनेक वर्षों तक इस प्रतीक्षा में कि शायद

सम्बन्धों में कोई सुधार हो, कोई स्थिरता आ ही जाये, इस सदमे से टूटी हुई आयिशा को सारी उम्मीद बेमानी ही नज़र आयीं और, उसने ऐसे बेवजह और निरर्थक रिश्ते के खोखलेपन का एहसास किया और वह पूरी तरह से टूट, अप्रसन्न, अवसादग्रस्त, असन्तुष्ट होकर इससे मुक्ति के लिए छटपटाने लग गयी। किन्तु इस दुःख, क्षोभ, असन्तोष की अग्नि में घृत का कार्य किया, उनके समरकन्द में होने ने। वह अपने-आपको अपने घर में सुरक्षित ही नहीं, सशक्त महसूस कर रही होगी और इसीलिए उसने वह फ़ैसला लेने का हौसला दिखाया होगा? अन्ततः उसने दिल पर पत्थर रखकर वह कठोर निर्णय ले ही लिया। जब उसे अपने पति के रवैय्ये में कोई परिवर्तन के चिन्ह नहीं नज़र आये तब उसने इस दुश्चक्र से निकलने में ही अपनी मुक्ति और भलाई देखी और, 1503 में दोनों का तलाक़ हो गया।

बाबर को बाद में एहसास तो हुआ कि उसने अपनी पहली पत्नी के साथ सही ढंग और पूरी तरह से एक पति का फ़र्ज़ नहीं निभाया और वह इस अपराध-बोध के पर्याप्त सबूत और संकेत अपनी आत्मकथा, 'तुजुक-ए-बाबरी' में हमें देता है। उसकी बातों से ही एहसास होता है, कि वह स्त्री-पुरुष और पति-पत्नी सम्बन्धों के विषय में अनभिज्ञ और अनाड़ी था। फिर दोनों में अपने-आपको एक-दूसरे से श्रेष्ठ साबित करने का बचपना और अपरिपक्व व्यवहार भी इस ऊहा-पोह और नासमझी के लिए कम उत्तरदायी नहीं था। दोनों के मध्य पारस्परिक दूरी और इससे उपजी कटुता की रही बची कसर समकालीन युद्धपरक परिस्थितियों ने पूरी कर दी, जिन्होंने उसे इस बात का विशेष अवकाश भी नहीं दिया कि वह अपने दाम्पत्य-जीवन को कुछ अधिक समय और बेहतर ध्यान दे सकता?। युद्धों को ही समय देना लाज़मी था अतः वह इस विषय में गम्भीरता से सोच भी नहीं सका और न ही अपने दाम्पत्य जीवन को बचा पाया? ख़ैर, यह भी सत्य है, यदि आयिशा उस समय बाबर को छोड़कर न जाती तो बाबर को उसका अर्थ और पूरा निहितार्थ समझ में ही नहीं आता? उसे

न शादी, न दाम्पत्य, न पति के दायित्व और न ही पति की वास्तविक भूमिका के बारे में सोचने का अवकाश या अवसर ही मिलता? इस एक झटके ने ही उसे स्त्रियों के बारे में गम्भीरता से सोचने, समझने, उनकी आकांक्षाओं, अभिलाषाओं, आवश्यकताओं को जानने के लिए विवश किया? इसीलिए तो वह सफाई देता हुए, अपने अनुभवहीनता, कम उम्र, स्वाभाविक शर्मीले स्वाभाव के साथ व्यस्तताओं को अपने प्रथम विवाह के विच्छेद के लिए ज़िम्मेदार मानता है। वह एक प्रकार से इस सम्बन्ध-विच्छेद और उसमें अपनी भूमिका का औचित्य साबित कर रहा है और अपनी सफाई भी पेश कर रहा है? वह किसी तरह से भी अपने माथे पर लगे इस कलंक को धो देना चाहता था? वह यहाँ तक कहता है कि वह तो मात्र उन्नीस वर्ष का था, जब उसकी पुत्री का जन्म और मृत्यु भी हो गयी थी और वह एक गर्वीला किन्तु शर्मीला शासक ही था? फिर सामन्तीय परिवेश में वह इस पारिवारिक दुर्घटना के लिए स्त्री-पुरुष सम्बन्धों की भी दुहाई देने से नहीं चूकता है, ताकि हम उसकी इस गलती को नज़रअन्दाज़ कर सकें और व्यापक परिवेश में देखते हुए, पूरी उदारता और समझ के साथ उसे इस सम्बन्ध-विच्छेद के लिए क्षमा कर दें? वस्तुत: बाबर को अपनी गलती का एहसास तब और हुआ, जब वह उसे छोड़कर सदा के लिए चली गयी? शायद यह सबसे बड़ा अपमान था जो वह कर सकती थी, एक सामन्तीय परिवेश में यह सबसे बड़ी सजा थी, जो सम्भवत: बाबर को मिल सकती थी? और, वह भी ऐसे समय जब वह अपना एक ख्वाब पूरा कर चुका था, समरकन्द विजित कर चुका था। किन्तु शैबानी ख़ाँ के बढ़ते दबाव के चलते उसे छोड़ने को भी बाध्य हुआ, आयिशा ने मौका देखा और वह बाबर के साथ न जाकर वहीं समरकन्द में रुक गयी—बाबर के साथ सम्बन्ध-विच्छेद करके। ख़ैर बाबर को फिर बाद के विवाहों के उपरान्त यह भी भान हुआ था, कि उसने किसी भी कारण से भी सही अपनी पहली बीबी के साथ अन्याय तो किया ही था और, उसके प्रति उसका व्यवहार अक्षम्य था ही? इतना ही नहीं बाद के विवाहों ने ही उसे यह एहसास कराया था

कि आयिशा बेग़म इन सबसे पत्नियों से कहीं अधिक सुघढ़, बेहतर, सुन्दर, आकर्षक और कमनीय थी? और शायद तब यह सम्बन्ध-विच्छेद और असहनीय हो गया होगा।

ख़ैर, पारिवारिक झगड़ों, नस्लीय प्रतिद्वन्द्विता और मध्यएशियाई युद्धों ने इनके ख़ानदानों के मध्य भी कटुता और तनाव पैदा कर दिया था, जिसका प्रभाव इस दाम्पत्य जीवन पर पड़ना ही था? इन दोनों के परिवारों के पूर्ववर्ती मैत्रीपूर्ण सबन्ध भी कटुता से भर चुके थे तथा, वे शत्रुतापूर्ण हो गये थे। किन्तु इसके लिए भी बाबर स्वयं ही ज़िम्मेदार था, जो अपने श्वसुर और पिता के सबसे बड़े भाई के समरकन्द राज्य को ही अमीर तैमूर की राजधानी जानते हुए उसे विजित करने की महत्त्वाकांक्षा पाले हुए था। वह जब समरकन्द विजित करने निकला, इनके सम्बन्ध इस युद्ध में और उलझ गये। उनके दाम्पत्य-जीवन की जटिलता और सघन हो गयी। अत: इस बात का असर भी इस दम्पति के जीवन और पारस्परिक सम्बन्धों पर पड़ना ही था? और शायद उसने रही-बची कसर पूरी कर दी – उनको सम्बन्ध-विच्छेद के सिरहाने तक पहुँचा ही दिया? तो क्या यह सिर्फ़ औचित्य निर्धारण है या वास्तव में इन सब का प्रभाव उनके पारस्परिक सम्बन्धों पर पड़ा और बाबर के ससुरालवालों को अवसर मिला अपनी लड़की को एक फ़िज़ूल के बन्धन से मुक्त कराने का? या, इनके अर्थहीन सम्बन्धों को तार्किक और स्वाभाविक परिणति तक पहुँचाने में ही ये बाह्य तत्त्व सहायक हुए? सम्बन्ध तो उनके वैसे भी पति-पत्नी जैसे थे ही नहीं और, जब सबसे ज़्यादा आयिशा को बाबर कि ज़रूरत थी, तब भी वह उसके लिए उपस्थित था ही नहीं, सम्बल, सन्तोष, सान्त्वना और दिलासा तो क्या ही देता? अत: आयिशा बेग़म का असन्तोष, एक निराशाभरा क्रोध व रोष अपने पति बाबर के प्रति खीज भरे व्यवहार में अभिव्यक्त होता होगा? उसने अपनी आत्मकथा में इसका उल्लेख भी किया है?

बाबर लिखता है की वह जीवन-पर्यन्त पत्नियों के प्रति सदैव सशंकित रहा कि, "वे कर्कशा, ज़िद्दी व लड़ाकू होने की कैफ़ियत वाली होतीं हैं?" अपने-आपको दोषी मानते हुए यह जो एक महीन-

सा इशारा है वह उसके संस्कारों, सभ्य आचरण के साथ-साथ उसकी प्रथम पत्नी के साथ उसके असन्तुलित एवं अस्वाभाविक व्यवहार की कहानी की समस्त परतें खोल देता है?। वह लिखता है "हे परवरदिगार, हर अच्छे आस्थावान् (सच्चे मुस्लिम) को इस दौर से बचाना... तू बड़ी रहमतवाला है, अपनी इस पूरी क़ायनात में एक भी चिड़चिड़ी, गुस्सैल व असन्तुष्ट पत्नी न छोड़ना।" अल्लाह से अकेले में की गयी बाबर की यह प्रार्थना काफ़ी-कुछ कहती है और हमें काफ़ी कुछ समझाने के लिए ज़रूरी ही नहीं अपरिहार्य भी थी। इसीलिए इसे पूरे प्रसंग के आख़िर में दिया गया है।

बाबर ने काफ़ी सफाई देने की भी कोशिश की है और उसकी साफ़गोई उसकी आत्मकथा में स्पष्टत: झलकती है। पत्नी से विमुख बाबर का आकर्षण एक लड़के के प्रति भी इसी दौर में हो गया? अत: बाबरी नामक एक कामुक लड़के के प्रति बाबर का आकर्षण भी इस सम्बन्ध-विच्छेद के लिए उत्तरदायी बना। शायद बाबर के साथ आयिशा का सम्बन्ध स्वाभाविक व प्राकृतिक होता तो बाबरी के प्रति यह अस्वाभाविक-से आकर्षणवाला प्रकरण भी उसके जीवन में न घटता? वास्तव में तो यह 'हरम' का सत्य ख़ुद-ब-ख़ुद दफ़न हो गया होता, यदि बाबर इसके विषय में स्वयं अपनी आत्मकथा में इतना खुलकर न लिखता? बाबरी नामक इस सुन्दर व आकर्षक युवा के साथ बाबर के प्रेम-सम्बन्ध का सिलसिला, 905 हिजरी सन या अगस्त 8, 1499 से जुलाई 28, 1500 की अवधि में चला था। बेहतर है कि हम बाबर के शब्दों को ही उद्धृत करें? बाबर लिखता है : "उस समय उर्दू-बाज़ार में एक लड़का था। उसका नाम था बाबरी। हमनामी का यह लगाव भी क्या लगाव निकला। उससे एक अजीब लगाव पैदा हो गया है।" बाबर इतना लिखने के बाद अपने दिल की बात अभिव्यक्त करने के लिए एक शेर का सहारा लेता है: 'मीन आनक़ा ग़रीब मेहर पैदा क़ीलदीम/बल्कि आनक़ा उज़ीनी ज़ारो-शैदा क़ीलदीम।' यानी, "उस परी-चेहरा पर हुआ शैदा/बल्कि अपनी खुदी भी खो बैठा।"

बाबर उस दौर में किस मानसिक स्थिति या भावातिरेक में रहता था वह भी स्वयं व्यक्त करता है। अपनी आत्मकथा में वह अपना हाल कुछ इस तरह बयान करता है: "इससे पहले मैं किसी पर मुग्ध या आसक्त न हुआ था। सच तो यह है कि तब तक किसी से प्यार और मोहब्बत की बात तक नहीं हुई थी। दिल-लगी का नाम तक न सुना था। अब हाल यह हुआ कि फ़ारसी में प्यार के एकाध (स्व-रचित) शेर तक कहने लगा। उनमें से एक शेर यह है: "हेच कस चूँ मन ख़राबो आशिक़ी रुसवा मबाद/ हेच महबूबे चु तू बेरहमो बेपरवा मबाद।" बाबर उस बाबरी नामक युवा के प्रेम में इस क़दर डूब गया कि वह स्वयं स्वीकार करता है कि वह शायर हो गया। वस्तुत: मोहब्बत में लोग शेर कहने ही लगते हैं, बाबर भी उसी तरह की बात कहते हुए कत्तई नहीं हिचक रहा है? इस शेर का अर्थ कुछ इस प्रकार है: "कोई आशिक़, नंगे-खुद, बर्बाद मुझ-जैसा न हो/ और तुझ-सा बुत कोई बेरहम बेपरवाह न हो।" उसे इस बाबरी नामक युवक से कैसा लगाव और कितनी मोहब्बत हो गयी थी, यह बिना छुपाये वह लिखता है: "लेकिन हाल यह था कि अगर कभी बाबरी मेरे सामने आ जाता था तो लाज और सकुचाहट के मारे मैं उसकी ओर आँख भर देख भी नहीं सकता था...उसके आगे अपने दिल का हंगामा बेपर्द करना तो दूर, दिल की घबराहट और बेचैनी का आलम था कि उसके आने का शुक्रिया तक अदा नहीं कर पाता था। ...।अपने-आप पर इतना भी बस नहीं था कि वह आये और मैं मामूली तक़ल्लुफ़ भी बरत सकूँ। आशिक़ी और दीवानगी के उन्हीं दिनों में... उन दिनों प्यार और मोहब्बत का ऐसा ज़ोर, जवानी और जूनून का ऐसा हंगामा मुझ पर सवार था कि कभी-कभी मैं नंगे पाँव मुहल्लों-मुहल्लों, बाग़ों-बाग़ों और बागीचों-बागीचों टहलता ही रह जाता था। न अपने या पराये की ओर कोई शिष्टता रह गयी थी और न अपनी या दूसरे की कोई परवाह। वह एक तुर्की शेर का सहारा लेकर अपना हाल बयाँ करता है। इस शेर के शब्दों में: "आशिक़ ऊजग़ाच बेखुद व दीवाना बूलदूम बीलमादूम/ कीम परी-रुखसारालगर इश्क़ेग़ बू

इरमीश ख़ास।'' इसका नजदीकी तर्जुमा कुछ यूँ है: ''न था मालूम, यह गत आशिक़ी में मैं बना बैठा-/परी चेहरों का आशिक़ बेखुदो-दीवाना होता है।''

इतना ही नहीं बाबर अपनी आत्मकथा में तो यहाँ तक स्वीकार करता है: ''न तो भटकने फिरने पर अपना बस था और न ही मन मारे बैठे रहने पर। न चलने में चैन मिलता था न ठहरने में।'' और बाबर अपने इस विवरण को फिर एक शेर से ख़त्म करता है। सम्भवत: इस पूरे विवरण में उसने शेरों की झड़ी ही लगा दी- मोहब्बत की बातें शायद कविता के लब्जों में सबसे सही ढंग से अभिव्यक्त होते हैं? हमने तो इसमें से बस कुछ अ'शार ही उदाहरण के लिए उद्धृत किये हैं। वह इस विवरण के समापन पर भी एक शेर लिखता है: ''नी बागे रग़ा कुवतीम बार नी तूरमाग़ा ताक़तीम/ बीज़नी बूहालतक़ सीन क़ील-दीनक गिरफ़्तार ऐ कूंकूल।'' या सरल भाषा में इसका तर्जुमा कुछ यूँ है: ''जाऊँ, न वह कूवत रही, ठहरूँ नहीं वह ताब/ क्या और तू ऐ दिल मुझे बेहाल करेगा?।'' शायद पत्नी से शय्या-सुख का अभाव और, शारीरिक-भौतिक आवश्यकता बाबर को इस ओर ले गया। शुरुआत तो अपने नामाराशीवाले से मिलने की इच्छा से हुई, किन्तु कब यह इच्छा अप्राकृतिक यौनाकर्षण में ढल गयी, वह स्वयं समझ न सका और न ही व्यक्त कर सका। जहाँ किसी युवा से कभी, कहीं और कैसे भी उसे मिलने में कोई दिक्कत नहीं थी, वहीं समलैंगिक सम्बन्ध की स्वीकारोक्ति और लोगों द्वारा भी उसे स्वीकारना इतना सहज नहीं था। अत: यह सम्बन्ध उसके गले की हड्डी बन गया। उसके चरित्र पर इसने जो भी प्रश्नचिन्ह अंकित किये हों या न किये हों, मगर अफवाहों का बाज़ार गर्म हो चुका था। पूरे फ़रघना राज्य में यह चर्चा आम हो चुकी थी। अत: देर-सबेर यह खबर आयिशा के कानों तक भी जा पहुँची।

ज़ाहिर-सी बात है कि, कोई भी पत्नी अपने पति के इस प्रकार के अप्राकृतिक आचरण से आश्चर्यचकित और शर्मिन्दगी महसूस क्यों न करती? निश्चित ही उसने बाबर के इस अनैतिक व अप्राकृतिक-

से प्रेम को सहज स्वीकार न किया होगा? वह चिन्तित भी हुई होगी और क्षुब्ध भी। युवा शासक से सम्बन्धित होने के कारण सम्भवतः यह अपने समय का एक बड़ा 'स्कैण्डल' भी रहा हो? जिन नस्लीय या जनजातीय सरदारों के विवाह-प्रस्तावों पर वह विचार नहीं कर रहा होगा, वे भी इस अवसर को भुनाने से नहीं चूके होंगे? वे अवश्य कहते होंगे कि अब समझ में आया कि वह इन लोगों के साथ वैवाहिक सम्बन्ध की स्थापना से क्यों नज़र चुरा रहा है? अतः लोगों ने उस छोटे से संकीर्ण समाज और अपने-अपने निहितार्थों के चलते भी इसकी खूब चर्चा बढ़ा-चढ़ाकर भी की होगी। ज़ाहिर है, आयिशा बेग़म को शादी-शुदा बाबर का यह व्यवहार निश्चित ही अपयशकारक, बदनामी-भरा और अपने लिये अपमानजनक भी लगा होगा? और फिर, यदि बाबर उसे उसके हक्क या हिस्से का प्रेम देता रहता, तब भी शायद बात इतनी न बिगड़ती? लेकिन एक तो बाबर का उसके प्रति ऐसा व्यवहार, जहाँ वह महीने में बमुश्किल एक दफ़ा अपनी इकलौती पत्नी से मिलने का वक़्त पाता था या जान-बूझकर निकालता था? उसने तो अपनी अनदेखी के लिए भी अपने पति का बाबरी के साथ के इस तरह के अप्राकृतिक यौन सम्बन्ध को ही ज़िम्मेदार माना होगा और बाबर को दाम्पत्य के लिए अक्षम व अनमना? उसने यह नहीं सोचा होगा कि दाम्पत्य के सम्बन्धों की इस दरार और शारीरिक आवश्यकताओं की प्रबल इच्छा के चलते ही ये सम्बन्ध बने होंगे, अपितु उसने इस सम्बन्ध को अपने प्रति बाबर की अनिच्छा का कारण और आधार माना होगा?

इस परिवेश और पृष्ठभूमि में बाबर एक विजेता के रूप में उत्साह और उमंग के साथ समरकन्द पहुँचता है और, अगला वर्ष बाबर के समरकन्द पर आधिपत्य और शैबानी ख़ाँ द्वारा उसकी पराजय और, समरकन्द पर उसके पुनः अधिकार में गुज़र गया। मगर बिल्ली के भाग्य से छींका टूटा। बाबर ने अपनी माँ और परिवार के सारे लोगों को समरकन्द बुला लिया। वह यही तो साबित करना चाहता था कि तैमूरी वंशजों में वह ही श्रेष्ठतम है? अपनी पत्नी के तंज़ और व्यवहार

का शायद उसे यही एक माकूल जवाब लगा था? बाबरी के साथ हुए सम्बन्ध के लिए भी वह आयिशा को उत्तरदायी मानता रहा होगा? वह इस शर्मिन्दगी के लिए भी उसी को ज़िम्मेदार मानता रहा होगा? यदि वह उसे अपनत्व, प्रेम, समर्पण अर्पित करती तो वह ऐसा अप्राकृतिक सम्बन्ध बनाने की न तो गलती करता और न ही उसके लिए मजबूर होता? अत: दोनों एक-दूसरे को न केवल दोषी मानते थे अपितु उनके बीच किसी प्रकार की न मिट सकनेवाली कटुता भी उभरी होगी? जहाँ बाबर को अपनी पत्नी का व्यवहार उसे अवश्य शूल-सा चुभता रहा होगा, वहीं वह उसे घृणित अप्राकृतिक यौनाचार का दोषी भी मानती रही होगी? एक तो करेला ऊपर से नीम चढ़ा। और इसी ने बाबर की समरकन्द विजय की महत्त्वाकांक्षा को और गति प्रदान की होगी? अत: वह समरकन्द पर विजय प्राप्त करने की इच्छा और सपने के बावजूद उसे विजित करने में इतनी शिद्दत से न जुटता जितना वह इस बार जुटा? बाबर समरकन्द की विजयी के बाद के समय का वर्णन करते हुए लिखता है: ''मैंने आदमी भेजकर सबको (माता, पत्नी, नानी आदि) समरकन्द बुला लिया। उन्हीं दिनों मेरी पहली बीबी आयिशा सुल्तान बेग़म के लड़की हुई। उसका नाम फ़खरुन्निसा बेग़म रखा गया। यही मेरी पहलौठी औलाद थी। उस समय मैं कुल उन्नीस बरस का था। चिल्ला (या चालीस दिनों) के भीतर ही यह लड़की मर गयी।'

इस पूरी पृष्ठभूमि में अगर हम देखें तो पुत्री के आगमन से जो थोड़ा-बहुत सहारा आयिशा बेग़म को मिला होगा वह भी जाता रहा। बाबर युद्ध में ही फँसा रहा क्योंकि, शैबानी ख़ाँ की फौजें समरकन्द के बाहर ही उचित व उपयुक्त अवसर की ताक में बैठी थीं, कि बाबर से वे समरकन्द वापस छीन लें। वह शुरू में तो पराजित होकर समरकन्द से पलायन करके बुखारा चला गया था। फिर उसने देखा कि बाबर ने जब सब तैमूरी वंशजों से तैमूर के साम्राज्य के इस समान शत्रु के विरुद्ध लड़ने के लिए सहायता माँगी, तब उसने जिस छोटे भाई जहाँगीर के लिए फ़रघना का राज्य छोड़ दिया था, उसने मात्र

100 सैनिक सहायतार्थ भेजे और उसके मामा मंगोल महान ख़ान, महमूद ख़ाँ ने कुछ सौ और शेष मध्य एशिया के शासक जिन्हें शैबानी ख़ाँ और उसके उज्बेगों से सबसे अधिक ख़तरा था ने कोई सहयता देनी ठीक नहीं समझा। और जब अन्ततः बाबर शैबानी ख़ाँ के साथ 'सर-ए-पुल' के युद्ध में उसके द्वारा प्रयुक्त 'तुलुग़मा' पद्धति के कारण पराजित हुआ और समरकन्द छोड़ने को बाध्य हुआ। बाबर उज्बेगों से सिर्फ़ समरकन्द ही नहीं हारा बल्कि, अब आयिशा सुल्तान बेग़म ने भी अपने गृह-निवास समरकन्द में ही रुकने और बाबर से सदा के लिए रुख़्सती का फ़ैसला कर लिया था – अतः वह दाम्पत्य-जीवन का सूत्र भी हारा था। आयिशा ने उसके साथ सम्बन्ध-विच्छेद का निर्णय ले डाला, जिसके विषय में ऊपर या पहले चर्चा कर आये हैं। बाबर ने भले ही अपनी साली को इसके लिए उत्तरदायी माना मगर, समस्त विवरण और उसकी अपनी स्वीकारोक्ति से यह सत्य प्रतीत होता है कि इस सम्बन्ध-विच्छेद के लिए उसका अपना व्यवहार, आचरण व परिस्थितियाँ भी उत्तरदायी थीं?। आयिशा बेग़म और बाबर का साथ इस प्रकार से ख़त्म हुआ और यह प्रकरण समाप्त हुआ। और बाबर भी दो बार समरकन्द विजित करके दो बार उसे हार चुका था।

इधर बाबर को अन्ततः शैबानी ख़ाँ के साथ एक समझौता करना पड़ा, जिसमें उसे समरकन्द छोड़कर जाने पर सुरक्षा का आश्वासन दिया गया और उसे अपनी बड़ी बहन, खानजादा बेग़म शैबानी को सौंपने के लिए राज़ी होना पड़ा। शायद बहनवाली दूसरी शर्त उसके लिए काफ़ी अपमानजनक थी अतः वह इसे अप्रत्यक्ष रूप से लिखता है, जबकि, उसी की पुत्री, गुलबदन बेग़म अपनी कृति, 'हुमायूँनामा' में इसका सही विवरण देती है कि यह विवाह खानज़ादा बेग़म एवं उसकी माँ की मर्ज़ी और समझदारी का परिणाम था अन्यथा बाबर का समरकन्द से सुरक्षित निकलना सम्भव न हुआ होता? बाबर इस प्रकरण का विवरण देते हुए यह ज़रूर स्पष्ट करता है कि उसकी पत्नी उसके साथ समरकन्द से नहीं निकली थी, क्योंकि साथ आनेवाली

महिलाओं में उसका कोई उल्लेख नहीं है। यहीं बाबर-आयिशा बेग़म प्रकरण का पटाक्षेप हो जाता है। दूसरी ओर, बाबर उसके बाद सिर्फ़ यायावरी का जीवन व्यतीत करने को बाध्य था। शायद आयिशा बेग़म का अभिशाप उसके ऊपर असर कर रहा था? उसकी बददुआ तो उसने हासिल की ही थी, वरना इतनी सफाई वह अपनी आत्म-कथा में ऐसे ही नहीं दे रहा था? फिर, उसकी आत्मकथा, तुज़ुक-ए-बाबरी में दिसम्बर, 1502 से जून, 1504 के मध्य का विवरण भी गायब है। किन्तु, उससे पूर्व वह हमें यह बताने से भी नहीं चूकता है कि कैसे उसकी दादी, जो चगताई मुग़ल खानों की माँ भी थी और समरकन्द से भागते समय वहीं छूट गयी थी, कैसे उससे ऊरातीबा के उसके प्रवास के दौरान आकर मिल गयी: "कई दिन बाद मेरी नानी तशरीफ़ लायी। भगदड़ में वह नहीं निकल पायी थीं, समरकन्द में ही रह गयी थीं।" यदि अब भी आयशा बेग़म का आना होता तो आती या बाबर कोई उल्लेख करता मगर उसने इसके बाद उसका कोई उल्लेख ही नहीं किया है। ज़ाहिर है न अवसर था न आवश्यकता?

जैसा हम ऊपर कह रहे थे, बाबर इस तलाक़ के लिए ज़िम्मेदारी न लेते हुए, इसके लिए भी अपनी एक साली को ज़िम्मेदार मानता है। उसके अनुसार उसकी बड़ी साली ने उसकी पत्नी को भड़काकर यह सम्बन्ध-विच्छेद करवाया था। सम्भवत: वह सलीक़ा बेग़म जिनका पूरा नाम सालिहा-सुल्तान बेग़म था—को इसके लिए उत्तरदायी मानता था। इसका विवाह उसके पिता के मृत्यूपरान्त बाबर के विवाह से पूर्व, सुल्तान महूद मिर्ज़ा के ज्येष्ठ पुत्र से सम्पन्न हुआ था। बाबर को वैसे इस सम्बन्ध-विच्छेद की कसक जिन्दगी भर रही और इसकी कुछ भरपाई करने की गरज़ से ही उसने आयिशा की सबसे छोटी किन्तु सौतेली अविवाहित बहन, मासूमा बेग़म (जो उसकी सौतेली माँ, हबीबा सुल्तान बेग़म की पुत्री थी) से किया था। वह बताता है की जब वह 1506 में खुरासान गया था, तब मेरी नज़र उस पर पड़ी थी और मैं पहली नज़र में ही दिल हार बैठा था। मैंने उसका

हाथ माँगा और, उससे निकाह करके 1507 में काबुल ले आया। मासूमा ने एक पुत्री को जन्म दिया था और, प्रसव-पीड़ा में ही उसका देहावसान हो गया था। तब यही नाम उसकी जन्म दी गयी पुत्री को दे दिया गया।

अब अक्टूबर 1504 आते-आते बाबर काबुल विजित करने में कामयाब हो चुका था और, पहली पत्नी से अजीब-सी परिस्थितियों में उसके अप्रत्याशित तलाक़ हुए भी दो-एक वर्ष बीत चुके थे। उसने अपने सैन्य दम-ख़म पर काबुल विजित कर लिया था और वहाँ का शासक बन गया था। प्रतिकूल परिस्थितियों में काबुल राज्य के विजेता-शासक होने के चलते बाबर की प्रतिष्ठा बहुत बढ़ चुकी थी। और उधर शैबानी ख़ाँ के नेतृत्व में उज़्बेग शक्ति के मध्य-एशिया में बढ़ते प्रभाव से हारकर तैमूरी वंशज भी मध्य एशिया छोड़ने और अब काबुल के इस नये तैमूरी शासक के यहाँ शरण लेने के लिए अपने-आपको विवश पा रहे थे? शैबानी ख़ाँ के आक्रमणों की प्रचण्डता के चलते उनका मध्य एशिया के अपने इलाक़ों व राज्यों से पलायन करना अपरिहार्य हो गया था? किन्तु, उज्बेगों को अपने राज्य हार-हारकर वे जाते कहाँ? ज़ाहिर ही है, जब उनके ख़ानदान का एक चिराग उस परिवार की सत्ता और प्रतिष्ठा को काबुल में स्थापित कर चुका था, तब उसी के स्थापित और शनैः-शनैः सुदृढ़ होते राज्य में ही शरण मिल सकती थी? ऐसी परिस्थितियों में तैमूरी वंशजों और बाबर के परिवारीजनों व रिश्तदारों के आने के बाद तलाक़शुदा युवा शासक बाबर की शादी का प्रश्न भी उठ खड़ा हुआ होगा? रिश्तेदारों, नातेदारों और परिवारीजन अपने-अपने विवाह प्रस्तावों के साथ भी उपस्थित हुए होंगे? उसमें से कुछ के लिए तो यह शासन-सत्ता में शरीक़ होकर प्रतिष्ठित और अपनी राजनीतिक स्थिति मज़बूत करने की भी कोशिश रही होगी? अतः बाबर और उसकी माँ के ऊपर उसके विवाह के लिए एक सामाजिक दबाव भी बनने और बढ़ने लगा था?

अतः अब उसकी माँ ने भी अपने पुत्र बाबर के ऊपर विवाह के लिए पुनः दबाव बनाया ताकि अब राजनीतिक स्थिरता के चलते, उसका परिवार भी शुरू हो सके? वैयक्तिक सत्ता को वंशीय सत्ता से सातत्य मिल सके? आख़िर बाबर की माँ स्वयं चंगेज़ ख़ाँ के सुप्रसिद्ध वंश की थी और वंशीय सत्ता तथा राजवंशियों के रिवाजों से भली-भाँति परिचित जो थी? अब उसने ज़ैनब सुल्तान बेग़म से बाबर का विवाह किया। ज़ैनब, सुल्तान महमूद मिर्ज़ा और उसकी पत्नी खानज़ादा बेग़म की पाँचवीं पुत्री थी।

हमें स्मरण रखना चाहिए कि, चूँकि, बाबर के तमाम रिश्तेदार एवं परिवारीजन अब उसके पास ही उसके राज्य काबुल में ही शरण लिये हुए थे, अतः फिर से उसके ही किसी रिश्तेदार से शादी की बात और स्वाभाविक तथा मज़बूत शक्ल अख़्तियार करने लगी। इसी तरह, यह भी याद रखना चाहिए कि सुल्तान महमूद मिर्ज़ा बाबर के पिता उमर शेख़ से तुरन्त बड़ावाला भाई था। बाबर अपनी आत्मकथा में साफ़-साफ़ लिखता है कि उसकी यह नयी पत्नी ज़ैनब आदतन बहुत ख़ुश-मिजाज़, मिलनसार और व्यवहार-कुशल महिला नहीं थी। अतः उससे भी बाबर के पति-पत्नी वाले सहज प्रगाढ़ दाम्पत्य-सम्बन्ध नहीं बन पाये। वह अपनी आत्मकथा में लिखता है, कि दो-तीन वर्ष बाद ही चेचक के प्रकोप से उसकी मृत्यु हो गयी। अर्थात् इस दूसरी पत्नी से भी बाबर के सम्बन्ध बहुत निकट के, सहज और स्वाभाविक नहीं हो पाये, जब कि अब न तो उसकी ज़िन्दगी में उतनी अस्त-व्यस्तता थी और न ही उतनी राजनीतिक अस्थिरता। बल्कि बाबर राजनीतिक रूप से स्थिर और कहीं अधिक व्यवस्थित, सन्तुलित एवं सुरक्षित था, किन्तु, सम्भवतः चाचा के परिवारवाले उसकी सफलता से अन्दर-ही-अन्दर इर्ष्या करते रहे हों और, पारम्परिक पारस्परिक झगड़ों की चिन्गारी कहीं-न-कहीं दिलों में नये ढंग से सुलग रही हो? वे बाबर की इस सफलता को सहज ढंग से स्वीकार ही न कर पा रहे हों? और, शायद उसके अधीन इस तरह से शरण लेने के लिए बाध्य होने को अपने अपमान के रूप में ले रहे हों? किन्तु, यह सब एक विवशता

थी, जो शायद कुण्ठाओं को इर्ष्या के रूप में और भी घनीभूत कर रही हो? अत: उसकी इस नयी-ब्याहता ज़ैनब ने कभी इस विवाह को दिलों के मिलन के रूप में नहीं देखा हो? वह भी इसे विवशता में बने रिश्ते के रूप में ही देख रही हो, अत: उसने इस विवाह या दाम्पत्य को कभी सहजता और स्वाभाविकता से लिया ही न हो? अत: वह बाबर और उसके परिवार यानी सब ससुरालवालों से ज़्यादातर कटी-कटी ही रही? इसीलिए बाबर अपनी आत्मकथा में लिखता है कि उसकी यह नयी पत्नी न तो मिलनसार थी न व्यवहार-कुशल। अत: ज़ैनब का दृष्टिकोण एकपक्षीय, कुण्ठाग्रस्त, दबाववाला, अस्वाभाविक और असन्तुलित-सा ही रहा होगा? और, इसी का प्रभाव उसके व्यवहार पर पड़ा होगा, जो बाबर को असहज और अस्वाभाविक ही लगा होगा?

शायद ज़ैनब बेग़म को यह मुग़ालता भी रहा हो कि, उनके प्रतिकूल परिस्थितियों में सम्पन्न हुआ यह विवाह बाबर के लिए कोई विजय की 'ट्रॉफी' जैसी तो नहीं थी? इस दौर के इस नाज़ुक मोड़ पर मध्य एशिया के समस्त मावारनहर का क्षेत्र अपने परम्परागत शासकों - तैमूरी वंशजों के हाथ से जा चुका था। मंगोल, बर्लास तुर्क, चगताई तुर्क के साथ ही हिस्सार-कुन्दुज़ का ख़ुसरू शाह, तम्बल जैसे शूरवीर आदि सभी शासक और आभिजात्य वर्ग के सदस्य या तो शैबानी ख़ाँ के नेतृत्ववाली उज़्बेग शक्ति के समक्ष नतमस्तक हो चुके थे या फिर होने ही वाले थे? समस्त मध्य एशिया का क्षेत्र इस नयी शक्ति के कब्जे में आ चुका था और रहा-बचा भी उनके प्रभाव-क्षेत्र में आता जा रहा था। उनकी राजनीतिक सत्ता और सम्प्रभुता इस पूरे क्षेत्र में स्थापित ही नहीं सुदृढ़ हो चुकी थी। अत: ज़ैनब बेग़म को यही लगा कि कहीं बाबर और उसकी माँ कुछ (अपनी श्रेष्ठता) साबित करने के लिए यह विवाह कर रहा हो? वह शायद अबू सईद मिर्ज़ा (अपने बाबा, या पिता के पिता) के ख़ानदान में अपने-आपको सबसे अधिक योग्य और सफल साबित कर रहा है? इससे उपजी इर्ष्या व कुण्ठा की ये मिश्रित ग्रन्थि ही इन दोनों के स्वाभाविक सम्बन्धों में

दरार डालती रही, वहीं दूसरी ओर, अपनी एक अन्य चचेरी बहन से हुआ बाबर का सम्बन्ध-विच्छेद और उसके उपरान्त एक अन्य चचेरी बहन से सम्पन्न हुआ यह विवाह शायद पारिवारिक इर्ष्या और प्रतिद्वन्द्विता की गुत्थी में भी उलझकर रह गया हो? और, कभी भी सहज और स्वाभाविक न हो पाया?। काबुल जैसे (फ़रघना से) बड़े राज्य के शासक होने के बाद बाबर भी शायद कुछ गुरूर में तो आ ही गया होगा? दूसरी बात, जब सब तैमूरी वंशज पतनशील थे, तब वह एकमात्र अपवाद के रूप में सशक्त राज्य स्थापित करने में कामयाब था। फिर इतने बड़े राज्य को पुनर्गठित व अपने अनुसार व्यवस्थित करने में समय व ऊर्जा, दोनों ही अधिक खर्च हो रहे होंगे और उसके पास निश्चित ही समय का अभाव रहा होगा और यह उसके लिए यह भी एक बाध्यता भी थी? अत: शायद समय का अभाव फिर एक बार इस दाम्पत्य के मध्य भी मुँह बाये खड़ा हुआ होगा, क्योंकि, इधर काबुल फ़तह किया और उधर ज़ैनब से यह विवाह सम्पन्न हुआ।

ख़ैर, ज़ाहिर ही है कि इस दौर में बाबर का दिल और दिमाग राज के कार्यों में अधिक लगा रहता होगा और यह स्वाभाविक भी था? भले ही वह एक बड़े-से राज्य का अपने बल-बूते शासक हुआ था, मगर उसके साथ ही, उसके दायित्व और कार्य भी उसी अनुपात में बढ़े होंगे? ज़ाहिर है समय और संसाधान शुरू में तो सीमित ही थे। वह तो फ़रघना के निकटवर्ती क्षेत्र से मुहर्रम के माह में (जून, 1504) में लगभग खाली हाथ और ढेरों मन्सूबे लेकर खुरासान जाने के लिए हिस्सार के इलाके के क्षेत्र में रुका था; यहीं उसकी उम्र का तेईसवां वर्ष शुरू हुआ था और तभी बाबर ने दाढ़ी बनानी शुरू की थी? उसके सैन्याधिकारियों, साथियों, सहयोगियों, अनुचरों की संख्या दो-ढाई सौ रही होगी। कैसे बाबर के काफिले में धीरे-धीरे यह संख्या बढ़ी यह भी दिलचस्प है। मध्यशिया क्षेत्र के ख़ुसरू शाह जैसे शासक का भाई तक शैबानी ख़ाँ की बढ़ते प्रभाव में अपने भाई को छोड़कर बाबर के साथ सहयात्री हो गया। बाबर के अपने भाइयों के

साथ ही उसके कुछ चचेरे भाई-बहन भी अब बाबर के राज्य में शरणागत थे। अब चगताई या बर्लास तुर्कों के अतिरिक्त, मंगोल, हज़ारा व एमक कबीलाई लोग भी उसके साथ हो लिये थे। उन्हें बाबर की अनिश्चितता में भी कहीं कुछ तो भरोसा था और शैबानी ख़ाँ के चलते अपने देश छोड़ने में ज़रा भी मोह नहीं हुआ। इस तरह घुर्बन्द में उसने अपने शिविर-सेना, साथियों के साथ हिन्दुकुश की चढ़ाई चढ़ी और हूपियान के दर्रे से काबुल घाटी में प्रविष्ट हुआ।

काबुल में इस बीच वहाँ के शासक और रिश्ते में बाबर के एक चाचा, उलुघ बेग की मृत्यु 1501 में हो चुकी थी और उसका युवा पुत्र रज़्ज़ाक ख़ाँ वहाँ का शासक बना था किन्तु, कान्धार के एक अर्घून मंगोल, मुकीम बेग ने विद्रोह करके उसे अपदस्थ करके सत्ता हस्तगत कर ली थी। अत: जब काबुल घाटी में प्रविष्ट होकर बाबर ने काबुल घेरा तब काबुल के अर्घून मंगोल ने उसकी श्रेष्ठ सैन्य-शक्ति के समक्ष आत्म-समर्पण कर दिया और इस तरह बाबर एक विजेता के रूप में अक्टूबर, 1504 में काबुल के राज्य में प्रविष्ट हुआ। अत: इस नव-विजित राज्य को संगठित व सुव्यवस्थित करने में उसकी व्यस्तता स्वाभाविक ही थी? शायद कुछ अरसे बाद स्थिरता और स्थायित्व की स्थापना के उपरान्त यदि यह विवाह सम्पन्न होता तब इसकी नियति निश्चित ही कुछ और होती। या ऐसी सकारात्मक वा सुखद दाम्पत्य-जीवन की स्थिति की सम्भावना अधिक होती? इतना ही नहीं, बाबर और उसकी इस नयी पत्नी दोनों की ओर से ही एक तनातनी व घर्षण भी अवश्य रहा होगा? बाबर का अपनी पहली पत्नी से हुआ सम्बन्ध-विच्छेद उसकी अनेक यादों के साथ उसके दिल पर छाया हुआ था। वह अपनी इस पत्नी को भी उसी रूप में देखना चाह रहा था जैसी छवि उसकी पहली पत्नी की थी? अब उसके जाने के बाद उसे अपनी पत्नी द्वारा उत्पन्न शून्य या कमी को भरने की आशा भी अधिक हो गयी होगी? अब जो छवि उसके मन में अपनी पहली पत्नी की उभर रही थी और जो कमी उसे अब महसूस हो रही थी, जब वह कमी ज़ैनब बेग़म पूरी नहीं कर सकीं, तब ज़ाहिर-सी बात

है, दोनों के मध्य अन्तर्विरोध का इस प्रकार से अभिव्यक्त व प्रकट होना अपरिहार्य हो गया। क्या यही बाबर के व्यक्तित्व के विकास के अनेक चरण या पायदान बने, जिनसे गुज़रकर वह एक अत्यन्त संवेदनशील किन्तु सन्तुलित, सुसंस्कृत, कवि हृदय सृजनशील रचनाकार के रूप में उभरता है? क्या इन अनुभवों ने उसे परिपक्व बनाया और वह संवेदनशील होता चला गया? वह मानव-व्यवहार और सन्तुलित आचरण का आग्रही होता चला गया? ज़ैनब की कौन-सी ऐसी बात उसे इतना अखर गयी थी कि उसने उसके सन्दर्भ को उसने अपनी आत्मकथा में मात्र एक-दो वाक्यों में ही निबटा दिया था? या आयिशा जैसी पत्नी रूपी दूध का जला बाबर अब ज़ैनब को भी छाछ की भाँति जाँच-परखकर ही फूँक-फूँखकर पी रहा था? क्या पारिवारिक झगड़ों और पारस्परिक शत्रुता और युद्धों के चलते, वह अपने ख़ानदान की लड़कियों को संशय की नज़र से देख रहा था अथवा महज़ 'ट्रॉफी' मान रहा था? ख़ैर जो भी वजह हो, बाबर का इस नये वैवाहिक सम्बन्ध में भी दाम्पत्य-सुख नसीब नहीं हुआ?

सम्भवत: बाबर के मन में यह बात भी घर कर गयी थी कि ज़ैनब के घरवालों ने तब ज़ैनब के साथ उसकी शादी का कोई विचार नहीं किया था जब तक वह काबुल का शासक नहीं बना था? ज़ाहिर-सी बात है, कोई भी माँ-बाप अपनी पुत्री को सुखी, सन्तुष्ट व समृद्ध देखना चाहते हैं और यह एक सहज, स्वाभाविक मानवीय वृत्ति है? इसमें उनकी कोई कमी या त्रुटि खोजना ग़लत ही नहीं न्यायिक भी नहीं होगा? वे अनिश्चित राजनीतिक भविष्यवाले बाबर से अपनी बिटिया का ब्याह कैसे कर सकते थे? जब उसकी राजनीतिक स्थिति सुदृढ़ हुई तब उन्होंने अपनी लड़की से स्वाभाविक ही उसके साथ विवाह में कोई हर्ज़ नहीं दिखा था? तो क्या बाबर के दिमाग में यही बात चल रही थी? क्या वास्तव में, वह इस वैवाहिक सम्बन्ध को लेकर किसी पूर्वाग्रह से प्रभावित था? जबकि उससे बड़ी बहन (जिसका नाम अस्पष्ट क्या, उल्लिखित ही नहीं है) की शादी बाबर के छोटे भाई, जहाँगीर मिर्ज़ा के साथ सम्पन्न हो गयी थी, क्योंकि वह बदख़्शाँ में

स्थापित जो था और भले ही इसी बाबर के ही बदौलत। बाबर ने समरकन्द विजित करने के बाद अपने इस छोटे भाई को स्वयं बदख़्शाँ शासन के लिए दे दिया था। फिर भी उससे अपनी सबसे छोटी बेटी के विवाह को उसके चाचा-चाची तैयार नहीं थे, क्योंकि, वह समरकन्द विजित करने और उसमें सफल होकर अन्ततः उज़्बेग नेता, शैबानी ख़ाँ से पराजित होकर समरकन्द हार गया था? चूँकि, वह अपने छोटे भाई को दिया हुआ राज्य माँगना न्यायोचित, नैतिक एवं तार्किक नहीं मानता था अतः उसने इस ओर ध्यान ही नहीं दिया।

एक शूरवीर की भाँति, उस दानवीर ने अपने छोटे भाई को जो दे दिया उसे वापस माँगना या विजित करना उसको मर्यादित नहीं लगा? किन्तु, उसके छोटे भाई की स्वार्थपरकता और स्व-केन्द्रित मानसिकता भी स्पष्ट होती है। उसने बड़े भाई के बड़प्पन और उच्च आदर्शों व मूल्यों का नाजायज़ लाभ ही उठाया? और कुछ नहीं तो शैबानी की शक्ति के सम्मुख पराजित भाई को उसी के द्वारा प्रदान किये गये फ़रघना के राज्य का कुछ भाग तो दे ही सकता था? वास्तव में फ़रघना का संवैधानिक मालिक और शासक बाबर ही था? किन्तु अपने छोटे भाई के छोटेपना और संकीर्णता के विपरीत बाबर कहीं उच्च आदर्शों को व्यवहृत करनेवाला था। इसीलिए इतिहास में वह अमर भी हो सका। वह युद्ध या बल-प्रयोग द्वारा छोटे भाई को दिया हुआ फ़रघना का अपना ही राज्य वापस प्राप्त करने का इच्छुक नहीं था, वरना समरकन्द के इस विजेता के लिए, अपने भाई जहाँगीर मिर्ज़ा को पराजित करना तो बिलकुल ही असम्भव नहीं था? बस परिस्थितियों के चलते, चूँकि, बाबर किसी राज्य का स्वामी नहीं था अतः एक दुर्भाग्यशाली सेनानायक से वे अपनी बिटिया का विवाह क्यूँकर रचा देते? स्वाभाविक ही था कि वे जान-बूझकर तो अपनी पुत्री को किसी अन्धकारमय कुएँ में नहीं धकेल सकते थे? यदि बाबर अमीर तैमूर का वंशज था, तो वे भी तो उसी विरासत के स्वामी थे, उसी के सगे चाचा?

ख़ैर यह भी सत्य है, कि बाबर को दुबारा कलंकित होने से भाग्य या संयोग ने बचा लिया वरना यह दूसरा विवाह भी उसी राह जाता जैसा पहला गया था। अपने पिता की भतीजियों से हुए उसके विवाह उसे फले ही नहीं? किसी-न-किसी कारण या परिस्थितियों के चलते, वे सफल साबित नहीं हुए। ख़ैर इसके लिए बाबर के पिता के भाइयों के आपसी झगड़े और पारस्परिक प्रतिद्वन्द्विता भी कम ज़िम्मेदार नहीं थी। अत: इन भाइयों के मध्य आक्रामक शत्रुता एक सामान्य सी बात थी, जिसके चलते वे सामान्य बन्धुत्व वाले व्यवहार से महरूम ही रहे? और शायद इसी ने बाबर के इन पारिवारिक अन्तर्विवाहों को भी सफल नहीं होने दिया? जबकि, प्राचीन समय और मध्यकाल में वैवाहिक गठबन्धन ही राजनयिक, पारिवारिक, राजनीतिक व कूटनीतिक सम्बन्धों के लिए सर्वाधिक उत्तरदायी होते थे। बल्कि विवाह इन अन्तर्सम्बन्धों को मज़बूत करने के लिए ही किये जाते थे। मगर यहाँ तो अबू सईद मिर्ज़ा (बाबर के बाबा) के परिवार में इन अन्तर्विवाहों के चलते एकता के स्थान पर विघटन और विवाह-विच्छेद ही देखने को मिल रहा है। सम्बन्ध सुधरने के स्थान पर बिगड़ने के कगार पर पहुँच रहे थे। बाबर-ज़ैनब के पारस्परिक दाम्पत्य-सम्बन्ध तो स्वत: टूटने के कगार पर ही थे, भला हो चेचक के प्रकोप का, जिसने बाबर को दुबारा कलंकित होने से बचा लिया। वरना दुबारा दाम्पत्य-जीवन का दुखद अन्त होना सुनिश्चित था। उनका वैवाहिक जीवन और दाम्पत्य-सम्बन्ध अन्तत: तलाक़ और, सम्बन्ध-विच्छेद की स्वाभाविक व तार्किक परिणति की ओर बढ़ ही रहा था। इसीलिए उसने भी अपनी आत्मकथा में बस एक-दो वाक्यों में इस प्रकरण को समेट दिया और कुछ भी विस्तार से नहीं लिखा। क्योंकि, ज़ैनब के साथ पारस्परिक सम्बन्धों और दाम्पत्य-जीवन के विषय में लिखने को शायद बाबर के पास कोई मधुर यादें/बातें थीं भी नहीं?। बाबर-ज़ैनब के दाम्पत्य सम्बन्धों की शुरुआत ही एक खट्टास के साथ हुई थी, उसकी परिणति शायद ऐसी ही होनी थी? जब तक कि

दोनों के दिल-दिमाग पुरानी बातों से आच्छादित न होते और एक नयी शुरुआत करते—शायद इस पूरी पृष्ठभूमि में यह नयी शुरुआत सम्भव नहीं थी?। अत: इस विवाह को चेचक ने ज़ैनब को मृत्यु के आगोश में लेकर कलंकित होने से बचा लिया?

इस वैवाहिक सम्बन्ध के उपरान्त हम 1506 में बाबर को महिम बेग़म के साथ विवाह-सूत्र में बँधते हुए पाते हैं। यह वही बेग़म थीं, जिससे बाबर को हुमायूँ के रूप में 1508 में अपना वारिस या वली-अहद मिला था। बाबर को इस नयी पत्नी महिम में वह सब मिला जो सम्भवत: एक पत्नी से उसकी अपेक्षाएँ थीं? वह अपनी पत्नी में जिस व्यवहारकुशलता, मिलनसार आचरण के साथ ही उसके मृदुभाषी होने की प्रत्याशा करता था; जिस प्रेम, पूर्ण समर्पण और शय्या-सुख व दाम्पत्य की कल्पना करता था वह सब इस परिपक्व पत्नी ने उसे बिना माँगे ही उसे दिया था। उसने अपने-आपको एक मध्ययुगीन पत्नी के रूप में अपने पति बाबर के ऊपर पूरी तरह से निछावर कर दिया। उसके विवाहोपरान्त जीवन का केन्द्र वा धुरी बाबर ही हो गया था? वह एक पुरुष या अपने पति को अपने वैवाहिक जीवन की धुरी मानकर अपना जीवन सार्थक समझनेवाली एक सामन्तवादी मध्य-युगीन सोचवाली स्त्री थी? इसीलिए वह बाबर को समर्पित और हर तरह से उसे ख़ुश और सन्तुष्ट रखना ही अपना धर्म मानती थी। फिर उसकी शादी किसी ऐरे-गैरे से नहीं, एक सुशिक्षित, सुसंस्कृत, साहित्यिक व्यक्तित्व और शूरवीर विजेता बाबर से हुई थी? वह क्यूँ न ऐसे होनहार, मर्यादित व्यवहार और विशाल हृदयवाले व्यक्ति को दिल-ओ-जान से चाहती? और बाबर के जीवन में जो शून्य दो बार की दाम्पत्य-असफलता का उभरा था, वह एकदम से इस समर्पण और भक्ति-भाव के समक्ष निर्मूल-सा हो गया होगा? अत: उसे भी ऐसी पत्नी से प्यार होना सहज और स्वाभाविक ही था? उसका सारा प्रेम और पौरुष इस समर्पण के समक्ष घुल गया? वर्षों के शून्य को महिम बेग़म ने इस क़दर भरा था

उसने जैसे गहरी लम्बी उमस के बाद पूरा आकाश ही पत्नी-प्रेम से आच्छादित होकर बस बरसता ही रहा? महिम की उससे न कोई विशेष अपेक्षा थी, न ही वह महत्त्वाकांक्षी थी, न ही उसकी सुखी दाम्पत्य जीवन से अधिक की कुछ इच्छा...बस उसके लिए सब-कुछ बाबर ही था? ख़ैर बाबर इस समय काबुल के शासक के रूप में एक सुदृढ़ राज्य का स्वामी भी हो चुका था?

जहाँ तक महिम बेग़म का प्रश्न है तो उसका परिवार जाम के प्रसिद्ध और प्रतिष्ठित शेख़ अहमद से सम्बद्ध था। इधर इस परिवार की समृद्धि और राजनीतिक स्थिति कुछ अवनति पर अवश्य थी किन्तु था तो वह भी मध्य एशिया के आभिजात्य व शाही परिवारों में से एक। और, अब इस दौर में तो यही हाल तैमूरी ख़ानदान का भी हो रहा था, जिससे उसका परिवार गुज़र रहा था? बाबर के अपवाद को छोड़कर सभी तैमूरी वंशजों के राज्य, सत्ता, सिंहासन एक के बाद एक शैबानी ख़ाँ के नेतृत्व में उभरी उज़्बेग शक्ति के समक्ष नतमस्तक हो रहे थे। सम्भवतः बाबर की माँ को समझ आया हो कि ख़ानदान की शादियाँ पारस्परिक प्रतिद्वन्द्विता, पूर्वाग्रहों एवं झूठे अभिमान के चलते टिक नहीं पा रही हैं अतः इस विवाह के लिए उसने बाबर को तैयार किया था। विवाह-सम्बन्धों के माध्यम से यह परिवार पहले से ही सुल्तान हुसैन मिर्ज़ा के परिवार से सम्बद्ध था, अतः बाबर के मिरां-शाही परिवार के ये भी सम्बन्धी ही थे। वे तैमूरी परिवार से पहले से ही वैवाहिक सम्बन्धों में बँधा हुआ परिवार था अतः किसी को भी इस पुराने कुलीन परिवार से सम्बन्ध स्थापित करने में उनके 'आभिजात्य' होने के चलते तो कोई संशय या प्रश्न था ही नहीं? ज़ाहिर है, महिम बेग़म एक निहायत अच्छे व कुलीन परिवार से थी, जैसा हम ऊपर देख/पढ़ ही चुके हैं, बस बाबर के मिरां-शाही ख़ानदान से नहीं थी?

यह सुशील, सुशिक्षित, सुसंस्कारित व सुसभ्य महिला, महिम बेग़म कितनी ख़ुश हुई होगी जब उसे ज्ञात हुआ होगा कि उसका विवाह अमीर तैमूर के एक प्रतापी वंशज से हो रहा है, जो अपने बल-बूते पर अपने लिए काबुल जैसा अलग राज्य विजित करके उसका

शासक बन बैठा है। एक तो यशस्वी परिवार और ऊपर से शूरवीर साम्राज्य-निर्माता। अपने उच्च संस्कारों के चलते महिम बेग़म इस वैवाहिक गठबन्धन को अपना भाग्य ही मान रही थी? वैसे भी उस समय बाबर के पूरे ख़ानदान के ही सदस्य और मध्य एशिया के तमाम कबीलों, राज-परिवारों के सदस्य बाबर द्वारा स्थापित इस शान्त, स्थिर, स्थायी काबुल के राज्य में शरण और प्रश्रय की तलाश और आकांक्षा थी और बाबर सहृदयता और बड़प्पन का परिचय देते हुए इन सबको आश्रय, पद, प्रतिष्ठा भी प्रदान कर रहा था। उसे भी तो इस नये राज्य के प्रशासन और सैन्य दायित्वों के निर्वहन में 'अपने' विश्वसनीय लोगों की आवश्यकता थी ही? यह बात अलग थी कि, कितने कम लोग ही 'अपने' और विश्वसनीय साबित हो पाये?। और शायद इस पृष्ठभूमि में बिना किसी व्यक्तिगत अभिमान के आयी यह पत्नी बाबर के प्रति नतमस्तक ही रही और बाबर के लिए दाम्पत्य और वैवाहिक जीवन इतना सरल, सरस और मधुर बना दिया कि बाबर सब कटुता, श्रेष्ठता, ज्येष्ठता, अभिमान भूल बैठा। इतना सहज और सामान्य-सा माहौल उसके हरम का हो गया कि उसे हरम और अपनी पत्नी का सान्निध्य आकर्षित करने लगा। कहाँ तो वह उधर की ओर मुँह करने में कतराता और बगलें झाँकता था और कहाँ वह अब 'हरम' के लिए वक़्त निकालने की जुगत में रहता।

और, हुमायूँ के जन्म (काबुल में मार्च 6, 1506 को, बाबर के अनुसार जब सूर्य मीन राशि में स्तिथ था।) की ख़ुशी को इसीलिए चार चाँद लग गये और उसने भी उसी अवसर की ख़ुशी में 'पादशाह' या 'बादशाह' का ख़िताब या विरुद धारण किया था। हुमायूँ के जन्म के उपरान्त, महिम बेग़म के एक के बाद एक, चार सन्तानों की शैशव-काल में ही मृत्यु हो गयी, अतः वह अपने जीवित रहे पुत्र या सन्तान हुमायूँ से अपनी जान से भी ज़्यादा प्यार करती थी और, सदा उसकी सलामती की दुआएँ माँगती रहती थी। उसका लगाव अपने पति के साथ अपने इस इकलौते पुत्र से उम्र के साथ बढ़ता ही चला गया। चूँकि, बाबर का भी अपनी इस पत्नी से विशेष लगाव और प्रगाढ़ प्रेम

था, अत: इसी कारणवश, हुमायूँ बाबर का भी स्नेह-पात्र हो गया था, जिसे वह बार-बार अपनी आत्मकथा में स्वीकार भी करता है। ख़ैर हुमायूँ में इन्सानियत और गहरे मानवीय मूल्य कूट-कूटकर भरे थे, वह वस्तुत: विशाल और उदार हृदय व्यक्ति था अत: बाबर को इसी के चलते वह स्वयं बहुत पसन्द था। उससे छोटा कामरान योग्य तो था, किन्तु महत्त्वाकांक्षी भी अधिक था और थोड़ा उद्दण्ड भी? बाबर को पूरा भरोसा था कि कामरान तो कभी अवज्ञाकारी हो सकता था किन्तु, हुमायूँ नहीं। बाबर के शेष दोनों पुत्र, कामरान का सगा छोटा भाई अस्करी एवं हुमायूँ व कामरान दोनों का ही एक अन्य सौतेला भाई हिन्दाल काफ़ी कम उम्र के थे।

बाबर की अबतक की दोनों शादियाँ असफल रही थीं, अत: वह अब सतर्क हो गया था और उसने स्वयं भी कुछ सार्थक और सकारात्मक क़दम अवश्य ही उठाये होंगे ताकि विवाह और दाम्पत्य की इस सरहद पर भी वह कामयाबी के झण्डे गाड़ सके। और, अपने मस्तक पर पूर्व के दो विवाहों की असफलता के लगे कलंक को भी धो डाले। बाबर का झुकाव महिम बेग़म की ओर कुछ ज़्यादा ही हो गया था और उसके जब, एक के बाद एक चार सन्तानें अपने शैशव में ही कालकवलित हुईं तब उसका दिल रखने के लिए, दिलदार बेग़म की सन्तानें गोद लेने के लिए उसको सौंप दीं। महिम की इच्छा चूँकि, और सन्तानों को पालने की थी और उसकी सन्तानें जीवित नहीं बच पा रही थीं, तो स्वाभाविक ही वह गहरे अवसाद में डूब गयी थी। अत: दिलदार बेग़म की दो सन्तानें महिम को सौंपकर उसने दिलदार बेग़म का दिल तोड़ने में भी गुरेज़ नहीं किया? ख़ैर महिम बेग़म के इन शिशुओं की आकस्मिक व हृदयविदारक मृत्यु से पूर्व इनके नामकरण हो चुके थे जैसा कि गुलबदन बेग़म के 'हुमायूँनामा' से हमें ज्ञात होता है। हुमायूँ के जन्म के उपरान्त सबसे पहले हुए पुत्र का नाम बार्बुल या बार्बुद रखा गया; उसके बाद दो पुत्रियाँ हुईं, जिनके नाम मिहर-जहाँ तथा इसान-दौलत रखे और फिर चौथा भी एक पुत्र था, जिसका नाम फ़ारूक़ रखा गया था। इनकी मृत्यु के मातम से घोर अवसाद में

गुज़र रही महिम बेग़म ने दिलदार बेग़म की दोनों सन्तानों, यथा, हिन्दाल को 1519 तथा, गुलबदन बेग़म को 1525 में स्वयं गोद ले लिया और बाबर ने उसे ऐसा कर लेने दिया? उसने एक बार भी दिलदार बेग़म का ख़्याल नहीं किया? क्या दिलदार बेग़म के दिल नहीं था? अथवा दिलदार नाम होने के चलते उससे बाबर 'यथा नाम तथा गुण' की आशा कर रहा था? क्या वह सोच रहा था कि वह तो दिलदार है, उसके दिल पर कुछ असर होगा नहीं? या कि वह अपने नन्हें-से बच्चों से यूँ बिछड़ने का यह सदमा भी बर्दाश्त कर लेगी? बाबर यह क्यूँकर सोचता था कि, दिलदार बेग़म अपने कलेजे के टुकड़ों को अपने से अलग करने में कोई तकलीफ़, पराजय, अपमान, अपूरणीय रिक्तता और दर्द नहीं महसूस करेगी? भला हो गुलबदन बेग़म का जिसने कलम उठाया था और इस पूरे प्रकरण पर पर्याप्त प्रकाश डाला है और महिला होने के नाते, उसने संवेदनाओं को बहुत अच्छे से सन्तुलित व मर्यादित ढंग से समेटा और चित्रित किया है?

अपनी महत्त्वपूर्ण ऐतिहासिक कृति, 'हुमायूँनामा' में गुलबदन बेग़म लिखती है, "बाबर की पटरानी होने के चलते, महम (महिम बेग़म) 'शाही हरम' की प्रमुख थी। मुग़ल रनिवास में अपनी सर्वोच्च स्थिति के चलते ही, हरम के अन्य सदस्यों पर उसके सुपरिभाषित और असीमित अधिकार भी थे। सम्भवतः, इसी स्थिति के चलते दिलदार की सन्तानों, यथा हिन्दाल एवं गुलबदन को गोद लिये जाना औचित्यपूर्ण व परम्परागत अधिकार की कार्यवाही मानी जा सकती है, मगर उस माँ के दिल पर क्या गुजरी, न बाबर और न ही महिम ने सोचा और, बाद में अकबर के शासनकाल में इन भावों को अपने विवरणों में गुलबदन ने पूर्णता में न्यायपूर्ण तथा तार्किक स्थान दिया। बाबर बस यही स्वीकार करता है कि, चूँकि, महिम बेग़म की एक के बाद एक चार सन्तानें नहीं रही थीं, अतः वह असीम दुख के चलते गहरे अवसाद में डूब गयी थी और असन्तुलित व्यवहार कर रही थी। उसको मानसिक रूप से सन्तुलित करने तथा आशा की किरण जगाने के लिए उसने यह क़दम उठाने में अपनी स्वीकृति प्रदान की थी। किन्तु, वह

तो महिम के साथ ही दिलदार का भी पति था? क्या उसके प्रति न्यायपूर्ण तथा मानवीय संवेदनशील व्यवहार उसका उत्तरदायित्व नहीं था? फिर, स्वयं अपने राजत्व की परिभाषा के चलते, उसे (एक शासक के नाते, ईश्वर के प्रतिनिधि होने के चलते) तो एक संरक्षक के नाते, सब के साथ निष्पक्ष, विधिक तथा समतापूर्ण या बराबर का व्यवहार ही प्रदर्शित करना चाहिए था। उसे सिर्फ़ न्याय करना ही नहीं था अपितु, ऐसा न्यायपूर्ण व्यवहार करना चाहिए ताकि उसका प्रत्येक निर्णय प्रत्यक्षत: न्यायपूर्ण प्रतीत भी हो। किसी भी प्रकरण में सभी पक्षों को यह साफ़-साफ़ लगे कि उनके साथ वाकई न्याय हुआ है? क्या वह सिर्फ़ एक पत्नी या पटरानी की इच्छाओं और भावनाओं के संरक्षण और सन्तुष्टि के लिए उत्तरदायी था? दूसरी ब्याहता पत्नी के प्रति वह कोई दायित्व नहीं समझता एवं/अथवा मानता था? उसके प्रति क्या वह जवाबदेह नहीं था? क्या उसकी परवाह के प्रति भी उसे सचेत और प्रयासरत नहीं होना चाहिए था?

क्या दिलदार के छोटे बच्चों को माँ से अलग करके उन बच्चों के साथ और उनकी माँ के साथ न्याय हुआ था? न्याय की शुरुआत तो घर से ही होती? और जब हरम में ही न्याय नहीं तब शासक की न्यायप्रियता पर प्रश्नचिन्ह स्वत: ही लगने थे? आम पाठकों और इतिहास के विद्यार्थियों के लिए यह प्रश्न और मुद्दा अवश्य सबको परेशान करता है, कि बाबर ने इतना सब-कुछ महिम के साथ करते हुए, भी उसका बहुत उल्लेख अपनी आत्मकथा में क्यों नहीं किया है? क्या उसे लगता था, कि, पत्नियों का उल्लेख सामन्तवाद और कबीलाई परम्पराओं के अनुसार सीमित और अति सूक्ष्म ही होना चाहिए? बाबर का परिवेश, उसकी तरबियत, प्रशिक्षण कुछ भी ऐसी भावना को जागृत करनेवाली नहीं थी? ऊपर से बाबर की लेखन-शैली ऐसी थी जिसमें, वह बहुत विस्तार से सभी बातें दर्ज़ करता है। तो फिर पत्नियों के उल्लेख में यह शब्दों, वाक्यों और अभिव्यक्ति की कंजूसी क्यों? यह संक्षिप्त वर्णन तो उसकी अपनी लेखन-शैली के भी प्रतिकूल ही था? किन्तु जहाँ प्रेम, प्रश्रय व विशाल हृदयवाले शाही

व्यवहार का प्रदर्शन है, वहाँ बाबर कोई कोताही नहीं करता है? इसीलिए अपने इस महिम-हुमायूँ प्रकरण में भी वली-अहद या घोषित वैध-उत्तराधिकारी पुत्र हुमायूँ के प्रति अपने न्यायपूर्ण आचरण की छवि ही चित्रित करता है। अत: इस प्रकरण को तो वह ज़रूर विस्तार से वर्णित करता है? जहाँ राज्य और राजनीतिक मसला था वहाँ वह शब्द और अभिव्यक्ति की कोई कोताही नहीं करता है? वह उस पूरे प्रकरण का बहुत ही विस्तृत वर्णन देता है। उसी के हवाले से हमें यह आभास होता है कि, जब वह अस्वस्थ हो गया था, तब महिम ने ही अपने पुत्र के हितों के रक्षार्थ उसे बाबर और अपने निकट, काबुल से आगरा बुला भेजा था। हालाँकि, बाबर हुमायूँ के इस तरह काबुल के दायित्व को छोड़कर आगरा-आगमन को अपने निर्धारित दायित्व के प्रति लापरवाही और राजाज्ञा के उल्लंघन के रूप में ही देख रहा था? सम्भवत: वह हुमायूँ को दण्डित करने के विषय में भी सोचने लगा था? किन्तु सिर्फ़ महिम के प्रभाव और दबाव के चलते अन्तत: हुमायूँ से बहुत रुष्ट व असन्तुष्ट होने के बावजूद वह उसे माफ़ कर देता है।

इतना ही नहीं वह महिम से कहता है कि उसका ख़्याल करते हुए ही उसने उसके पुत्र और अपनी सबसे बड़ी सन्तान को वली-अहद या अपना विधिक उत्तराधिकारी नामित किया था। यहाँ फिर हरम के अन्दर की राजनीति स्पष्ट करते हुए गुलबदन हमें बताती है कि, इधर बाबर बीमार पड़ा और उधर सिंहासन की चिन्ता में हुमायूँ बिना बाबर की आज्ञा एवं/अथवा संस्तुति के ही काबुल के महत्त्वपूर्ण दायित्व छोड़कर अपने उत्तराधिकार के हितों को सुनिश्चित करने के लिए आगरा के लिए चल पड़ा था। चूँकि, हुमायूँ ने काबुल में अपने दायित्व की ओर से बिना राजाज्ञा के मुँह मोड़ा था अत: बाबर का उससे नाराज़ होना स्वाभाविक था। उसे यह कत्तई बर्दाश्त नहीं हुआ किन्तु महिम ने पहले से बाबर को हुमायूँ के इस अप्रत्याशित आगमन के प्रति तैयार करने के लिए उसके प्रति अपनी चिन्ता का आधार बनाकर हुमायूँ के आने की बात कहनी शुरू कर दी थी? वह उससे कहती

रही कि वह अपने पति के स्वास्थ्य के चलते परेशान है और चाहती है कि ऐसे में उसके ज्येष्ठ पुत्र को सेवा-सुश्रूषा हेतु अपने पिता के निकट रहना चाहिए? वह अपने पुत्र से अधिक किसी पर और भरोसा भी तो नहीं कर सकती थी और यह तार्किक व कायदे का निर्णय था कि ऐसे में हुमायूँ ज्येष्ठ पुत्र होने के नाते अपने रुग्ण पिता के निकट रहे। किन्तु, गुलबदन साफ़ शब्दों में कहती है कि महिम का वास्तविक उद्देश्य अपने पति के मृत्यूपरान्त अपने पुत्र के हितों की रक्षा का भाव था और यह स्वाभाविक एवं सहज समझ में आता है। गुलबदन, चूँकि, महिम की गोद ली पुत्री थी अत: उसे निश्चित ही हरम के अन्दर की विश्वस्त और महत्त्वपूर्ण जानकारियाँ थीं हीं? हम उसके विवरणों के चलते, अनेक ऐसी सूचनाएँ पाते हैं जिनसे अन्यथा हम इन सब जानकारियों से अनभिज्ञ ही रह जायें। ख़ैर सिर्फ़ महिम की वजह से हुमायूँ अपने पिता व बादशाह बाबर के कोप व राजदंड से बच सका था? और साथ ही उसकी माँ ने उसके राजनीतिक हितों को साधने में सहायता प्रदान करने के लिए और उत्तराधिकार के समय सिंहासन के निकट उसकी उपस्थित सुनिश्चिति की थी, कि कहीं वह दूर (काबुल में) होने के चलते उत्तराधिकार वह सिंहासनारोहण से वंचित न हो जाये? राजनीतिक संक्रमण के इस काल में कब क्या अनहोनी घट जाये, कहा नहीं जा सकता था?

वास्तव में, अनेकानेक कारणों से बाबर का वज़ीर-वकील या प्रधानमन्त्री मीर ख़लीफ़ा बाद में षड्यन्त्र करता भी है कि मुग़ल वंश के इस वली-अहद और ज्येष्ठ पुत्र हुमायूँ को उसके अधिकार से वंचित करके, बाबर के दामाद, मेंहदी ख्वाजा को नया बादशाह बना दिया जाये। ज़ाहिर है, हरम की प्रधान होने के नाते तो महिम को समस्त सूचनाएँ मिलती ही थीं और, फिर बाबर के अस्वस्थ होने के चलते सभी सूचनाएँ व सम्पर्क वहीं हरम में सम्भव थीं और, हरम पर पूर्ण नियन्त्रण, पटरानी होने के कारण, महिम बेग़म का ही था। अत: उसे सभी बातें और गुप्त सूचनाएँ थीं अत: उसने जो उसके और उसके पुत्र के हित में उपयुक्त और उचित था वही किया?। गुलबदन

के विवरण में वस्तुनिष्ठता है, इसमें कहीं भी कोई असन्तुलन, अनावश्यक कटुता और स्वार्थ नहीं है और न ही उसने अपनी इस माँ, महिम बेग़म के विरुद्ध ही कुछ लिखा है। अपितु उसने तो महिम के इस क़दम को तार्किक, न्यायिक व उसका औचित्य ही स्थापित किया है? वह महिम की राजनीतिक सूझ-बूझ, दूरदृष्टि, परिपक्वता व कूटनीतिक समझदारी की प्रशंसा ही करती है। गुलबदन के विवरणों से ही स्पष्ट होता है कि बाबर-महिम के प्रगाढ़ व सुखी दाम्पत्य का सहज रूप तो है ही, किन्तु कैसे यह दाम्पत्य-सम्बन्ध और 'मुग़ल हरम' इसी समय से समकालीन मुग़ल राजनीति और घटनाक्रम को प्रभावित करना शुरू कर देता है।

अपनी विशिष्ट विस्तृत वर्णनात्मक शैली के अनुरूप उसने सिर्फ़ अपनी एक पत्नी के सन्दर्भ में वर्णन किया है और वह है हेरात की निवासी मासूमा मिरांशाही। इससे बाबर ने 1508 में विवाह किया था—हुमायूँ के जन्म से पहले वह इस विवाह का उल्लेख करता है। कान्धार-विजय के तुरन्त बाद अर्थात् हिज़री वर्ष 913 (मई, 1507 से मई 1508 के मध्य) में यह विवाह सम्पन्न हुआ था, जब बाबर ने अपनी मंगेतर मासूमा को हेरात से अपने पास काबुल बुलवाने के लिए भेजा था। मगर वहाँ (हेरात में) तो सब अस्त-व्यस्त हो चुका था, शैबानी ख़ाँ की उज़्बेग सेनाएँ हेरात लगभग जीतने के कगार पर थे, जब मिर्ज़ाओं के काफ़ी परिवारीजन वहाँ से पलायन करने में सफल रहे थे। अतः बाबर लिखता है कि कैसे अपनी माँ हबीबा सुल्तान बेग़म (बाबर की मौसी, जिसे वह 'यिंका' कहकर पुकारता था) के साथ मासूमा सुल्तान बेग़म उसके पास आ गयी थी। इस समय बाबर स्वयं कान्धार की घेरेबन्दी की तैयारी में था और वे माँ-बेटी उससे उसके युद्ध-शिविर में मिले और बाबर ने उन्हें सुरक्षित स्थान में ठहराया। इस दल में आये कुछ अन्य लोगों का भी वह साथ में उल्लेख करता है। उसके अनुसार ख़ुसरू कुकल्दाश, सुल्तान कुली चुनाक और गदाई

बलाल भी इस दल के साथ ही आये थे। वह यह भी बताता है कि यह दल कैसे तून या कैन तथा मशहद होते हुए उसके पास तक पहुँचा था। बाबर ने इसे अच्छा सगुन भी माना होगा क्योंकि, इसी के बाद वह अब्दुर रज़्ज़ाक से कान्धार विजित करने में सफल हो गया था। इतना ही नहीं, जब वह अपने छोटे भाई नासिर मिर्ज़ा को कान्धार में नियुक्त करके वापस काबुल आया तब उसने अपने चाचा सुल्तान अहमद मिर्ज़ा और अपनी मौसी हबीबा सुल्तान बेग़म की पुत्री मासूमा के साथ अपना निकाह सम्पन्न किया।

शैबानी ख़ाँ ने इसी के बाद कान्धार आ घेरा था और, समस्त मध्यशिया विजित करके उसका अगला निशाना काबुल ही था, जो तैमूरी वंशज के अधीन था? उसने तैमूरी वंशजों से समस्त मध्य एशिया लगभग छीन लिया था। अत: उसकी महत्त्वाकांक्षी योजना के अनुसार अब इसके बाद काबुल ही उसका लक्ष्य था। बाबर के लिए इतना बड़ा संकट आ खड़ा हुआ था। यदि यह वीर किसी अन्य शूरवीर से कभी हारा था और वह भी दो-दो बार तो वह यही उज़्बेग नेता शैबानी ख़ाँ था अत: उसका भय अकारण नहीं था। वह काबुल छोड़कर तुरन्त हिन्दुस्तान-विजय की योजना को क्रियान्वित करने के लिए निकल पड़ा किन्तु कुछ दूर जाने पर ही जब उसे यह सूचना मिल गयी कि शैबानी ख़ाँ कान्धार की घेरेबन्दी उठाकर, वापस लौट गया है। उसने बड़ी राहत महसूस की होगी और उसे विश्वास हो गया कि मासूमा उसके लिए निश्चित ही भाग्यशाली साबित हुई। एक बार (कान्धार-विजय) तो किस्मत का पासा पलटना संयोग हो सकता था किन्तु बाबर और उसके वंशज जो ज्योतिष, खगोल से लेकर शकुन-अपशकुन तक में यक़ीन करते थे, अत: दूसरी बार जब शैबानी ख़ाँ जैसा शत्रु कान्धार से वापस लौट गया और काबुल और स्वयं उसका शासक और अकेला तैमूरवंशी शासक बच गया, यह मासूमा के भाग्य का कमाल था, जो अब बाबर से सम्बद्ध हो चुका था। बाबर का प्रेम और परवान चढ़ गया। और यह स्वाभाविक ही था।

वास्तव में, मासूमा और बाबर की प्रेम कहानी की शुरुआत होती है, 1506 में। इस समय बाबर ने सुल्तान हुसैन मिर्ज़ा के आह्वान पर शैबानी ख़ाँ के ख़िलाफ़ बन रहे तैमूरी वंशजों के व्यापक सैन्य संघ में शरीक होने का फैसला किया। जिस तरह से शैबानी के नेतृत्व में उज़्बेग, तैमूरी वंशजों के नेतृत्ववाले बर्लास तुर्कों के शासित इलाकों और राज्यों को नेस्तनाबूद करता जा रहा था, उससे ऐसा लगने लगा था कि तैमूरी विरासत ही मध्य एशिया के इस क्षेत्र से लुप्त हो जायेगी? उसका नामों-निशाँ मिटा देने के लिए शैबानी कृतसंकल्प दिख रहा था। अत: एक आख़िरी अस्तित्व की लड़ाई लड़ने का संकल्प-सा लिया गया? बिलकुल ही 'मरता क्या न करता' वाली स्थितियाँ उत्पन्न हो गयी थीं? वैसे भी बाबर अपने इस दुर्दान्त शत्रु से बदला लेने की फ़िराक़ में था ही? उसी की वजह से बाबर अपना वतन छोड़कर काबुल में रहने को बाध्य हुआ था? दो बार उसने समरकन्द विजित किया था और दोनों बार शैबानी ने तैमूर के इस वंशज से तैमूर की वह पासिद्ध व समृद्ध राजधानी समरकन्द उससे छीनने में सफलता प्राप्त की थी। शैबानी ने उससे समरकन्द ही नहीं छीना था अपितु उसका सपना, उसकी अदम्य इच्छा व लालसा को सदा के लिए दफ़ना-सा दिया था? बाबर को सुल्तान हुसैन मिर्ज़ा के इस आमन्त्रण में एक बारगी अपना सपना पूरा करने का एक सुनहरा अवसर दिखने लगा। उसके अन्दर की स्थायी रूप से समरकन्द पर राज्य करने की अदम्य इच्छा कुलबुलाने लगी। उसके उत्साह ने जोर मारा और वह जून, 1506 में अपनी सेनाओं का नेतृत्व करता हुआ काबुल से चल पड़ा समरकन्द के अपने स्वप्न को पूरा करने के जोश में। और इस मदहोश अवस्था में वह राह में हेरात राज्य में पहुँचा था। शिबेर्तू व देन्दान-दर्रे से गुज़रकर वह कहमर्द की चोटियों से नीचे उतरा, फिर एमक देश होते हुए वह सुल्तान हुसैन के दोनों पुत्रों से अक्टूबर 1506 में जा मिला। वे संयुक्त रूप से न केवल राज्य कर रहे थे अपितु इस समय मुर्ग़ब नदी के तट पर सैन्य शिविर व्यवस्थित किये हुए शैबानी के उज्बेगों के विरुद्ध डटे

थे। किन्तु, इसी बीच उनके पिता सुल्तान हुसैन की 1506 के बसन्त में ही मृत्यु हो गयी थी।

सुल्तान हुसैन का अपनी पत्नी से जन्मा ज्येष्ठ पुत्र बादि-उज़-ज़माँ था और सबसे प्रिय रखैल, खदीज़ा बेग़म से उसका पुत्र था मुज़फ़्फ़र। किसी भी राजनीतिक द्वन्द्व और पारिवारिक कलह से बचने के लिए ही इन दोनों को ही संयुक्त रूप से राज्य की बागडोर सौंपी गयी थी। ताकि हेरात एकजुट होकर शैबानी जैसे शत्रु का सामना कर सके? परन्तु ये दोनों ही शान-शौकत-सुविधा में पले-बढ़े, शासन तो कर सकते थे किन्तु युद्ध और उसकी प्रतिकूलता से पूर्णतः अनभिज्ञ ही थे। अतः युद्ध अगले वर्ष की बसन्त के लिए टल गया। और उत्साही बाबर निराश अपने अधूरे सपने के साथ ही वापस काबुल की ओर लौट गया। मगर, 'इस अभिशाप में भी एक वरदान' अन्तर्निहित था। शायद उसे किस्मत मासूमा से मिलाने के लिए हेरात ले आयी थी?। शैबानी के खिलाफ संघ के शक्ति प्रदान करने आया बाबर, जब हेरात में प्रवास कर रहा था, तब उसने मासूमा को देखा और पहली नज़र में ही वह उस मासूम-सी मासूमा को दिल दे बैठा। उसने अपनी मौसी की इस बेटी को देखा और फ़िदा हो गया। वह अपना दिल इस क़दर हारा कि उसे ख़्याल ही न रहा कि अपने व्यवहार से उसने इसी घर की एक लड़की को बड़ी बे-आबरू होकर बाबर को छोड़ने के लिए विवश-सा कर दिया था? वह बाबर की पहली ब्याहता पत्नी आयिशा थी। यह मासूमा और कोई नहीं आयिशा की सौतेली बहन ही थी। मगर अब समरकन्द, हेरात, फ़रघना का हाल बेहाल था। शैबानी ख़ाँ ने तैमूरी वंशजों के शासकों से उनके राज्य और राजनीतिक सत्ता छीन ली थी, और शेष उसके सामने ठहर पाने लायक ही नहीं थे। तभी तो सुल्तान हुसैन ने अपने मरने से पहले सबसे इल्तज़ा की थी कि सब पैतृक राज्य के अस्तित्व बचाने के लिए एड़ी-चोटी एक कर दें।

बाबर अपनी आत्मकथा में लिखता है कि कैसे इन दोनों भाइयों (संयुक्त शासकों) के कहने पर वह बीस दिनों तक हेरात में रहा और वहीं वह मासूमा को दिल हार बैठा। उसके अनुसार यह सिर्फ़ बाबर

के दिल हारने का कोई मामला नहीं था अपितु, यह दो-तरफ़ा प्रेम था। वे दोनों ही एक-दूसरे की मुहब्बत में गिरफ्त हो गये। मासूमा अपने इस चचेरे/मौसेरे भाई की शौर्य-गाथा से प्रभावित थी, वहीं बाबर के ऊपर पहली बार मदिरा सेवन ने एक नया सुरूर दिया था। एक स्वतन्त्र राज्य के संस्थापक के रूप में उसकी प्रतिष्ठा और एक शूर-वीर के रूप में उसकी प्रसिद्धि इस कमसिन का होश उड़ाने के लिए बहुत था। और, बाबर जैसा सुसंस्कृत, सुशिक्षित व व्यवहारकुशल और किसी भी महफ़िल की शान पहली नज़र में ही किसी को आकृष्ट कर सकता था। वह भी मासूमा के रूप-गुण, चाल-ढाल, अदाओं का कायल हुए बिना नहीं रह पाया और दिसम्बर 24, 1506 में हेरात छोड़ने से पहले वे एक-दूसरे को कभी न छोड़ने की कसम खा चुके थे। ज़ाहिर है यह रिश्ता किसे नामंज़ूर होता? अतः सब की रजामन्दी से इन दोनों की सगाई हो गयी और मन से दोनों एक-दूसरे के हो गये। वस्तुतः इसी हेरात यात्रा में एक रोज़ मुज़फ़्फ़र की दावत में बाबर ने पहली बार मदिरा को हाथ लगाया था। और उसी मद में वह कब उस दावत के स्थान 'तेरेबखाना' (सफ़ेद बाग़) से उठकर अपने ठिकाने की ओर चला था। वह उस दुमंज़िले इमारत के उत्तरी कोनेवाले कक्ष में सजी महफ़िल से जब चला तब भी महफ़िल अपने शबाब पर थी। किन्तु, किसी को उसकी ख़बर ही नहीं थी? हाँ वे सब यह जानते-समझते थे कि उनके दबाव में बाबर ने आज पहली मर्तबा मदिरा को होंठों से लगाया था।

ऐसे में मेज़बान परिवार में कोई एक ऐसा था जिसे खदीज़ा बेग़म का यह प्रस्ताव बिलकुल अच्छा नहीं लगा था कि वह अपने पुत्र मुज़फ़्फ़र के पक्ष में बाबर को करने के लिए तेरेबख़ाना में यूँ लेकर गयी थी? बाबर जैसा सुसभ्य शासक अपनी माँ समान अपने से कहीं उम्रदराज़ इस महिला के आग्रह और आमन्त्रण को किसी बड़े का आदेश मानते हुए मानने को बाध्य हुआ था। और इसी का लाभ उठाते हुए जिस बाबर ने कभी मदिरा को होठों से न लगाया हो, उसे पहली मर्तबा शराब मुर्तज़ा के इस जश्न में जान-बूझकर पिलायी गयी, ताकि

बाबर 'बोतल-दोस्ती' और 'मदिरा-गोष्ठी' के बन्धन में बाँधकर मुज़फ़्फ़र का अभिन्न साथी, सहयोगी और मित्र बन जाये। उसने अपने ख़्वाजा-सरा और अन्य परिचरों को इसीलिए नियुक्त कर रखा था कि बाबर को कोई क्षति न पहुँचे और पहली बार मदिरा के सेवन के उपरान्त वह सुरक्षित अपने ठिकाने पर पहुँच जाए। हालाँकि वह बाग़ भी नज़दीक ही था, जिसमें बाबर का आवासीय कक्ष नियत हुआ था। जैसे ही बाबर हलके से लड़खड़ाते क़दमों से उस उत्तरी कक्ष से बाहर निकला उसका दायित्व मासूमा के परिचरों ने सम्हाल लिया। बाबर इस ख़्याल रखनेवाले बड़प्पन से अभिभूत हो गया। उसने उन सब को अब अपने बड़प्पन और स्वाभाविक आचरण के चलते जब दिल से धन्यवाद ज्ञापित किया तब उन्होंने ही बताया कि वे तो मासूमा बेग़म के अनुचर हैं, जिन्हें उसने ख़ासतौर से बाबर की खातिर नियत किया था अत: वे अपने दायित्व का अनुपालन कर रहे थे। उन्हीं लोगों ने बाबर को बताया कि वे इसी तरह सब का ख़्याल रखती हैं। तैमूर वंशी सभी बड़ों की ख़ातिर-तवज्जोह उनकी आदत थी। इसीलिए अपने अतिथि का भी उन्हें पूरा ख़्याल था किन्तु चिन्ता इसलिए हो गयी थी कि, बाबर के विषय में ज्ञात था कि वह मदिरा को हाथ भी नहीं लगाता है और ये बाकी रिश्तेदार और उसके चचेरे भाई पीते-पीते भोर कर देते थे। अत: वह पहली बार वाक़ई किसी के लिए चिन्तित भी थी? बाबर की मासूमियत पर मासूमा फ़िदा और मासूमा की फ़िक्र पर बाबर लट्टू।

बाबर को उन लोगों ने जब सकुशल पहुँचाने का अपना कर्त्तव्य समझाया तब उन्होंने यह भी बताया कि वह राजकुमारी इतना चिन्तित है कि, उसने उन लोगों को स्पष्ट औत सख़्त आदेश दिया है कि वे बाबर को सकुशल उसके कक्ष तक पहुँचाने के पश्चात् उसे सूचित करना न भूलें। बाबर पर या तो मदिरा का प्रभाव था या वह वाक़ई मासूमा की इस मेहमानदारी और ख़्याल रखने की अदा पर फ़िदा हो चुका था की वह भी उसी दल में शामिल हो गया जो मासूमा को बाबर के सकुशल पहुँचाने की बात बताने जा रहा था। उसने उनसे

वादा ले लिया कि वे अपने दल में बाबर की उपस्थिति के विषय में कुछ नहीं कहेंगे? वह तो अपनी आँखों सब देखना और अपने कानों से सब सुनना चाहता था? मासूमा ने जब अनुचरों के दल में बाबर को अपने समक्ष पाया तो वह पानी-पानी हो गयी। बाबर ने स्पष्ट कहा कि ऐसे ख़्याल करनेवाली को यदि वह धन्यवाद ज्ञापित न करता तो उसे नीन्द ही न आती और इसीलिए वह शुक्रिया अदा करने के लिए अपना ख़्याल रखनेवाली के समक्ष आने को बाध्य था। बाबर ने यह कत्तई ख़्याल नहीं किया कि वह एक शासक है और इस नाते उसका ख़्याल रखा जाना इन लोगों का कर्त्तव्य था। उसके लिए इन छोटी-छोटी चीज़ों का वस्तुत: बहुत महत्त्व था। यह बाबर का वास्तविक चरित्र व स्वभाव था। उसे आज पहली बार अपने स्वभाव व प्रकृति का एक व्यक्ति मिला था। वह उसके प्रति कृतज्ञता ज्ञापन कैसे नहीं करता? बाबर के स्वभाव के यह बिलकुल ही विपरीत था। अत: उसने तो मन-ही-मन खदीज़ा बेग़म को भी धन्यवाद ज्ञापित किया और मुज़फ़्फ़र के प्रति भी जिसने पहली बार उसे मदिरा पीने के लिए लगभग बाध्य कर दिया था। अगर यह सब न होता तो उसे मासूमा के विषय में कैसे पता चलता? अपने प्रति उसके लगाव, आकर्षण और इस तरह ख़्याल रखने की भावना का पता उसे कैसे चलता? अत: बाबर ने इन सबको दिल से धन्यवाद दिया और मासूमा के प्रति तो वह आसक्ति रोक ही नहीं पाया।

मासूमा बेग़म ने अपना फ़र्ज़ ही अदा नहीं किया उसने अपने इस चचेरे भाई के प्रति अपने आकर्षण को छुपाने का कोई प्रयास नहीं किया और अब जब कुछ छुपाने को दोनों ओर से कुछ था ही नहीं तब ज़ाहिर ही है कि सब-कुछ साफ़ और सहज था। जब मध्य एशिया के तमाम क्षेत्र अशान्त, अस्थिर और अव्यवस्थित हो रहे हों तब एक रिश्तेदार और ख़ानदान के ही इस शूरवीर सदस्य अपना स्थिर राज्य कायम किये हुए था और वह भी अपने बलबूते। किसी विरासत के चलते बाबर को काबुल का राज्य प्राप्त नहीं हुआ था? इतना ही नहीं जब सभी तैमूरी वंशजों के राज्य और राजनीतिक

इकाईयाँ पतनशील थीं, तब उसके राज्य में स्थिरता, स्थायित्व और शान्ति सब थी। ऐसे व्यक्ति का मासूमा के साथ रिश्ता होना तो सबको मंज़ूर ही हो सकता था। अत: उसके हाथ में मासूमा का हाथ देने में किसी को कोई आपत्ति तो दूर ख़ुशी ही होनी थी और हुई। बाबर को पहली बार की मदिरा फल गयी, भले ही उसका शरूर कभी चढ़ ही न पाया हो? मदिरा का नशा छाता, उससे पहले ही उसके ऊपर मासूमा का जादू छा गया था। अत: किसी तरह करवटों में दोनों, बाबर और मासूमा की रात कटी और अगली सुबह ही बाबर ने अपनी दादी शाह बेग़म के हाथों मासूमा के रिश्ते के लिए पैग़ाम भिजवा दिया था। और इस तरह दोनों का विवाह यहीं हेरात में पक्का हो गया। ख़ैर अभी तो बाबर को वापस काबुल जाना था अत: जब हेरात की स्थितियाँ शैबानी की चढ़ाई के बाद बदलीं तब अनेक तैमूर-वंशी लोग हेरात छोड़ने को बाध्य हुए थे। उनके पास शरण का एक ही स्थल था, वह था काबुल जहाँ एक तैमूर-वंशी बाबर अपना राज्य संगठित व सुदृढ़ किये हुए था और, वह एक सहृदय प्रश्रयदाता भी था। इस तरह मासूमा बेग़म अपनी माँ के साथ बाबर के पास कान्धार की घेरेबन्दी के दौरान उसके सैन्यशिविर में जा पहुँची थी।

वस्तुत: 'मिराँशाही' सम्बोधन से बाबर का मन्तव्य अपने पिता के सबसे बड़े भाई के परिवार से है, जिसे अमीर तैमूर के साम्राज्य का सबसे समृद्ध व राजधानी का क्षेत्र अर्थात् समरकन्द का क्षेत्रीय राज्य प्राप्त था और, जिसकी ज्येष्ठ पुत्री से उसका प्रथम विवाह और सम्बन्ध-विच्छेद भी हुआ था। जहाँ वह अपनी आत्मकथा में अपनी पटरानी, महिम बेग़म का भी उतना उल्लेख नहीं करता है, वहीं उसकी इस प्रेमिका-पत्नी के निरन्तर उल्लेख हमें उसके आत्म-कथ्य तुज़ुक-ए-बाबरी में प्राप्त होते हैं। और ये उल्लेख बाबर के ऊहापोह को दर्शाते हैं? एक शासक, शूरवीर व प्रसिद्ध योद्धा बाबर किस तरह से प्रेम में तो फँसा और विवाह भी करने की स्वयं जिद्द भी पकड़ी मगर क्या एक शासक और प्रतिष्ठित योद्धा को यह स्वीकार करना शोभा देता कि वह किसी कमसिन का इतना दीवाना हो गया था कि उसके दिल

को उसके बिना जीना ही गवारा ही नहीं किया? क्या मध्ययुगीन पुरुष-प्रधान समाज और राज़नीति उसकी इस स्वीकृति को सहज भाव से ले पाती? उसे शायद यह संशय भी था कि अपनी आत्मकथा में की गयी उसकी इस स्वीकारोक्ति को आनेवाली पीढ़ी और समाज किस रूप में लेगा? इन प्रश्नों ने उसकी मानसिकता और इस प्रेम-विवाह की अभिव्यक्ति और विवरण को विकृत किया ही। अतः यह बाबर के समकालीन समाज की अपेक्षाओं, आशाओं और स्त्री-पुरुष सम्बन्धों पर भी काफ़ी प्रकाश डालनेवाला प्रकरण है। उस समाज और परिवेश में शासक और राजनीतिक रूप से प्रतिष्ठित विजेता तथा भारत में मुग़ल वंश के संस्थापक से क्या अपेक्षित था, यह भी स्पष्ट हो जाता है। वहीं, यह भी स्थापित होता है कि अपनी सत्ता की वैधता और औचित्य को साबित करने के लिए बाबर को कौन-कौन-से पापड़ बेलने पड़े थे?

अपने-आपको श्रेष्ठ राजपरिवार का साबित करने और अमीर तैमूर का वंशज ही नहीं, उसके वास्तविक उत्तराधिकारी होने का दम्भ और दावा भी कहीं-न-कहीं इस परिवार के पारस्परिक झगड़ों, युद्धों व प्रतिद्वन्द्विता का सबब भी रह गया था। वे सब अपने-आपको अमीर तैमूर का वास्तविक वंशज और उस विरासत का सहज़ उत्तराधिकारी मानते थे और अपनी सैन्य श्रेष्ठता के माध्यम से इसे प्रमाणित भी करना चाहते थे? इतना ही नहीं, बाबर के पुत्र, हुमायूँ और पौत्र, अकबर में भी यही विशेषता नज़र आती है, कि, वे इसके लिए बहुत चिन्तित रहते थे, कि लोग उनको किस रूप में स्वीकार करते हैं और उन्हें अपने-आपको कैसे चित्रित करना चाहिए? अकबर ने तो अपने शासनकाल के विवरण, 'अकबरनामा' के चार प्रारूप या ड्राफ्ट रद्द करके, पांचवें को स्वीकृति दी थी? जब तक वह सन्तुष्ट नहीं हो गया कि अब इस समकालीन इतिहास में उसके मित्र व दरबारी, अबुल फ़ज़ल ने उसका वह चित्रण कर दिया था, जिससे वह सन्तुष्ट हो गया तब ही उसने उसे अन्तिम रूप में स्वीकृत किया और वही 'अकबरनामा' हमें उपलध है। वह प्रतिदिन के कार्यों से मुक्त होकर रात्रि में उसके पृष्ठों के पाठ को सुनता था और

सुधार व परिवर्तन करवाता रहता था। अर्थात् जैसा वह चाहता था वैसा 'अकबरनामा' जिसमें अकबर सन्तुष्ट हो गया कि उसका चित्रण अब सही हो गया है तब प्रकाश में आ पाया। अब वह अमरत्व के योग्य प्रतीत भी हो, सिर्फ़ झूठी शान में लिखा हुआ ग्रन्थ प्रतीत न हो, जिसमें सिर्फ़ प्रशंसा ही हुई है, अपितु वह यह साबित करना चाहता था, कि लोगों को लगे कि इसमें उसकी भूरि-भूरि प्रशंसा इसीलिए हुई है क्योंकि, वह उसका पात्र था?

हालाँकि, इसीलिए सावधान और वस्तुनिष्ठ इतिहास के आग्रही छात्र व शोधकर्त्ता 'अकबरनामा' के साथ-साथ, उसके कटु आलोचक, अब्दुल कादिर बदांयूनी की कृति, 'मुन्तखाब-उत-तवारीख़' एवं निष्पक्ष एवं तटस्थ निज़ामुद्दीन अहमद 'तबकात-ए-अकबरी' का भी इसीलिए अध्ययन करते ही करते हैं? अबुल फ़ज़ल ने बिलकुल वैसा ही लिखा जैसा अकबर अपने-आपको अपने इतिहास में चित्रित करना चाहता था। तब न उसके पाँच ड्राफ्ट सुन-सुनकर संशोधित, परिवर्तित, परमार्जित करता रहा जब तक वह सन्तुष्ट नहीं हो गया कि यह चित्रण सबसे उपयुक्त है? वह राजत्व को दैवी संस्था ही नहीं, मुग़ल बादशाह को भी एक दिव्य व्यक्तित्व प्रदान करके, लोगों को यह एहसास करवाना चाहते था कि, वे परवरदिगार द्वारा चयनित राजपरिवार हुए थे। ईश्वर उन्हें शासक पद प्रदान करता था। यही उनके राजत्व को दैवी संस्था की मान्यता देता था और आमजन में सहज स्वीकार्य बना देता था। अत: बाबर से शुरू हुआ यह सिलसिला जहाँगीर की आत्मकथा, 'तुजुक-ए-जहाँगीरी' में भी नज़र आती है? उसका नामकरण बाबर की आत्मकथा की देखा-देखी हुआ, हालाँकि, बाबर की आत्मकथा की भाषा उसकी मातृभाषा तुर्की है, वहीं जहाँगीर ने दरबारी भाषा फ़ारसी में अपनी आत्मकथा की रचना की है। इतना ही नहीं, बाबर की आत्मकथा की एक विशेषता यही है कि वह सत्यनिष्ठा और साफगोई या ईमानदारी भरा चित्रण तो है ही? जहाँ उसने तथ्यों को छुपाने या तोड़ने-मरोड़ने की कोशिश की है वह बहुत साफ़ ज़ाहिर भी हो जाती है और, लोगों को इसका अन्दाज़ा सहज हो जाता है कि इस प्रकरण या बात की सच्चाई वास्तव में क्या है?।

अतः मासूमा बेग़म मीराँशाही का प्रकरण हमें इस उपरोक्त आलोक में देखना चाहिए। बाबर स्वयं पहली नज़र में मासूमा को पसन्द कर बैठा था और फिर उससे विवाह भी किया जैसा कि हम ऊपर प्रथम पत्नी का उल्लेख करने के अन्त में कर भी चुके हैं? और उसकी आकस्मिक मृत्यु तथा अतृप्त प्रेम का भाव, 'तुजुक-ए-बाबरी' में बार-बार हुए उसके उल्लेख से ही स्पष्ट और प्रमाणित होता है। जहाँ अपनी पटरानी, महिम बेग़म का उसने बहुत कम उल्लेख करके हमें अचम्भित किया है वहीं, दूसरी ओर, इस प्रेम-विवाहवाली पत्नी जिसका इन्तकाल भी बहुत जल्दी हो गया था, उसकी याद को बनाये रखने के लिए, उससे जन्मी अपनी बिटिया का नाम भी माँ के नाम पर 'मासूमा बेग़म' ही रख दिया, वहीं अपनी आत्मकथा में उसका निरन्तर उल्लेख भी यही साबित करता है कि वह इस स्मृति के साथ न केवल जीना चाहता था, अपितु, उसे भुला भी नहीं पा रहा था और न ही भुलाना ही चाहता था। ज़ाहिर है, मासूमा बेग़म बाबर के लिए विशेष स्थान रखती थी। जैसा कि हमने ऊपर शुरू में अर्ज़ भी किया है, वह अपनी पहली पत्नी और मासूमा की सौतेली बहन एक साथ हुए अपने विवाह-विच्छेद की भरपाई करना चाहता रहा होगा, वहीं वह उस परिवार को आश्वस्त करना चाहता था कि, वह अपने पिता के सबसे बड़े भाई के परिवार से घनिष्ठता समाप्त करने का कत्तई इच्छुक नहीं था? अर्थात्, वह सम्बन्ध-विच्छेद एक बुरा स्वप्नमात्र था और दोनों पक्षों की नासमझी और अपरिपक्वता का एकमात्र एक प्रकरण?

इस निरन्तर उल्लेख से यह तो ज़ाहिर ही नहीं स्थापित होता है कि भले महिम उसकी पटरानी रही हो, किन्तु मासूमा का स्थान बिलकुल ही फ़र्क और विशिष्ट था? यदि मासूमा प्रसव के दौरान दम न तोड़ती, तो यह देखना दिलचस्प रहा होता कि बाबर कहीं अपनी पटरानी न बदल देता? वह भी वली-अहद को जन्म देनेवाली माँ को प्रतिष्ठा तो देता मगर अपने मासूमा के पारस्परिक सम्बन्धों की तुलना में उससे कैसे सम्बन्ध होते? क्योंकि, उसी के एक वंशज, जहाँगीर

या सलीम ने भी मानमती को वली-अहद, मिर्ज़ा खुसरू के जन्म देने पर 'शाह बेग़म' का विरुद या खिताब तो नवाज़ा, मगर ऐसा कुछ हुआ कि इसी शाह बेग़म ने आत्महत्या भी कर ली? अत:, क्या मासूमा के जीवित और दीर्घ आयु की होने पर महिम बेग़म का वह रुतबा और स्थान होता जो मासूमा की मृत्यूपरान्त उसे मिलता रहा? मासूमाँ की रिक्तता का एहसास उसे होता ही रहा, जैसा कि उसके निरन्तर उल्लेख से होता है। बाबर ने अपने-आपको पुरुषप्रधान समाज के उत्पाद होने का प्रमाण देते हुए, जब अन्य पत्नियों का विशेष उल्लेख अपनी आत्मकथा में नहीं किया है, वहीं इस अल्पावधि के पत्नी की शान में बराबर क़सीदे भी पढता रहा और हर अवसर पर उसे याद करने का बहाना ढूँढ़ ही लेता था।

सम्भवत: मासूमा का अधिक उल्लेख और पटरानी महिम के कम ज़िक्र होने से कुछ इतिहासकारों में एक भ्रान्ति-सी घर कर गयी कि जैसे महिम कोई पत्नी न होकर निचले पायदान की उप-पत्नी थी या वह उतने उच्च कुल की न होने के कारण बाबर की आत्मकथा में उतना अधिक स्थान नहीं पायी है? वास्तव में, हम खुद ही जानते हैं कि बाबर की आत्मकथा में अनेक रिक्तियाँ हैं और ये पृष्ठों के उड़ जाने के कारण हुए हैं अत: बाबर की अपनी स्वीकारोक्ति ही है कि, चूँकि वह अपने वृत्तान्तों के साथ उर न्याय नहीं कर पायेगा इसीलिए वह इसे स्मृति के आधार पर लिखने का जोखिम नहीं उठाना चाहता था? दूसरे, यह भी सत्य है कि जब उसकी महिम से नयी-नयी शादी सम्पन्न हुई होगी तब उसने अवश्य इस सम्बन्ध में अधिक लिखा होगा और अनेक स्थानों पर इस सम्बन्ध का ज़िक्र हुआ होगा? और, चूँकि, 1508 एवं 1519 के मध्य के विवरण उसकी 'तुज़ुक-ए-बाबरी' में हैं ही नहीं, अत: हम इस वैवाहिक सम्बन्ध के विषय में काफ़ी कुछ नहीं जान पाए हैं। इसी के चलते कुछ इतिहासकारों को यह भ्रम हुआ और उन्होंने इस बात को काफ़ी रेखांकित भी किया कि महिम का स्थान चाहे जो भी हो, वह उच्चकुलीन परिवार की महिला नहीं थी?

महिम यदि उच्चकुलीन महिला न होती तो निश्चित ही वह 'मुग़ल हरम' की संरक्षिका भी नहीं हो पाती और उसका वर्चस्व जैसा गुलबदन आदि के विवरणों से मिलता है, वह सर्वोच्च स्थान उसे कभी प्राप्त हो ही नहीं सकता था? दूसरी ओर अधिक महत्त्वपूर्ण बात यह थी, तब निश्चित ही गुलबदन की माँ ने अपने दो बच्चे इतनी सरलता से उसे गोद लेने नहीं दिये होते? इतना ही नहीं, गुलबदन 'अग़ाचा' शब्द के प्रयोग से उप-पत्नीवाली दो महिलाओं का उल्लेख अपनी कृति, 'हुमायूँनामा' में करती है। अत: यदि ऐसा होता तो वह क्यूँ कर महिम के लिए ऐसे शब्द का प्रयोग नहीं कर रही है? फिर, गुलबदन के मकान में उसके पार्टी मिश्रित भाव तो थे ही? उसे दो वर्ष की उम्र में अपनी प्राकृतिक माँ से इसी औरत ने छीन-सा लिया था? उसे इतना उच्च शिक्षण-प्रशिक्षण, शिक्षा-दीक्षा भी इसी कारण प्राप्त हो सकी थी? फिर, मुग़ल सम्राट् की पटरानी की पुत्री — भले ही गोद आयी — होने के चलते मुग़ल हरम की संरक्षिका के बाद उसका भी दबदबा इस 'हरम' और उसकी गतिविधियों में सहज समझा जा सकता है? अत: उसे इस प्रकार गोद जाने का बहुत लाभ भी मिला था? अत: यह मान लेना जैसा कि कुछ इतिहासकारों ने माना है कि कामरान हुमायूँ का इस कारण से भी विरोध करता था, कि उसकी माँ तो तैमूर की ख़ानदानी थी किन्तु हुमायूँ की नहीं अत: उसका दावा अधिक सशक्त था न तो तार्किक और न ही न्यायसंगत है। क्योंकि, न तो गुलबदन और न ही तैमूरवंशीय मिर्ज़ा हैदर दोग्लात इस बात का कोई ज़िक्र करते हैं?

यदि ऐसी कोई बात होती तो निश्चित ही कामरान पेशावर और लम्घान पर बलात् आधिपत्य स्थापित करने के पश्चात् हुमायूँ को उस तरह का ख़त न लिखता जैसा उसने लिखा था और न ही हुमायूँ बिना तल्ख़ीवाला वह उत्तर ही देता? हमें ज्ञात है कि दोनों भाइयों ने किस तरह से कविताओं से अपने इस पत्र-व्यवहार को ओत-प्रोत किया था? दूसरी बात, कामरान जिस चरित्र का स्वामी था और जितना महत्त्वाकांक्षी था, वह इस बात का निश्चित ही बतंगड़ बनाकर ही दम लेता, किन्तु

ऐसा न होने के अभाव में यही साबित होता है कि, हुमायूँ की माँ महिम एक कुलीन परिवार की स्त्री थी और दोनों का दोनों परिवारों की रज़ामन्दी और ख़ुशी-ख़ुशी निकाह सम्पन्न हुआ था? तीसरी बात, यदि इस बात में कोई भी तथ्य या दम होता तो बाबर के वकील या प्रधान-मन्त्री मेरे खलीफा का षड्यन्त्र यूँ दम न तोड़ देता? हमें ज्ञात ही है कि वह कैसे हुमायूँ के स्थान पर वह बाबर के दामाद, मेंहदी ख्वाजा को उसके स्थान पर सिंहासनारूढ़ करने का इच्छुक था। किन्तु यह निर्णय कुलीनता के आधार पर न होकर उसकी व्यक्तिगत पसन्द पर अधिक आधारित था। उसे लगता था कि, हुमायूँ अधिक सशक्त बादशाह होने के चलते उसे अधिक अधिकार व शक्ति-सम्पन्न न रहने दे? अपनी महत्त्वाकांक्षा के चलते ही उसने ऐसा सोचा होगा? और अनेकानेक कारणों के चलते उस योजना का परित्याग भी किया, जैसा कि हमें निजामुद्दीन अहमद अपनी कृति, 'तबकात-ए-अकबरी' में बताता ही है।

अब हमें बाबर की दो अन्य पत्नियों, यथा दिलदार बेग़म और गुलरुख बेग़म की ओर अपना ध्यान देना चाहिए इनके साथ उसके सम्बन्धों के बाद ही उसके कोमल, नाज़ुक या संवेदनशीलता वाले पक्ष का यह चित्र पूरी तरह से उभरकर आयेगा। इन दोनों से बाबर के विवाह हिजरी सन 914 एवं 925 या 1508 एवं 1519 के मध्य कभी सम्पन्न हुआ होगा, क्योंकि इस काल के पृष्ठ नष्ट होने के चलते इस काल का हमें कोई सही, सटीक व आधिकारिक वृत्तान्त प्राप्य नहीं है। अतः हमें इस काल की घटनाओं की पुनर्रचना के लिए एक बार पुनः गुलबदन बेग़म और तारीख-ए-रशीदी के लेखक मिर्ज़ा हैदर दोग्लात पर निर्भर करने के लिए बाध्य होते हैं। यह निश्चित ही हमारा सौभाग्य है कि ये दोनों महत्त्वपूर्ण समकालीन इतिहासकार अपनी रचनाओं से हमारी जानकारी की रिक्तता को भरने के लिए मौज़ूद हैं? गुलबदन बेग़म का विश्वास करें तो ये दोनों विवाह पूर्व के तीनों विवाहों के

समापन एवं उन पत्नियों से 'हरम' में उत्पन्न रिक्तता के चलते हुए, अत: उन विवाहों के बाद के काल में कभी सम्पन्न हुए थे। ज़ाहिर है, पत्नियों की आवश्यकता और बाबर की बढ़ती राजनीतिक शक्ति, प्रभुत्व और प्रतिष्ठा के चलते राजनीतिक स्थिरता और साम्राज्यीय प्रतिष्ठा के काल के ये विवाह भी उसी स्थिरता के प्रतीक और परिचायक हुए होंगे? उनके ऊपर सम्राट् बाबर की इस नयी आत्मविश्वासी और स्वाभिमानी प्रवृत्तियोंवाली नयी परिपक्व शख़्सियत का असर साफ़ दिखता रहा और इसीलिए इन दाम्पत्य-जीवन में स्थिरता और बाबर का वर्चस्व भी स्पष्टत: नज़र आता है? बाबर के आदेश को मन-मसोसकर दिलदार मानती है या मानने को विवश है? उसके पास उस माहौल में और विकल्प भी क्या है? मात्र तीन दिन की अल्पायु के शिशु हिन्दाल का मसला हो या उससे चार वर्ष छोटी उसकी सगी बहन मात्र दो साल की गुलबदन की बात हो, दोनों को ही बाबर उनकी सगी माँ से अलग करने से गुरेज़ नहीं करता है और अपनी ख़ास रानी को प्रसन्न व सन्तुष्ट करने के लिए इन दो शिशुओं को गोद लेने के लिए अपनी पटरानी महिम को सौंप देता है? उसे किसी से कुछ पूछना नहीं था, किसी की इच्छाओं को जानना भी नहीं था? जैसे उसे इस मामले में संवेदनाओं को नज़रअन्दाज़ करने में भी कोई गुरेज़ न रहा? यह बस एक निरंकुश शासक का एकपक्षीय निर्णय था, जिसको लेकर अमल करने का वही एकमात्र सक्षम अधिकारी था? और इस शासकीय, आधिकारिक, बादशाही आज्ञा का सिर्फ़ पालन ही किया जा सकता था? उस पर प्रश्न-चिन्ह अंकित नहीं किया जा सकता था? शासक यानी कि राज्य या राजसत्ता का व्यक्तिवादी रूप—जो उसके मुख से निकला वही क़ानून होता था? अत: शासक के निर्णय या आदेश का अनुपालन न करना तो राजाज्ञा का उल्लंघन ही होता? और, राजाज्ञा के उल्लंघन की मध्यकाल (प्राचीनकाल में भी) एक ही सज़ा थी? तो कौन जुर्रत करता बादशाही आज्ञा की अवाग्याकारिता करने की? भला कौन मृत्युदण्ड के माध्यम से जीवन से निजात पाने की ख़्वाहिश करता?

शासक या बादशाह ही राज्य के प्रमुख होने के नाते मुग़ल 'हरम' का भी सर्वेसर्वा होता था और इस कारण, वह हरम के लोगों की ज़िन्दगी और उससे जुड़ी सभी गतिविधियों का वास्तविक संचालक, निर्णायक या स्वामी होता था। यह तो वह अपनी माँ या उसकी अनुपस्थिति में अपनी पटरानी को 'हरम' की संरक्षिका का कार्यभार सौंप देता था, किन्तु वास्तविक स्वामी तो वही होता था? अतः जब उसकी पटरानी 'महिम' को ये सन्तानें सौंपी गयीं तब तो यह दोनों स्वामियों या स्वामी-स्वामिनी को उनके अधिकार के तहत कार्य ही था। इसमें राज्य के किसी अधिकार का अतिक्रमण नहीं था। न ही यह तत्कालीन सामाजिक-सांस्कृतिक परिवेश में कोई अपवाद था? यह विधि और परम्परा दोनों के ही अनुकूल क़दम था। भले ही मानवीय दृष्टिकोण से बहुत सराहनीय क़दम न भी माना जाये? मगर 'मुग़ल हरम' के रहन-सहन, रीति-रिवाजों, प्रशासन और उसके कार्य-सम्पादन पर अच्छा प्रकाश डालते हुए हमें घटनाओं को देखने-समझने का एक नया नज़रिया भी देते हैं।

इसी तरह बाबर की एक अन्य पत्नी गुलरुख़ भी थी। इस पत्नी से बाबर की अनेक सन्तानें हुईं, इनमें से दो पुत्र, यथा, शाहरुख़ एवं अहमद थे। ये दोनों शैशव-अवस्था में ही काल कवलित हो गये थे। गुलरुख से उसकी एक पुत्री, गुल-इज़ार थी। इसका भी इन्तकाल बचपन में ही हो गया था। किन्तु उसके पश्चात् गुलरुख़ से बाबर की दो अन्य सन्तानें हुईं, कामरान एवं अस्करी, जिनका उल्लेख हमें निरन्तर हुमायूँ के शासनकाल में मिलता है। जैसा कि स्पष्ट है अब तक बाबर काबुल में स्थापित व प्रतिष्ठित शासक हो चुका था और भारत पर उसके प्रयास ज़ारी थे। अपनी सुदृढ़ होती राजनीतिक स्थिति के ही कारण शायद अब बाबर अपनी पत्नियों के विषय में कम लिख रहा था। दूसरे उसकी आत्मकथा, तुजुक के काफ़ी पृष्ठ भी गायब हैं, अतः इन पत्नियों के सम्बन्ध में ये रिक्तियाँ इस कारण से भी हो सकती है। और फिर, चूँकि, गुलरुख की कोई सन्तान रचनाकार नहीं थी, अतः उसका बहुत उल्लेख हमें समकालीन इतिहास में नहीं मिलते

हैं। और फिर, कामरान को ही तो पराजित करके हुमायूँ दुबारा भारत में स्थापित हुआ था और ये तमाम इतिहास उसके काल में ही लिखे गये अतः सम्भव है, कि, बादशाह की रुचि एवं प्रसन्नता-अप्रसन्नता के अनुसार ही ये वृत्तान्त लिखे गये हों? इतना ऐतिहासिक रचनाकारों ने अपने हितों की रक्षा के लिए भी सोच-समझकर रखा होगा और, इसीलिए वही लिखा और नहीं लिखा होगा, जो क्रमशः बादशाह को पसन्द और नापसन्द हो? वे बेचारे तो मात्र उन्हीं बातों या प्रकरणों का उल्लेख कर रहे होंगे जिनसे उनको लाभ दिखता हो? शेष गड़े मुर्दों को उखाड़ने में उन्होंने निहितार्थवश स्वयं कोई दिलचस्पी नहीं ली हो?

ख़ैर, यदि एक चीज़ स्पष्ट है तो वो यही है कि गुलरुख़ बेग़म भी मुग़ल हरम में अन्तिम समय तक रहीं, क्योंकि, उनका छोटा पुत्र वहीं हुमायूँ के साथ तब तक रहा जब तक वह स्वयं भारत छोड़कर ईरान नहीं चला गया, तभी अस्करी अपने बड़े भाई कामरान के साथ रहने को मजबूर था। किन्तु, तब तो ज़्यादातर मुगल हरम भी वहीं कामरान के पास ही था, तभी तो उसने काबुल पर हो रहे हुमायूँ की सेना की गोलाबारी रोकने के लिए शिशु अकबर को दुर्ग की दीवार से लटका दिया था? हुमायूँ के अन्दर अपनी सभी माताओं के प्रति श्रद्धा व आदर का भाव था अतः वे सब उसी के पास रही थीं, जब तक शेर शाह से पराजित होते-होते वह स्वयं भारत से पलायन के लिए बाध्य नहीं हुआ था?

हमें मासीर-ए-रहीमी के लेखक के विवरण से एक बहुत ही दिलचस्प और महत्त्वपूर्ण तथ्य की जानकारी प्राप्त होती है। उसके अनुसार, दिलदार का वास्तविक नाम दिलदार नहीं था, यह नामकरण तो मुग़ल हरम में प्रवेश के उपरान्त उसे दे दिया गया था। किन्तु, यदि ऐसा होता तो भला वह न तो गुलबदन की जानकारी और न ही उसकी क़लम से चूकता अतः, हमें विवाहोपरान्त वधुओं के अपने ससुराल में नये नामकरण का तो एक अन्दाज़ा है मगर दिलदार के साथ भी ऐसा

हुआ है यह गुलबदन के साक्ष्य के अभाव में निश्चित या प्रामाणिक नहीं माना जा सकता? यहाँ हम गुलबदन के स्रोत को ही सबसे आधिकारिक सूचना के स्रोत के रूप में मानते हैं क्योंकि, दिलदार और कोई नहीं उसकी अपनी माँ थी? बहरहाल उसके विषय में पूरी, सही व सटीक जानकारी यदि वो नहीं देती तो कौन देता? सम्भवत: 'मासीर-ए-रहीमी' के लेखक ने किसी गफलत में ऐसा लिखा हो? चूँकि, यह नये नामकरण का प्रचलन अकबर द्वारा राजपूत राजकुमारियों के साथ हुए वैवाहिक-सम्बन्धों के बाद मुगलों में प्रारम्भ हुआ, अत: उसे उसके पूर्व काल पर भी आरोपित कर देना ठीक और तार्किक कत्तई नहीं है।

ख़ैर दिलदार बेग़म से बाबर को पाँच सन्तान प्राप्त हुईं थीं। सबसे बड़ी बेटी थी गुलरंग, फिर दूसरी बेटी गुलचिरा, फिर एक पुत्र जिसका उल्लेख हम अक्सर हिन्दाल के रूप में करते हैं। इसका पूरा नाम था, अबुं-नासिर मुहम्मद, जिसका जन्म 1519 में हुआ था। उसके बाद विदुषी, सुसंस्कृत एवं इतिहासकार के रूप में मशहूर हुई गुलबदन बेग़म पैदा हुई थी, जिसकी रचना 'हुमायूँनामा' ने उसे अमरत्व प्रदान कर दिया। वह निहायत तमीज़दार, साक्षर, सुसभ्य, सुशिक्षित व सन्तुलित व्यक्तित्व की धनी ही नहीं, अपितु एक श्रेष्ठ विदुषी लेखिका थी, जिसने मुग़ल सामाजिक इतिहास पर ज़बरदस्त रौशनी डालकर उस काल के 'हरम' के अनछुए पहलुओं की भी जानकारी देकर हमें समृद्ध किया है। गुलबदन के पश्चात् दिलदार बेग़म के एक पुत्र और हुआ था, जिसका नाम अलवर था। इसकी मृत्यु बाबर के बाद मुग़ल हरम के भारत आगमन के पश्चात्, अर्थात् 1529 में हुई थी।

मुग़ल बादशाह बाबर : बुढ़ापे का इश्क़

हम बात उस समय की कर रहे हैं जब मुग़ल बादशाह बाबर ने 1526ई. में भारत में मुग़ल सत्ता और वैयक्तिक साम्राज्य की स्थापना कर ली थी उसके उपरान्त ईरान के तत्कालीन शासक, शाह तहमास्प ने उसे 1526ई. में ही अनेक उपहार भेजे थे। वास्तव में, जो मुग़ल दरबार में ईरान के शाह के उपहारादि लाया था उस ख्वागज़ी असद नामक 'एलची' या राजदूत को बाबर ने पानीपत के युद्ध के उपरान्त ईरान के शाह के पास उपहारों के साथ एराक़ (तब इराक़ ईरान के वृहद् साम्राज्य का ही हिस्सा था) भेजा था। ईरान के वर्तमान शाह, तहमास्प के पिता शाह इस्माईल से बाबर के सम्बन्ध बहुत प्रगाढ़ थे। जब बाबर को काबुल में जन-असन्तोष और आक्रोश के चलते काबुल छोड़ने के लिए बाध्य होना पड़ा था तब ईरान के शाह इस्माईल की सैन्य एवं आर्थिक सहायता से ही वह दोबारा काबुल पर अपना आधिपत्य स्थापित करने में कामयाब हुआ था। अत: वह ईरान के शाह का यह एहसान कभी नहीं भूला था? ख़ैर, काबुल पुनर्विजय और भारत की इस विजय के बीच में शाह इस्माईल के मृत्यूपरान्त वहाँ उसी का पुत्र तहमास्प नया शासक बना था। इससे पहले जब शाह इस्माईल ने मुग़लों के कट्टर शत्रु उज़्बेगों को पराजित किया था, तब उसने अपने 'फ़तेहनामा' की प्रति और अनेक उपहार आदि बाबर को काबुल में भेजे थे। हमें याद रखना चाहिए कि इन्हीं उज़्बेगों के नेता, शैबानी ख़ाँ ने बाबर को समरकन्द से पराजित करके मध्य एशिया से खदेड़कर उसके समरकन्द के शासक बनने के स्वप्न को हमेशा के

लिए तोड़ दिया था। अत: उसे ईरान के शाह की इस खबर से बहुत तसल्ली हुई थी। इतना ही नहीं बाबर की बड़ी बहन जो शैबानी के हाथों पड़ गयी थी, उसे भी दस वर्ष बाद इसी शाह ने उसके पुत्र के साथ बाबर के पास ससम्मान भिजवाया था। स्वाभाविक ही था कि बाबर ईरान के शाह इस्माईल के उपकारों से अभिभूत था।

अब बाबर ने इस्माईल की मृत्यु पर शोक-संवेदना व्यक्त करने के लिए पत्र और उपहार आदि तहमास्प को भेजे थे। बाबर ने इस नये शासक का उल्लेख अपनी आत्मकथा में शहज़ादे के नाम से ही किया है। हो सकता है कि अपने पत्र में भी उसे जान-बूझकर शाह नहीं लिखा है ताकि वह अपने-आपको उसके मृत पिता का समकक्ष दिखा सके? शाह इस्माईल के कूटनयिक सम्बन्ध के इसी क्रम को बरकरार रखते हुए भारत में पानीपत की विजयोपरान्त बाबर ने शाह इस्माईल के पुत्र एवं उत्तराधिकारी शाह तहमास्प को न केवल अपने 'फ़तेहनामा' की एक प्रति अपितु अन्य उपहार और मृत पिता से सन्दर्भित शोक-सन्देश भी प्रेषित किया। बाबर अपने परम्परागत शत्रु से टक्कर ले सकनेवाले इस ईरान के शाह के प्रति स्वाभाविक रूप से झुकाव महसूस करने लगा था। फिर, ईरान के शाह इस्माईल की मदद से ही वह क़ाबुल में दुबारा क़ाबिज़ हो सका था अत: उसका ईरान के शाही परिवार के प्रति एक कृतज्ञता का भाव भी था ही। इन सम्बन्धों में दिखावा कम और सच्ची भावनाएँ अधिक अन्तर्निहित थीं।

ईरान के पुराने शासक, शाह इस्माईल के बेटे और उत्तराधिकारी नये शासक, शाह तहमास्प ने बाबर के उपहारों के क्रम को स्वीकार करते हुए काबुल और अब भारत के भी शासक, बाबर को भी इस भारत-विजय के अवसर पर प्रत्युत्तर में बधाई-पत्र और अनेक उपहार आदि भेजे, ताकि दोनों देशों के बीच कूटनयिक सम्बन्ध बने रहें और इसके सहारे उसे अपना मनोवांछित कान्धार का दुर्ग प्राप्त हो सके। वस्तुत: ईरान के पूर्ववर्ती शासक ने भी इसी शर्त पर बाबर को काबुल पुनर्विजय में मदद की थी कि उसे इसके बदले में कान्धार का दुर्ग प्राप्त हो सके। यही कान्धार का दुर्ग इन दोनों साम्राज्यों और इनके

शासकों (ईरान के शाहों और मुग़ल बादशाहों) के मध्य विवाद, प्रतिद्वन्द्विता और फलत: कूटनीति क़ा कारक हो गया। यह सिलसिला हुमायूँ, अकबर से होता हुआ जहाँगीर, शाहजहाँ और औरंगज़ेब के कालों तक यूँ ही चला। कभी कान्धार मुग़ल जीतते तो कभी ईरानवाले या उसे कभी मुग़ल पुनर्विजित कर लेते। इस तरह से कभी कूटनीति और कभी युद्ध द्वारा इसे येन-केन-प्रकारेण प्राप्त करने की चाहत ने ही इन दोनों नये शासकों के रिश्तों में उतार-चढ़ाव को जन्म दिया। इस समय तो एक ओर ईरान का नया शासक था और दूसरी ओर हिन्दुस्तान का नया मुग़ल सम्राट।

ख़ैर, जिस बात की चर्चा हमें करनी है वे ईरान के नये शाह (तहमास्प) द्वारा बाबर को भेजे गये इन उपहारों से सम्बद्ध है। ईरान से आये इन्हीं उपहारों में दो कन्याएँ भी सम्मिलित थीं। ये दोनों बालाएँ गजब की सुन्दर और नृत्य-संगीत, युद्ध-कला से लेकर कई क्षेत्रों में दक्ष थीं। इन दोनों के नाम हमें बाबर की बिटिया, गुलबदन बेग़म के 'हुमायूँनामा' से ज्ञात हो जाते हैं। वे क्रमश: गुल-नार तथा नाज़-गुल नाम की कम उम्र हसीन-सी बालाएँ थीं। 933 हिजरी सन में बाबर के हरम में शरीक ये दोनों ठीक 50 वर्ष बाद गुलबदन बेग़म के साथ 983 हिजरी में मक्का की तीर्थ-यात्रा पर गयी थीं। बाबर स्वयं अपनी आत्मकथा में वर्णन करते हुए लिखता है, 'ख्वागज़ी असद जो एराक़ राजदूत बनाकर भेजा गया था, सुलेमान तुर्कमान के साथ वापस आया। वह उसके साथ पुन: 15 शाबान 933 हि. या मई 17, 1527 को उपहार सहित शाहज़ादा तहमास्प के पास भेजा गया।' अत: स्पष्ट है कि दोनों ही पक्ष कूटनयिक सम्बन्ध बनाये रखना हितकर मान रहे थे और फिर, जिस शाह (जिसे बाबर अब भी पुत्रवत या स्नेहवश 'शहज़ादा' ही सम्बोधित कर रहा था?) तहमास्प ने उसे अनेक उपहारों के साथ ये दो चरकस कन्याएँ भेजी थीं, उसे धन्यवाद ज्ञापित करना भी तो ज़रूरी था? अत: यह सिलसिला इसी तरह हुमायूँ के काल में भी चलता रहा और हुमायूँ को शाह तहमास्प ने मदद की तब वह भारत की पुनर्विजय कर सका। लेकिन इस ख़ास उपहार ने बाबर

के जीवन के आख़िरी साल में अपना रंग दिखाया, इसीलिए यह बाबर के जीवन और इतिहास में और महत्त्वपूर्ण हो गया।

बाबर के अभिन्न मित्र, बाल-सखा, चिकित्सक, सचिव, प्रसिद्ध बुद्धिजीवी, कवि, लेखक, हिन्दुस्तान के प्रमुख सद्र शेख़ ज़ैन ने बाबर के काल का इतिहास 'तबक़ात-ए-बाबरी' नाम से लिखा था। वह बाबर का प्रमुख सद्र रहा था और उसी ने पानीपत और खानवा की विजय के उपरान्त खुतबा पढ़ा और 'फ़तेहनामा' लिखा था। इसी 'फ़तेहनामा' की एक प्रति ईरान के शाह को भेजी गयी थी। अत: उसने बाबर को काफ़ी नज़दीक से देखा-समझा था वह बाबर के अन्तिम वर्ष अर्थात् 1529-1530 के वर्णन के दौरान बड़े तल्ख़ शब्दों में बाबर के आचरण पर टिप्पणी करता है। उसके विचारानुसार बाबर 1526 में शाह तहमास्प द्वारा भेजी गयीं इन दो कन्याओं के मोहपाश में पड़ गया और इसी से उसकी सेहत पर भी प्रतिकूल प्रभाव पड़ा और कभी सुधार हो ही नहीं पाया और स्वास्थ्य गिरता और बिगड़ता ही गया और अन्तत: बाबर मृत्यु के मुख में पहुँच गया। शेख़ तो बाबर के बुढापे के इस इश्क़ के प्रकरण को मुग़ल साम्राज्य की सेहत के लिए भी ख़राब असरवाला घोषित करता है। उसके अनुसार इसने मुग़ल राजनीति पर प्रतिकूल प्रभाव ही डाला। ख़ैर, शेख़ ज़ैन की बात फ़र्क़ है। वह उलेमा वर्ग का सदस्य होने के कारण संकीर्ण और संकुचित मानसिकतावाला धर्माधिकारी था। अत: उसे बाबर का इस तरह का व्यवहार उचित नहीं ही लगा होगा? किन्तु, बाबर के अतीत को देखते हुए यह कोई अचम्भित करनेवाली घटना नहीं थी? बाबर ने दोनों लिंगों के सदस्यों के प्रति अपने यौनाकर्षण के साथ-साथ अपने यौन-परीक्षणों तथा विचलनपूर्ण व्यवहारों का पर्याप्त एवं बेबाक उल्लेख स्वयं अपनी आत्मकथा में किया है।

अत: जब बाबर इससे अधिक चारित्रिक अध:पतन के प्रमाण अपने अतीत में दे चुका था और निश्छल तथा पारदर्शी रूप से उन्हें स्वयं अपनी आत्मकथा 'तुज़ुक-ए-बाबरी' में वर्णित कर चुका था, तब शेख़ ज़ैन का यह कथन और चारित्रिक आरोप बहुत महत्त्व नहीं

रखता? क्या बढ़ती उम्र और इस ओहदे के व्यक्ति से अलग क़िस्म के आचरण की उम्मीद थी? या शेख़ बाबर के लिए अब नये मान-दण्ड स्थापित करना चाहता था? सम्भवतः शेख़ उसे अब एक नये और विशाल देश में वंश के संस्थापक के रूप में देखकर मूल्यांकित कर रहा था? उसके अनुसार यह आचरण फ़रघना जैसे छोटे राज्य या काबुल जैसे अफ़गान-बाहुल्य शत्रु-क्षेत्र में क्षमा योग्य हो सकते थे किन्तु अब स्थायी और विशाल तथा प्रतिष्ठित साम्राज्य के संस्थापक से अलग किस्म के आचरण की उम्मीद थी? उसे इस लिए थोड़ा अजब लगा होगा क्योंकि, उसी ने पानीपत और खानवा के दोनों बड़े युद्धों में विजय के न केवल 'फ़तेह्नामे' लिखे थे अपितु अब वह बाबर से इन्हीं के आलोक में उच्च आचरण की उम्मीद भी करता था और बाबर के सच्चरित्र व्यवहार ने शायद उसके अन्दर इस प्रकार की आशा का संचार भी किया हो? अतः अब 1529 में उसे बाबर की यह यौनाराजकता ग़लत लगी हो?

दूसरी बात यह भी नज़रअन्दाज़ नहीं की जा सकती कि नये राज्य-साम्राज्य की स्थापना के समय, कहीं-न-कहीं, राज्य की सभी शाखाओं का यह प्रयास रहता ही है कि अपना अस्तित्व न केवल सुरक्षित-संरक्षित कर लें अपितु, मौका मिलने पर पंजा लड़ाते हुए दूसरी शाखा की शक्ति का परीक्षण भी कर लें। इसी से राज्य-साम्राज्य में उसके विभिन्न अंगों के मध्य सत्ता या शक्ति-सन्तुलन भी स्थापित होता है। अतः यह मसला ज़रूर ही इसी स्वभाव का था। जैसे बाबर के अमीरों या बेगों ने पहले तो उससे वापस मध्य एशिया लौटने के लिए दबाव बनाया और अनेक लौट भी गये। उसी प्रकार, अन्य अमीरों ने भारत के पूर्वी क्षेत्रों (यथा, आज के पूर्वी उत्तर प्रदेश, बिहार एवं बंगाल) या आक्रामक प्रतिपक्ष अफ़गान आधिपत्यवाले क्षेत्र में नियुक्तियों से स्पष्ट इन्कार कर दिया था और सिर्फ़ बाबर का अपना बहनोई और वज़ीर, मीर ख़लीफ़ा का छोटा भाई, जुनैद बर्लास ही इस क्षेत्र का कार्यकारी अध्यक्ष या प्रान्तपति होकर गया था। उसी प्रकार, दूसरे प्रभावी वर्ग 'उलेमा' या धर्माधिकारी वर्ग ने भी समकालीन समाज

और राज्य में अपने प्रभुत्व के स्थापना का प्रयास किया। और इसी प्रयास में हमें शेख़ ज़ैन के वक्तव्यों को भी देखना चाहिए। यह वही शख़्स था जो पानीपत की विजय के बाद सबसे पहले दिल्ली पहुँचकर वहाँ जामा मस्जिद में बाबर के नाम के खुतबा पढ़कर उसके नये शासक होने की उद्‌घोषणा करता है? या पानीपत और खानवा के बाद के दोनों महत्त्वपूर्ण 'क्रोनोग्राम' या 'फ़तेहनामा' लिखता है। ये सारे काम वह अपने और अपने वर्ग के प्रभुत्व की स्थापना के क्रम में ही कर रहा था अत: इन्हें उसी नज़र से देखना समझना चाहिए?

वैसे भी संकीर्ण दृष्टिकोण, संकुचित सोच और कट्टर सुन्नी मतावलम्बी होने के कारण भी इस शेख़ को बाबर का शीआ शासक, ईरान के शाह के साथ कूटनयिक सद्‌व्यवहार और मधुर सम्बन्ध अब रास न आये होंगे। तब की बात और थी बाबर आफत में था और मदद लेनी थी। अब तो वह स्वयं अपना स्वामी था और स्वतन्त्र-सम्प्रभु साम्राज्य की स्थापना अपने ख़ून-पसीने से की थी? और फिर, शेख़ को लगा कि उसके द्वारा प्रेषित उपहार में इन दो लड़कियों को भेजने का क्या अभिप्राय था? क्या वह किसी योजना के तहत 'विषकन्या' तो नहीं भेज रहा है? अत: उस समय भी 'उलेमा' ने विरोध की फुसफुसाहट तो की किन्तु बाबर की पानीपत और खानवा की विजयों के नये माहौल में वे इससे अधिक नहीं कर पाये होंगे? फिर खानवा का युद्ध तो धर्म-युद्ध या 'जेहाद' ही घोषित करके लड़ा गया था? अत: उसके ऊपर अधार्मिकता-अनैतिकता का आरोप लगाने का साहस तो कुछ ज़्यादा ही हो जाता, ऐसे सफलता और जश्न के परिवेश में उस ओर ईशारा करना भी दुसाध्य रहा होगा? अत: जब गंगा-जमुना से काफ़ी पानी बह गया तब ये बातें उसके इस अभिन्न मित्र ने उसके शासन के अन्तिम वर्ष में उठायीं। तब तक बाबर की नीतियों और निर्णयों से प्रतिकूल रूप से प्रभावित हुए उसके विरोधी भी अनेक बन गये होंगे, अनेकों किसी-न-किसी कारण उससे असन्तुष्ट भी होंगे अत: इस संकीर्ण आलिम के दृष्टिकोण को सुननेवाले भी कुछ समर्थक-सहानुभूतिकर्त्ता भी सहज एकत्रित हुए होंगे?

फिर, बाबर की सारी पत्नियाँ भी किसी-न-किसी वजह से बाबर और बाबर उनसे रुष्ट-सा हुआ था? बाबर की पत्नियाँ—कम-से-कम- हुमायूँ की माँ, महम और कामरान तथा अस्करी की माँ गुलरुख बेग़म—इस समय तक इस बड़े साम्राज्य के स्वामी से अपने-अपने पुत्रों के पृथक्, स्वतन्त्र अंश की अलग माँग करके अपना भविष्य सुरक्षित एवं संरक्षित कर लेना चाहती थीं? सब अपने-अपने बेटों के हितों को अग्रसर कर रही थीं और शायद बाबर को साम्राज्य की एकता और उस विशाल स्व-निर्मित मुग़ल राज्य की अक्षुण्णता के हित के आगे इस प्रकार के प्रयास रास न आये होंगे? बाबर और उसकी पत्नियों के बीच कुछ दूरी बनी ही होगी? 'हरम' की आपसी खींचा-तानी स्वाभाविक रूप से बढ़ी होगी, अतः मुग़ल 'हरम' की इस रस्सा-कसी से भी शेख़ ज़ैन का यह विवरण और उन चरकस लड़कियों के मोह में फँसे होनेवाले बाबर का यह विश्लेषण प्रभावित हो सकता है? बाबर की पत्नियों, उप-पत्नियों को 1526-27 में 'हरम' में प्रविष्ट हुई इन नयी सी किन्तु कम उम्रवाली लड़कियों का बाबर के ऊपर बढ़ता प्रभाव हजम नहीं हुआ होगा? और नस्लीय श्रेष्ठता तथा विजयी बादशाह की ब्याहता पत्नियों का यह नज़रिया स्वाभाविक भी था? वैसे भी कहाँ एक नारी दुसरे के वर्चस्व को पचा पाती? थोड़े आगे-पीछे, अर्थात एक शताब्दी बाद गोस्वामी तुलसीदास ने लिखा भी, 'मोहे न नारी, नारि के रूपा?।' फिर उस पूरे दौर में हुमायूँ की माँ और बाबर की प्रिय पत्नी महिम बेग़म का वर्चस्व पूरे 'हरम' में तो था ही? जैसे बाबर का प्रधानमन्त्री, मीर ख़लीफ़ा उसके बहनोई, मेंहदी ख़्वाजा का पक्षधर था, वैसे ही हो सकता है, शेख़ ज़ैन हुमायूँ का पक्षधर और महिम के नज़दीक रहा हो? इसीलिए उसने बाबर के इस बर्ताव को महिम की नज़र से देखा हो?

इस पूरे प्रकरण को समझने के लिए एक बात और समझ लेनी चाहिए। बाबर की ये पत्नियाँ उसके यायावरी जीवन के उतार-चढ़ावों से लेकर राजनीतिक अस्थिरता के काल को जानती थीं या स्वयं थोड़ा-बहुत झेल भी चुकीं थीं। सम्भवतः इसीलिए उनके मन में ये

भाव रहे हों? वे हर समय असुरक्षा और अस्थिरता के भाव में ही जी रही हों? उनको अभी भी निश्चिन्तता न हो पायी हो? क्या पता कब यह बड़ा स्थापित साम्राज्य बिखर जाये और वे फिर शरणार्थी एवं असुरक्षित हो जायें? अत: उनकी नज़र से बेहतर यही था कि वे अपने-अपने पुत्रों के पृथक् राज्यों में सुरक्षित एवं संरक्षित महसूस कर सकें? एक ऐसे योद्धा और शूरवीर के राज्य की स्थिरता का भी तो कोई ठिकाना नहीं था। काबुल-कान्धार से लेकर बंगाल तक फैला विस्तृत क्षेत्र अनेक किस्म के तत्त्वों से निर्मित था। इसमें एकरूपता का निश्चित अभाव था इसमें सम्मिलित विभिन्न नस्लें, कौमें, सम्प्रदाय, समुदाय कब जन-असन्तोष के चलते उठ खड़े हों और राज्य की स्थिरता और अस्तित्व को ही संकट में डाल दें? कम-से-कम वे अपने हिस्से प्राप्त करके, उनको तो बचा लें? अत: यह एक निजी-सुरक्षा और पत्नियों के मध्य प्रतिद्वन्द्विता से भरा एक क़दम था। बाबर की पत्नियाँ भी उसी की तरह मध्य एशिया से ताल्लुक रखतीं थीं। उज्बेगों के चलते अब उनका वहाँ लौटना तो सन्दिग्ध था अत: यहाँ तो एक स्थायी ठौर की आवश्यकता उनके लिए अपरिहार्य हो गयी थी? अत: इस पूरे प्रश्न को उसकी पत्नियों के हितों के टकराव के बावजूद इस अस्तित्व और स्थायित्व के हित के सन्दर्भ में देखा-समझा जाना चाहिए।

अत: इन तमाम मुद्दों के अन्तर्क्रियाओं की जटिलताओं से जकड़ा यह मुद्दा सहज समझ में नहीं आता। इसे तह-दर-तह उघाड़ना या उधेड़ना पड़ेगा तब हम सही तथ्य और कारक तत्त्वों तक पहुँच पायेंगे? आइये सबसे पहले उन लड़कियों के आगमन का विवरण एक बार और बाबर के शब्दों में इस लिए पढ़ लें ताकि उसका हम सही और पूरा विश्लेषण कर सकें: "सफ़र (का महीना) बीत चला था कि इराक़ से खाज़गी असद लौटा। वह शहज़ादा तहमास्प के पास हमारा एलची (राजदूत) था। उसके साथ सुलेमान नाम का तुर्कमान बहुत-सी सौगातें लाया था। उनमें दो चरक़स लडकियाँ थीं।" इनमें कुछ बातें हमें समझनी पड़ेंगी। पहली, 933 हिजरी सन् के सफ़र (माह)

के अन्तिम दिनों का अर्थ या अभिप्राय है दिसम्बर, 1526 ई. दूसरी, कि वह चूँकि, शाह इस्माईल को मित्रवत् मानता था अत: उसके पुत्र व उत्तराधिकारी, शाह तहमास्प को शाह होने के बावजूद शहज़ादा ही मानता रहा। शाह इस्माईल की मृत्यु 1524 ई. (930 हिज़री) में हुई थी और, बाबर ने स्वयं शाह तहमास्प के नये शासक बनाने पर बधाई प्रेषित करने के लिए अपने राजदूत असद को काबुल से भेजा था। शाह तहमास्प ने प्रत्युत्तर में स्वयं बाबर से कूटनयिक-सम्बन्धों को बनाये रखने के लिए न केवल पत्रोत्तर भेजकर भारत में पानीपत के युद्ध में विजय के लिए उसे बधाई प्रेषित की थी अपितु उसे बदले में उपहार आदि भी भेजे थे। जिनमें अन्य वस्तुओं के साथ ये दो दासी-कन्याएँ भी थीं। इन्हीं सम्बन्धों का असर था कि बाबर को इससे पहले भी शाह तहमास्प के पिता शाह इस्माईल ने न केवल काबुल पुनर्विजय में मदद दी थी अपितु उसी ने मर्व के युद्ध के पश्चात् शैबानी ख़ाँ के बन्धन से मुक्त कराकर बाबर की प्रिय बड़ी बहन खानज़ादा बेग़म को उसके शिशु पुत्र के साथ दसवर्षीय अन्तराल के बाद बाबर के पास सुरक्षित भिजवाया था। अत: ऐसे शासक के मृत्यूपरान्त बाबर के लिए स्वाभाविक और भावात्मक रूप से उचित और सकरात्मक ही था कि वह अपने विशेष दूत के हाथों संवेदना और नये शासक के सिंहासनारोहण पर बधाई एवं उपहार प्रेषित करता? और, उसी के फलस्वरूप, शाह तहमास्प ने भी बाबर को उपहार आदि भेजे।

अब आइये हम इन लड़कियों के विषय में कुछ जान-समझ लें। ये 'चरकस' सम्बोधन वस्तुत: कॉकेसस या क़फ़काज़िया अर्थात् 'कैस्पियन सी' या सागर के इर्द-गिर्द के क्षेत्र को इंगित करता था। और यहाँ के निवासियों को ये बर्लास तुर्क जाति या नस्ल के लोग (बाबर के जनजातीय लोग) 'चरकस' कहते थे। उनकी कन्यओं को ये तुर्क और मंगोल 'परकटी परी' या 'कीज़लार' कहते थे किन्तु उनको वरण करने और अपने 'हरम' में सम्मिलित करने से संकोच नहीं करते

थे अतः ये क़बीले और इनकी कन्याएँ धीरे-धीरे व्यापक समूहों में अन्तर्विवाहों के चलते लुप्तप्राय होने लगीं। किन्तु बाबर के समय तक तो इनका पृथक अस्तित्व संरक्षित ही रहा था। चूँकि, ये इस्लाम के अनुयायी नहीं थे अतः सुन्नी उलेमा उन्हें कैसे स्वीकार करते या पचा पाते? वे तो शीआ तथा अहमदियों को भी बर्दाश्त नहीं करते थे और सूफ़ियों की भी भर्त्सना करने से नहीं चूकते थे? अतः जब ये 'चरकस' कन्याएँ 'परी' पुकारी ही जाती थीं तो यह संकीर्ण वर्ग (उलेमा) इनका विषकन्यावाला स्तर ही रेखांकित करता रहा होगा? और अकेले उलमा के सदस्य ही नहीं ठेठ मुग़ल या चगताई मुग़ल, जैसे मिर्ज़ा हैदर दोग्लात जो बाबर के कारण प्रश्रय पाकर पनप सके थे, वे भी शीआओं को नफ़रत और शत्रुता की नज़र से ही देखते थे। यह बात मिर्ज़ा हैदर दोग्लात की प्रसिद्ध कृति 'तारीख़-ए-रशीदी' से स्पष्ट भी हो जाती है। और तो और, इनके संसर्ग से उत्पन्न मुग़ल या मंगोल सन्तानों को भी वे 'वर्ण-संकर' ही मानते थे? ये 'चरकस' लोग वस्तुतः, प्राचीन 'अजीगि' (कौकस-क्षेत्रिय) सभ्यता के अन्तिम निशान या चिराग़ थे। वस्तुतः सोने-चाँदी के बेल-बूटोंवाले पोस्तीन के कलात्मक परिधान विश्व और फ़ैशन-जगत को इन्हीं की देन है। इन्हीं से सीखकर तुर्क, मंगोल, अरब और ईरानी रानियों और आभिजात्य ने इसको पहनना शुरू किया था।

बाबर ने शाह तहमास्प द्वारा उपहारस्वरूप भेजी गयी इन कमसिन कन्याओं को अपने 'हरम' में अपनी व्यक्तिगत सेवा में ही रखा और धीरे-धीरे वे बाबर का विश्वास और मन जीतने में कामयाब हुईं। यहाँ तक कि बाबर की पुत्री, गुलबदन बेग़म ने उनके लिए 'अगाचह' जैसा पर्याप्त सम्मानजनक सम्बोधन का प्रयोग किया है और उनके आगमन के 50 वर्ष बाद तो गुलबदन बेग़म की वे साथिनें हो चुकी थीं। तभी तो वे दोनों ही उसके साथ तीर्थ-यात्रा के लिए मक्का भी गयी थीं। किन्तु बिलकुल प्रारम्भ में उन्हें 'मुग़ल हरम' में यूँ ही सहज स्वीकार न किया गया होगा? सम्भवतः इसमें भी मुग़ल और अन्य मध्य एशियाई महिलाओं को इन ख़त्म हो रही अदीगि-सभ्यता के प्रतीकों

के प्रभाव में अपनी विशिष्ट सांस्कृतिक विरासत के विचलन पर संकट उत्पन्न होता प्रतीत हुआ होगा? उन्हें लगा होगा कि जैसे ये परिधानों में परिवर्तन कर रही हैं उतनी ही कामयाबी या स्वीकृति अगर इन्हें मुक्त यौनाचारवाली जीवन-पद्धति को भी मिल गयी और अगर उसका भी प्रभाव मुस्लिम समाज पर पड़ा तब तो आदर्शवान मध्य एशियाई समाज के मूल्य-प्रतिमान, आदर्श सभी धरे-के-धरे रह जायेंगे...? अतः उन्होंने इसलिए और इन दोनों लड़कियों के आगमन और अब इस मोड़ पर उनके प्रति बाबर के इस अति यौनाकर्षण की आलोचना की होगी? न तो हरम की प्रमुख महिलाएँ इसे बर्दाश्त कर पा रही होंगी और न ही संकीर्ण समाज के ये पहरुए—उलेमा?

वस्तुतः जब अपना राज्य कायम होने लगता है तब उस आस्था और नस्ल से सम्बद्ध हर आदमी अपनी तरह से उस समाज के नियमों, आस्थाओं और सिद्धान्तों की व्याख्या ही नहीं करता अपितु उसे और संकीर्ण नज़र से विश्लेषित करने की कोशिश करने के साथ उसी दृष्टिकोण से समाज की संरचना करने की कोशिश करता है? और, इसीलिए उसका रंग थोडा और गाढ़ा करने लगता है? सम्भवतः यही कमी है और थी शेख़ ज़ैन के वर्णन और विश्लेषण में? वैसे भी उसने बाबर को अनेकों बार समझाया था कि अब उसके आचरण में काफ़ी बदलाव लाना चाहिए। अब वह एक बड़े स्थायी साम्राज्य का स्वामी था, कोई राज्य की तलाश में भटकता और अपनी किस्मत आजमाता बर्लास या चगताई तुर्क सैन्य-नेता मात्र नहीं था। फिर उसके दोनों बड़े बेटे भी वयस्क हो रहे थे, उनके ऊपर उसके आचरण का क्या असर पड़ेगा, यह भी उसे ही ग़ौर करना चाहिए। वह सदैव बाबर से बातों-बातों में यह रेखांकित करना नहीं भूलता था कि उसे बादशाह बनने के बाद धारण किये गये विरुद या नाम का लिहाज़ रखना ही चाहिए? उसके द्वारा धारण किये गये नाम 'ज़हीरुद्दीन मोहम्मद बाबर' में 'ज़हीरुद्दीन' का अर्थ ही 'सुधर्म-सहाय' या 'सुधर्म का मेरुदण्ड' होता है अतः उसके आचरण से ऐसा आभास

भी होना चाहिए। शेख़ ज़ैन को बस यही आपत्ति थी और यही उसका तर्क होता था अपने बाल-सखा बाबर को समझने के वास्ते।

सबसे पहले हमें उस परिवेश को भी समझने की कोशिश करनी पड़ेगी जिसमें बाबर अपने हरम की राजनीति और हरम की महिलाओं के सियासी दावों से आजिज़ आ चुका था? शायद इसी के चलते उसने उनसे मुँह ही नहीं मोड़ा था अपितु जान-बूझकर एहसास दिलाने के लिए उनके बरक्स इन चरकस लड़कियों को तवज्जोह देना शुरू किया था? ख़ैर हम बाबर को समझ सकते हैं। जिस व्यक्ति ने सारी ज़िन्दगी थक-हारकर, अपने बलबूते एक विशाल से साम्राज्य का निर्माण किया हो और अब उसकी पत्नियाँ अपने-अपने हितों, निहितार्थों और स्वार्थी कारणों के चलते उसके खून-पसीनेवाले इस राज्य के धज्जी-धज्जी, टुकड़े-टुकड़े, रेशे-रेशे पर अपना दावा अपने बेटों, सन्तानों के माध्यम से ठोक रही थीं, उसे दीवार पर लिखी इबारत साफ़ पढने में आ रही थी। सिर्फ़ झूठ, फ़रेब, छल-छद्म, पारस्परिक प्रतिद्वन्द्विताओं, सियासी चालों, षड्यन्त्रों के दौर ही चल रहे थे? ऐसे में महम पर भरोसा करे या दिलदार पर? मीर ख़लीफ़ा पर करे या जुनैद पर या मेंहदी ख्वाजा पर? वह बिलकुल हतप्रभ और किंकर्त्तव्य-विमूढ़ हो चला था? फिर, कोढ़ में खाज की तरह उसकी सेहत भी अब वैसी न रही। उसकी तबीयत प्रायः खराब ही रहने लगी थी? जीवन के प्रारम्भिक वर्षों के संघर्षों और कठिन जीवन तथा श्रम का शरीर पर प्रतिकूल प्रभाव पड़ना ही था? आख़िर हाड-मांस का शरीर कितने ऊबड़-खाबड़ों को पार करता हुआ वैसा ही बना रहता? खानवा के युद्ध के बाद से ही उसकी आत्मकथा में उसकी अपनी तबीयत बिगड़ने के विवरण बार-बार आते हैं? उसके जीवन में त्याग, दौड़-धूप, मेहनत, त्याग, भूख-प्यास की परवाह के बिना किये गये अथक परिश्रम और अभियानों का असर तो होना ही था? और वह अब 1529 आते-आते होने और दिखने लगा था?

किसी भी व्यक्ति की जब सेहत और तबीयत साथ न दे रही हो तब वह सहज ही चिड़चिड़ा और सशंकित भी हो जाता है? या ऐसे में वह इन्सान कुछ ज़्यादा सतर्क हो जाता है? शरीर की थकावट दिल-दिमाग या मन-मस्तिष्क को अधिक सक्रिय कर ही देती है? अत: जब बाबर की सेहत बिगड़ रही थी, उस समय सिर्फ़ इसीलिए हुमायूँ को बदख़्शाँ जैसे सामरिक और सैन्य महत्त्व के स्थान से महम द्वारा बुलवा भेजने का अभिप्राय क्या वह नहीं समझ सका था? उसकी सबसे प्रिय पत्नी को भी उससे ज़्यादा उसकी मृत्यु के बाद की परिस्थिति की ज़्यादा चिन्ता थी? वह ऐसी स्थिति में भी अपने पति बाबर के स्वस्थ होने के विषय में न सोचकर सिर्फ़ अपने और अपने बेटे के हक्क को संरक्षित करने के विषय में ही चिन्तित थी? महिम की ही चाल थी कि संकट की घड़ी में उसका बेटा उसके और अपने पिता के निकट रहे और वह रिक्त हो रहे सिंहासन पर अपना दावा प्रस्तुत कर दे? उसने कौन-कौन से झूठ नहीं बोले ताकि अपने बेटे के इस तरह से अपने निर्धारित कार्य-स्थल (बदख़्शाँ) से यूँ आने के कुकृत्य को वह ढक सके? उसने क्या-क्या नाटक नहीं किया कि बादशाह उसके बेटे (हुमायूँ) का बदख़्शाँ के अपने मुख़्यालय को बिना राजाज्ञा के छोड़ने के इस संजीदा कसूर को माफ़ कर दे?

हुमायूँ के इस कृत्य ने राज्य और साम्राज्य के क्षेत्रीय एकता-अखण्डता दाँव पर लगा दी और इतना ही नहीं, बाबर ने अपने सबसे छोटे जिस पुत्र हिन्दाल को अपने पास बुलाने के लिए विशेष दूत भेजा था, उसी हिन्दाल को छोटा और नादान समझ अपनी जगह बदख़्शाँ भेजने में हुमायूँ ने कोई कसर नहीं छोड़ी थी। अब उसकी माँ सिर्फ़ इस नाते कि बाबर उसे अपनी सभी पत्नियों में सर्वोच्च स्थान प्रदान करता था अब यह रुख़ दिखा रही है? महम के प्रति अपनी कमजोरी के चलते वह उसके पुत्र और अपने ज्येष्ठ पुत्र हुमायूँ की इस भयंकर गलती को भी माफ़ करने को अन्तत: मजबूर कर दिया गया था? उसने हुमायूँ को उसकी जागीर सम्हल जाने का सख़्त आदेश दिया। इतना ही नहीं, बाबर ने हुमायूँ को ऐसे डांट-फटकार के पत्र लिखे

और कटु वचन बोले जो अन्ततः उसकी विवशता और नपुंसक क्रोध के ही परिचायक थे? वह इससे अधिक अपनी प्रिय पत्नी और ज्येष्ठ पुत्र के विरुद्ध और कितनी कठोरता दिखा सकता था? सम्भवतः इस सब ने उसके स्वास्थ्य पर बुरा ही असर डाला होगा- शारीरिक स्वास्थ्य और मानसिक दोनों पर ही? बेबस बादशाह की मनःस्थिति सहज ही समझी जा सकती है।

वह अपने दोनों बड़े पुत्रों की छद्म अवज्ञाकारिता, निहितार्थ-पूर्ण कपटता, स्वार्थी दृष्टिकोण एवं आत्मकेन्द्रित गतिविधियों से थक गया था? ऊपर से उनकी माताएँ अपने-अपने पुत्र के गुनाहों और गलत गतिविधियों को ढकती फिरती थीं? या वे अपनी-अपनी महत्त्वाकांक्षाएँ अपने-अपने पुत्रों के माध्यम से पूर्ण कर रही थीं? वह एक शूरवीर और योद्धा था जिसे आमने-सामने के युद्ध में आनन्द आता था और कुशलता हासिल थी। उसे बाहर के दुश्मनों से लड़ने में कोई तकलीफ नहीं थी किन्तु आन्तरिक कलह से वह टूट रहा था? उसने सोचा था कि भारत-विजय के उपरान्त उसके जीवन में राजनीतिक स्थिरता आयेगी और इसीलिए तब उसका जीवन सुख में व्यतीत होगा। किन्तु, जब सुख और सुकून से वक़्त गुजरने का दौर आया तब अपने ही घर के चिराग़ मदद करने की जगह उसके लिए संकट उत्पन्न क़रने लगे? ऐसे में उसकी चिन्ता और नाराज़गी सहज और स्वाभाविक थी। अतः यदि ऐसी परिस्थितियों में वह अपने दोनों बड़े बेटों और उनकी माताओं से विमुख होने लगा तो यह स्वाभाविक प्रतिक्रिया ही थी। उसने अपने साम्राज्य स्थापना के लिए क्या-क्या पापड़ नहीं बेले थे? क्या उसने इसी दिन के लिए अपने साम्राज्य की स्थापना की थी कि वह अपने सामने ही इसका विभाजन और विखण्डीकरण भी देख ले? अतः वह अपने करीबियों से ही उनकी स्वार्थपरकता के चलते दूर होने लगा। उनके मन्सूबे उसके किये-कराये पर पानी ही फ़ेर रहे थे और यह उसके लिए नाक़ाबिले-बर्दाश्त था।

वैसे इस पूरे परिदृश्य को समझने हेतु हमें हुमायूँवाला प्रकरण विस्तार से वर्णन-विश्लेषित करने की ज़रूरत लग रही है। 1529 ई.

की शरद् में हुमायूँ किला-ज़फर (बदख्शाँ) से चलने को उद्यत हुआ। उसके प्रयाण के समय ही वहाँ नियुक्त अन्य अधिकारियों तथा सैनिकों को यह सूचना मिली कि हुमायूँ आगरा जा रहा है? अत: सभी प्रमुख बेगों (अमीरों) एवं अधिकारियों ने उसे समझाने की गरज से कहा : ''सीमा पर उज़्बेग मौज़ूद ही नहीं अवसर की ताक में हैं और आक्रामक हैं। आप चले गये तो हमसे क्षेत्र की रक्षा सम्भव न हो पायेगी।'' हुमायूँ ने गुरु-गम्भीर मुद्रा धारण करते और उत्तर देते हुए कहा : ''आप सब की बात बिलकुल सही है, पर क्या करूँ, मजबूरी ही कुछ ऐसी है, मैं निर्णय नहीं बदल सकता? मैं रुक नहीं सकता हमें हर-हाल में जाना ही होगा। ऐसा करता हूँ कि, अपनी जगह किसी और मिर्ज़ा (मुग़ल राजकुमार) को भेजता हूँ।'' इतना ही नहीं, 'तारीखे-रशीदी', 'हुमायूँनामा', तबकात-ए-अकबरी', 'अकबरनामा' आदि सभी समकालीन ग्रन्थों से यही संकेत मिलता है कि हुमायूँ को बाबर के गिरते स्वास्थ्य की पूरी सूचना थी। तभी तो वह 'धावे की-सी सवारी करता हुआ एक ही दिन में काबुल पहुँच गया।' जिस दिन हुमायूँ काबुल पहुँचा, बकरीद की नमाज़ के लिए सब ईदगाह में उपस्थित थे, तभी वहीं उसकी कामरान से मुलाक़ात हुई। कामरान को कुछ अचम्भा तो अवश्य हुआ कि हुमायूँ यूँ अचानक काबुल कैसे आ गया। किन्तु, उसने अपनी माँ की तबीयत ठीक न होने की बात करके उसे टालने का प्रयास किया। और उससे यही कहा कि इसीलिए उसका आगरा पहुँचना ज़रूरी है। दोनों भाइयों ने परामर्श करके किशोर हिन्दाल को बदख़्शाँ भेजने का निर्णय लिया। दोनों भाइयों को ही यह भलीभाँति ज्ञात था कि बादशाह की इच्छा थी कि हिन्दाल उसके पास आगरा आ जाये?

बाबर के इन दो बड़े बेटों के इरादे इसी समय स्पष्ट हो गये। कामरान को भी बाबर के गिरते स्वाथ्य की ख़बर थी। और वह जान रहा था कि हुमायूँ बाबर की मृत्यु के समय उसके निकट रहने का लाभ उठाना चाहता था? ताकि वह अपना उत्तराधिकार सुनिश्चित कर सके। कामरान को भी लगा होगा कि ऐसी स्थिति में उसे काबुल-

बदख्शाँ से लेकर पश्चिमोत्तर क्षेत्र का स्वामित्व उसे प्राप्त हो जायेगा। बाबर का भारत-विजय के पूर्ववाला क्षेत्र उसका और भारत का अस्थिर-सा क्षेत्र हुमायूँ का? वह इसमें अपना राजनीतिक हित ही देख रहा था? सम्भवत: इन दोनों बड़े भाइयों के मध्य इस प्रकार का कोई गुप्त समझौता भी हो गया हो? तभी तो दोनों भाइयों ने सलाह की और अपने दसवर्षीय सौतेले भाई हिन्दाल को किला-ज़फर भेजने का निर्णय लिया। इस नन्हीं-सी जान के लिए इतना कठोर निर्णय लेने में दोनों बड़े सौतेले भाइयों को इसीलिए कोई विशेष दिक्कत का सामना नहीं करना पड़ा। बाबर इस निर्णय से दुखी तो बहुत हुआ किन्तु जानता था कि यदि वहाँ कोई मुग़ल राजकुमार न रहा तो वह क्षेत्र पुन: असुरक्षित हो जायेगा। अत: नाममात्र का मुग़ल शहज़ादा भी वहाँ के लिए पर्याप्त किन्तु अपरिहार्य था। बाबर चूँकि, हिन्दाल को तभी बुला चुका था इसीलिए, बाद में अपनी मृत्यु के समय उसने बार-बार स्मरण करने लगा। वह अपने सबसे छोटे बेटे को सुरक्षित करने की नियत से उसे फिर बुला भेजता है। बाबर की बलवती इच्छा के बावजूद उसकी मृत्यु के अगले रोज़ ही हिन्दाल आगरा पहुँच पाया था, जबकि, बाबर निरन्तर अपने सबसे छोटे बेटे की याद में हुड़क रहा था। अत: इस अवसर पर हुमायूँ को यूँ बिना आदेश के आगरा में पाकर बाबर को क़त्तई अच्छा नहीं लगा?

किन्तु महम बेग़म ने अपने पुत्र का पक्ष यही कहते हुए लिया कि चूँकि वह बादशाह का बड़ा पुत्र था अत: उसी ने पत्नी की भूमिका अदा करते हुए, बाबर के ख़राब स्वास्थ्य को देखते हुए उसे बुला भेजा था ताकि वह बाबर का भलीभाँति ख़्याल रख सके और उचित तीमारदारी कर सके। बड़े बेटे का दायित्व निभाने के लिए ही तो उसने ऐसा निर्णय लिया था? बाबर महम की वास्तविक मन्शा समझ तो गया किन्तु चुप रहने के अलावा ऐसे समय में और वह कुछ कर भी नहीं सकता था? प्रमुख हकीम साहब ने उसे स्वास्थ्य-लाभ के लिए यथासम्भव शान्त रहने और अधिक गुस्सा न करने की सख्त हिदायत भी दी थी? किन्तु, उसके होंठ तब सिल गये जब महम ने जो बात

कही वह सच साबित हो गयी? उसने बाबर के वज़ीर, मीर ख़लीफ़ा पर उसके पुत्र के अधिकार को दर-किनार करने का आरोप लगाया। उसने कहा कि मीर ख़लीफ़ा बाबर के गिरते स्वास्थ्य को देखते हुए किसी भी आसन्न स्थिति में उसके ज्येष्ठ पुत्र को राजधानी से दूर रखने का षड्यन्त्र कर रहा था? यदि वह बाबर और मुग़ल साम्राज्य का इतना विश्वासी और शुभचिन्तक है तथा उसका हित ही देखता-सोचता और उसका उद्घोष बाबर के समक्ष सदैव करता रहता है तब वह खुद क्यूँ नहीं कुछ दिनों के बदख़्शाँ चला जाता है?

वाक़ई बाबर को अपनी प्रिय पत्नी का यह कथन इस सन्दर्भ में वजनदार लगा जब उसक सबसे प्रिय, विश्वासपात्र, करीबी परामर्शदाता मीर ख़लीफ़ा ने भी वहाँ जाने से इंकार कर दिया? उसे लगा की महम बेग़म ने जो वजीर मीर ख़लीफ़ा के खिलाफ हुमायूँ की मुख़ालफ़त का आरोप लगाया वह सच ही तो नहीं? ज़ाहिर ही है, ये सब जान-समझ कर उसकी मन:स्थिति कैसी हो गयी होगी? वह किस पर विश्वास करे और किस पर न करे अब उसे स्वयं कुछ नहीं समझ आ रहा होगा? उसे अपनी रोग-शय्या पर सब शत्रु और स्वार्थ में डूबे सत्ता के भूखे व्यक्ति ही नज़र आ रहे होंगे? ये सब क्या उसके करे-धरे पर पानी नहीं फेरते दिख रहे थे? उसने इतना बड़ा साम्राज्य स्थापित करने के लिए क्या-क्या पापड़ नहीं बेले थे? उसने क्या कुछ नहीं सहा था? और अब ये बैठे-ठाले अपने निहितार्थों के चलते उसके द्वारा स्थापित साम्राज्य को बालू के किले की भाँति बर्बाद करने पर आमादा थे? अपने-अपने स्वार्थवश वे किसी भी हद्द तक जाने को तैयार दिख रहे थे। और उसे यह स्थिति इस लिए और बुरी तथा दिल तोड़ने वाली लगी कि अभी तो वह जीवित था और वे उसके मृत्यु के उपरान्त होनेवाली घटनाओं से उसे यूँ रू-ब-रू करवा रहे थे? वे उसे जीते-जी मारने पर आमादा-से लग रहे थे।

उसे महम बेग़म की बातों में भी बहुत दम दिखा। उसने जब मीर ख़लीफ़ा से बदख़्शाँ जाने के लिए कहा तब उसका यह मित्र और रिश्तेदार इन्कार तो न कर सका मगर किसी-न-किसी बहाने वहाँ

जाना टालता ही रहा? इसी मीर ख़लीफ़ा के छोटे भाई जुनैद बर्लास से बाबर ने अपनी छोटी बहन का निकाह किया था। और बर्लास तुर्क होने के नाते वह तो बदख़्शाँ पहुँचकर अपने पैतृक स्थान में ही रहता? और वहाँ के निवासी अपने में से एक को ही अपना सरगना पाकर सन्तुष्ट ही हुए होते? इतना ही नहीं वह एक सक्षम सैन्याधिकारी तथा प्रशासनिक दक्षतावाला अनुभवी अमीर था। अत: उससे अधिक उपयुक्त व्यक्ति और बाबर का विश्वसनीय और कोई था भी तो नहीं? मगर वह किसी-न-किसी प्रशासनिक कार्य और केन्द्रीय शासन के दायित्व की दुहाई देकर वहाँ जाने के वक़्त को टालता ही रहा? जिसके फलस्वरूप महम बेग़म का साहस और बढ़ गया और उसने सिन्ध के अरघून शासक के परिवार में मीर ख़लीफ़ा की लड़की एवं लड़के की शादियों को मुग़ल राज्य के शत्रु से मित्रता का प्रमाण ही माना और बाबर के मन में उसके विश्वासपात्र मित्र और साम्राज्य के सर्वोच्च अधिकारी के खिलाफ सन्देह तो भर ही दिया? बाबर इसीलिए बहुत परेशान ही नहीं हुआ अपितु वह सभी के प्रति सशंकित रहने लगा? उसे अपने इर्द-गिर्द सभी लोग षड्यन्त्रकारी-से दिखने लगे?

शारीरिक रूप से परेशान और दिमागी स्तर पर जागरूक बाबर ने अपना प्रयास नहीं छोड़ा और उसने हुमायूँ से भी एक बार फिर पैतृक राज्य के निकटवर्ती प्रदेश में लौटने की थाह ली गयी किन्तु, उसे सर्वथा अनिच्छुक पाकर उसे तो सम्भल की अपनी जागीर जाने की आदेश दिया और अपने एक भतीजे सोलहवर्षीय सुलेमान मिर्ज़ा को बदख़्शाँ भेजने का निर्णय लिया। मिर्ज़ा सुलेमान बाबर के मौसेरे भाई मिर्ज़ा ख़ाँ वैस का बेटा था। यह भी बाबर की ही भाँति मीराँशाही बर्लास तुर्क या तैमूरी वंश का ही था। उस पितृविहीन सुलेमान को बाबर ने अपने संरक्षण में ले लिया था। अब वह सोलह वर्ष का नौजवान हो गया था और, फिर बदख्शाँ उसका पैतृक राज्य था। उसका पिता बदख्शाँ का शासक रहा था। अत: वहाँ के लोगों को वह सहज स्वीकार भी होता? सब-कुछ सोच-समझ, नाप-तौलकर अन्तत: बाबर ने उसी को बदख़्शाँ भेजने का निर्णय लिया। मिर्ज़ा सुलेमान

शीघ्र ही वहाँ का कार्यभार सम्हालने के लिए निकला और बाबर उसे लाहौर तक छोड़ने के लिए भी गया ताकि सबको स्पष्ट सन्देश मिल सके कि यह नियुक्ति उसने की है और वह इसकी अन्तत: बदख़्शाँ की सुरक्षा के लिए वह सदैव सजग है और तत्पर रहेगा। उसने सैयद ख़ाँ जैसे बदख़्शाँ के तमाम निकटवर्ती शासकों और प्रभावशाली लोगों को इस आशय के पत्र और लिखित सन्देश भी भेजे। सैय्यद ख़ाँ को बस यही स्मरण कराया कि जैसे वह यूनुस ख़ाँ का पौत्र था, वैसे ही बाबर नाती और सुलेमान परनाती था। अत: रिश्तेदारी के चलते वह बाबर और सैय्यद दोनों का पुत्र-तुल्य ही था अत: दोनों को ही न केवल सुलेमान स्वीकार्य होना चाहिए अपितु उसको संरक्षण भी प्रदान करना चाहिए?

इधर बाबर के सुलेमान को यहाँ तक छोड़ने आने के बहाने लाहौर आगमन की ख़बर पाकर कामरान ने अपने पिता के स्वागतार्थ कान्धार से लाहौर को प्रस्थान किया और लाहौर के अपने द्वारा लगाये गये उपवन में अपने पिता और पादशाह बाबर के स्वागत की तैयारी की। (936 हिज़री में)। इसी समय बाबर ने अपने जिस भतीजे मिर्ज़ा सुलेमान को बदख़्शाँ का नया शासक/प्रशासक नियुक्त किया था, हिन्दाल उसी सुलेमान को बदख़्शाँ का कार्यभार सौंपकर बाबर से मिलने और अपने लिये आगे का आदेश लेने की नियत से काबुल से लाहौर आया। अपने पिता के साथ कुछ समय व्यतीत करके वह पिता के लाहौर से लौटते वक़्त जाड़ों के अन्त में (मार्च 4, 1530) फिर काबुल के प्रान्तपति के अपने दायित्वों के निर्वहन के लिए लौट गया। उसके पिता ने अपने इस सबसे छोटे पुत्र के प्रति स्नेह प्रदर्शित करते हुए दो हाथी, चार घोड़े और जड़ाऊ पेटी-क़तर सहित भेंट दी थी। बाबर की लाहौर-यात्रा एवं प्रवास कुल मिल कर एक वर्ष का रहा था और इस पूरे अन्तराल में उसके साथ यही दो स्त्रियाँ थीं और बाबर उनके सम्मोहन में क़ैद दिल्ली में प्रवेश न करके, उसके निकटवर्ती करनाल के नरकैद के इर्द-गिर्द शिकार आदि में बिताता रहा था। तत्पश्चात् वह आगरा वापस लौटा।

वैसे एक वर्ष के इस लाहौर-प्रवास के सन्दर्भ में एक बात अन्य समकालीन स्रोतों से छनकर निकलती है। बाबर हिन्दुस्तान के सिंहासन के लिए अपने पुत्रों से भी अधिक उन पुत्रों की माताओं की खींच-तान से असन्तुष्ट और खिन्न हो चला था। वह लाहौर से ही वापस काबुल की ओर प्रयाण करने का इच्छुक था? वह अपने पुत्रों तक को बराबर चेतावनी देता रहा था कि काबुल 'खालसा' क्षेत्र (भूमि) है उस पर कोई नज़र न लगाये। इसीलिए उसने अपने सबसे प्रिय, छोटे और अवयस्क पुत्र हिन्दाल को वहाँ का नामधारी प्रशासक बना रखा था? वह यहीं काबुल से पूर्व में हिन्दुस्तान पर अपनी पकड़ पूर्ववत् बनाये रखने के साथ, पश्चिमोत्तर में मध्य एशिया (अमीर तैमूर का वृहद् साम्राज्य) पर पुनर्विजय करने का ख़्वाब पाले ही हुआ था? वह तैमूर की राजधानी समरकन्द विजित करके अपने जीवन का सबसे बड़ा और प्रिय लक्ष्य तथा स्वप्न पूर्ण करने के लिए अभी भी लालायित था। उसे अब लगता था कि हिन्दुस्तान के संसाधनों के उपयोग एवं समन्वित प्रयास से वह अपने इस स्वप्न को जीते-जी पूरा कर लेगा? लेकिन इस हुमायूँ और उसकी माँ, महम बेग़म ने उसके पूरे सबसे हसीन ख्वाब को चकनाचूर कर दिया था?

वह समरकन्द जीतकर हुमायूँ को अपने पैतृक क्षेत्र में ही सिंहासनारूढ़ करने का इच्छुक था किन्तु हुमायूँ ने वहाँ न रुककर उसकी कार्य-योजना को ही निष्फल नहीं किया था अपितु उसके मन को गहरा आघात पहुँचाया था? उसकी अपनी योजना के अनुसार हुमायूँ समरकन्द की राजधानी से समस्त मध्य एशिया के तैमूरी साम्राज्य का शासक होता; कामरान कान्धार और मुल्तान सम्हालता; सुलेमान को वह बदख़्शाँ बख़्श ही चुका था; हिन्दुस्तान के अलग-अलग क्षेत्रों में असकरी, हिन्दाल और उसके (जीवन-काल में) एकमात्र दामाद – मासूमा के पति मोहम्मद ज़माँ मिर्ज़ा को स्थापित कर देता? मोहम्मद ज़माँ मिर्ज़ा भी तैमूरी वंश का था। बस वह मीराँशाही न होकर बैकरा वंश का अन्तिम प्रतिनिधि था। अत: बाबर ने हेरात में बैक़रा वंश की पूर्ण पराजय और नाश के बाद उस वंश

के इस अन्तिम प्रतिनिधि को अपने संरक्षण में ले लिया था, जबकि उनके पूर्वज आपस में सदैव संघर्षरत रहे थे। इतना ही नहीं, बाबर ने उसे पुत्र समान स्नेह प्रदान किया था। अतः वह पुत्रों के समान उसे भी मुग़ल साम्राज्य में समान हक़ प्रदान करने का इच्छुक था। इसी बात को स्पष्ट करने के लिए उसने अप्रैल, 1529 में मुहम्मद ज़माँ मिर्ज़ा को राजसी-प्रतीक या चिन्ह 'राजछत्र' प्रदान किया था। और बस यही बाबर की पत्नियों को खल गया? वे हिन्दुस्तान को ही स्थायी स्थान या राज्य मानती थीं। प्रायः सबने मध्य एशिया में प्रतिकूल परिस्थितियाँ ही झेली थीं? अतः अब वे अपने पुत्रों के सामान दामाद को हक दिया जाना स्वीकार नहीं कर पा रही थीं? उन्हें उज़्बेग नेता शैबानी ख़ाँ के उदय के उपरान्त उज्बेगों से वास्तविक ख़तरा दिखायी देता था? अतः वे हिन्दुस्तान के इस सुरक्षित राज्य से बेहतर विकल्प किसी अन्य क्षेत्र को नहीं मानती थीं? अतः उनकी नज़र अपने पुत्रों को सुरक्षित क्षेत्र प्रदान करने की ओर थी और उनके दृष्टिकोण से यह अनुचित भी नहीं कहा जा सकता? कौन माँ अपने बेटे का हित नहीं देखेगी?

लेकिन बाबर को यह सब बहुत नागवार गुज़र रहा था। इस बात की पुष्टि उसके द्वारा ख़्वाजा कलाँ को लिखे गये पत्रों से होती है। उसने ख्वाजा कलाँ को एक पत्र में लिखा : "अभी उधर (मध्य एशिया क्षेत्र) से मुशकी सरदे आये थे...। उनके लाये फ़लों को काटने लगा तो भीतर बड़ी टीस-सी उठी...रुलाई रुक नहीं पायी।" इतना ही नहीं उसके पत्र से ज़ाहिर होता है कि इस अवसर पर बहुत देर बाद जाकर बादशाह की रुलाई तो रुकी किन्तु उसका मन शान्त नहीं हुआ क्योंकि उसने फिर अपनी व्यथा ख्वाजा को दूसरे और तीसरे पत्रों में भी व्यक्त की है। इतना ही नहीं, उन दिनों की दिनचर्या की 'दैनिकी' जो नियमतः दर्ज़ होती थी, उससे भी यही आभास होता है? वह अपने पुत्रों से अधिक उनकी माताओं के इस पुत्र-मोह से परेशान ही नहीं, हताश-सा हो गया था? सम्भवतः उसने महम, दिलदार आदि सबको यही समझाने का भरसक प्रयास किया था कि आख़िर वह भी तो अपने

बल-बूते पर इतने बड़े साम्राज्य का स्वामी बना था? वरना तो उसके हाथ से फ़रगना भी चला गया था? किन्तु वे बाबर की तरह सोचने-समझने लायक होतीं तो क्या बात थी? अत: बाबर का दिल उनकी तरफ से पूरी तरह से टूट चुका था। उसे अपनी पत्नियों से यदि घृणा न भी सही तो निश्चित ही विरक्ति, वितृष्णा-सी हो गयी थी? उसके चित्त से वे सब अपने स्वार्थ के चलते उतर चुकी थीं? और, यह स्वाभाविक भी था। अत: वह उन दोनों चरकस लड़कियों की ओर घूमा।

1526 में शाह तहमास्प द्वारा भेजी गयीं ये दोनों 'चरकस' लडकियाँ उसके 'हरम' में दाख़िल हो गयी थीं और पूरे समर्पण भाव से हिन्दुस्तानी संस्कृति आत्मसात् करने के साथ ही मुग़ल परम्पराओं के अनुकूल अपने को ढालने में कामयाब रहीं। उन्हें 'मुग़ल हरम' में लिखने-पढ़ने से लेकर शस्त्र प्रयोग, सलाई-कढ़ाई-बुनाई, गीत-संगीत-नृत्य सबका प्रशिक्षण मिला। साथ ही अपनी तहज़ीब के साथ मुग़ल और हिन्दुस्तानी तहज़ीब से लबरेज़ ये दोनों लड़कियाँ देखते-ही-देखते दो वर्षों में परिपक्व, प्रशिक्षित, सम्मिश्रित संस्कृति, बेहतरीन तहज़ीब और भारत में नयी मुग़ल शाही तमीज़ की मिसाल हो गयीं। मुग़ल राजकुमारों-राजकुमारियों को उनसे मिलने के लिए प्रेरित किया जाने लगा था ताकि वे भी सुसंस्कृत हो सकें। वे भी इन दोनों से बात-चीत से लेकर आचरण-व्यवहार, तौर-तरीकों को सही ढंग से सीख सकें। इस समय तक इनकी उपस्थिति और सम्पर्क का सकारात्मक प्रभाव 'मुग़ल हरम' पर भी पड़ने लगा था। ये दोनों बालाएँ अपने व्यापक अध्ययन-चिन्तन के बल पर हर विषय पर बात तो कर ही सकती थीं, वे अनेक कलाओं में भी प्रवीण थीं और, साथ ही बादशाह के मनोरंजन और विषय-सुख प्रदान करने में भी अव्वल साबित होने लगीं। बाबर को उनके साथ भौतिक के साथ ही मानसिक, भावात्मक और बौद्धिक सुख तथा सन्तोष भी निश्चित मिलता ही रहा होगा तभी

वह उधर ही अधिक आकर्षित होता चला गया? उसकी पत्नियों की भाँति इन दोनों चरकस कन्याओं के कोई निहितार्थ नहीं थे सिवाय अपनी साधारण सुख-सुविधाओं के? और यह बाबर से उनकी बढ़ती नजदीकियों से स्वयं प्राप्त होने लगा था? बाबर उनकी हर छोटी-से -छोटी बातों और ख़्वाइशों का ख़्याल रखता था? उनके लिए मुग़ल राजकुमारी और बाबर की बिटिया गुलबदन बेग़म द्वारा 'अगाचा' सम्बोधन भी उनके उच्च नहीं तो सम्मानजनक स्तर का ही द्योतक था — वे कम-से-कम रखैल से तो ऊपर स्थान रखतीं थीं और व्यापक-विस्तृत परिवार की सदस्य के रूप में मान्य थीं।

शायद पत्नियों से खिन्न बाबर और भी अधिक इन लड़कियों की ओर झुकता चला गया? पहले दोनों वजह रही होंगी कि इन सबको एहसास करता दे कि यदि वे उसके मन की साध पूरी करने में मददगार नहीं होना चाहतीं तब वह भी उनकी क्योंकर पूर्ववत् क़दर करे? किन्तु, फिर धीरे-धीरे उनके इस निःस्वार्थ सेवा और समर्पण भाव; उनके बौद्धिक स्तर और प्रशिक्षित व्यवहार; उनकी तमीज-तहज़ीब, बात-चीत के लहज़े और, इन सबसे अधिक उम्र की सहज चपलता और यौनाकर्षण ने बाबर को मन्त्र-मुग्ध कर दिया? वह इन दोनों से मिलकर अपनी बीबियों की आपसी प्रतिद्वन्द्विता और, उससे उत्पन्न खीज भरे बुरे व्यवहार, को भूल जाता था? वे बाबर की जगह अपने-अपने पुत्रों और अपने संकुचित निहितार्थ साधने में ही लगी हुईं थीं? दूसरी ओर, ये दोनों लडकियाँ इस प्रकार की गतिविधियों से दूर और निर्विकार थीं अतः उनसे बात भी बिलकुल फ़क़ माहौल में सम्भव हो जाती थी, जो बाबर के लिए सन्तोषजनक और सुकून वाली मुलाक़ातें होतीं थीं। कहाँ एक तरफ अपनी पत्नियों-उपपत्नियों की फ़रमाइशों, ख़्वाहिशों, उलाहनों में छुपी हुई कूटनीतिक चालें और, कहाँ इधर, इन लड़कियों के पास सिर्फ़ बादशाह को ख़ुश और स्वस्थ देखने की अदम्य लालसा और बिना राग-लपेट की बातें। वह इन दोनों से मिलकर तरो-ताजा होकर, नये जोश-ख़रोश के साथ पुनः अपने राजकार्यों में जुट जाता? वह नये नज़रिये से भी वाक़िफ़ होने लगा।

राजकार्य की थकान, पढने-लिखने का जुनून, शरीर की ज़रूरत सभी की पूर्ति इनके साथ गुज़ारे वक़्त में हो जातीं थीं? वह पहले से अधिक सन्तुष्ट होते ही अधिक सन्तुलित और स्थिर व्यक्ति-सा दिखने लगा था? और, एक उम्र के बाद ढलते हुए यौवन की इन्सानी फ़ितरत थोड़ी फर्क हो ही जाती है। निरन्तर युद्धों और संघर्षों से थका तन और अपनी बीबियों के निहितार्थों के चलते मरा मन, इन नव-यौवनाओं की इस उपलब्धता और सामीप्य से फिर से यौनाकर्षण से बँध-सा गया? बाबर पूरी तरह से उनकी गिरफ्त में फँसा हुआ दिखने लगा?

ज़ाहिर है, यह बात उसकी पत्नियों, उपपत्नियों को क्यूँकर हजम होती और इसीलिए उसके ख़िलाफ़ 'हरम' में खुस-फुस शुरू हो गयी। और फिर यदि 'मुग़ल हरम' में खुसफुसाहट हुई तो इस ख़बर को जंगल की आग की तरह फैलने से कौन रोक सकता था? इसीलिए बाद के इतिहासकारों ने प्रत्यक्ष तो नहीं किन्तु परोक्ष रूप से और इशारों-इशारों में बाबर के इस विषयी प्रसंग के विषय में बहुत कुछ लिखा है। यह इसलिए भी सम्भव हो सका क्योंकि, शीघ्र ही 1530 में ही बाबर की मृत्यु हो गयी, अत: वे लिखने को स्वतन्त्र थे? इतना ही नहीं, हुमायूँ का शासनकाल पूर्व एवं पश्चिम के अफ़गानों के आक्रमणों के चलते अस्थिर ही रहा और फिर भारत में द्वितीय अफ़गान साम्राज्य की स्थापना भी हो गयी अत: यह सब लिखना-लिखाना अकबर के काल में हुआ तब तक यमुना से बहुत पानी बह चुका था और इसके चलते बहुत-से तथ्य क़िस्से-कहानियों के रूप में प्रलेखित होकर दस्तावेज़ों या इतिहास-ग्रन्थों के रूप में प्रकट हुए। अकबर कहीं-न-कहीं अपने-आपको सर्वश्रेष्ठ मुग़ल बादशाह चित्रित करने के चक्कर में पूर्ववर्ती शासकों पर छींटाकशी से भी बहुत परेशान न हुआ होगा, अत: ये तमाम इतिहास — पूर्ववर्ती मुग़ल और अफ़गान शासन के जो अकबर के शासनकाल में लिखे गये उनमें बाबर के अन्तिम वर्ष के इस 'विचलन' का ज़िक्र हमें मिल जाता है?

ख़ैर, महम बेग़म ने जिस तरह हुमायूँ को बदख़्शाँ से बुलवाया उसमें दो बातों ने अवश्य ही उसे बाध्य किया होगा। पहली बात तो

मोहम्मद ज़माँ मिर्ज़ा को बाबर द्वारा राजसी चिन्ह के रूप में 'राजछत्र' प्रदान किया जाना। दूसरी बात उसकी सौत, गुलरुख़ बेग़म का बिलकुल शुरुआत से हुमायूँ का विरोध और अपने पुत्र कामरान को वली-अहद या वैध-उत्तराधिकारी बनाये जाने का दबाव। वास्तव में, अगर 'मुग़ल हरम' में सबसे पहले किसी ने इस बात की पहल की थी तो वह महम नहीं गुलरुख़ थी। तीसरी बात, जो भले ही गौण दिखे पर पहली दोनों बातों के समान उतनी ही प्रभावी रही होगी और वह थी दिलदार बेग़म से बाबर के सबसे छोटे अवयस्क पुत्र हिन्दाल के प्रति बाबर का बहुत ज़्यादा झुकाव। बाबर को इस बात का निश्चित बुरा लगा कि जब हुमायूँ को बदख़्शाँ में नियुक्त किया तो वह वापस बिना आज्ञा के क्योंकर आया? और जिस हिन्दाल को उसने बुला भेजा था उस बच्चे को इन दोनों बड़े सौतेले भाइयों ने काबुल रवाना कर दिया? ख़ैर, बाबर ने इसे अपने भावी राजनीतिक योजना के अनुरूप मान लिया होगा जब वह पुनः मध्य एशिया जीत लेगा तब स्वयं काबुल में ही रहेगा अपने प्रिय और सबसे छोटे बेटे के साथ?

काबुल के प्रति उसके आकर्षण का अन्दाज़ा हमें उसकी वसीयत से लगता है जिसमें वह इस बात को रेखांकित करता है कि उसको अन्ततः दफ़नाया काबुल में ही जाये। अतः हिन्दाल को काबुल में ही रहने देने का उसने फ़ैसला किया किन्तु जब अन्तिम समय बादशाह की तबीयत बिगड़ने लगी तब वह सिर्फ़ और सिर्फ़ हिन्दाल को याद करता रहा और उसे काबुल से बुलवाया। किन्तु वह बालक अपने मृत पिता का ही मुख देख पाया उसका पिता उसको जीवित न देख सका। वह दिसम्बर, 1530 की 27 तारीख़ को अपने पिता की मृत्यु के एक दिन बाद आगरा पहुँच पाया था। हिन्दाल की सगी बहन गुलबदन थी और उसने इस बात को रेखांकित भी किया है। ख़्वाजा कलाँ ने ही बादशाह की मृत्यु पर मरसिया लिखा जिसको बदायूँनी ने अपनी तवारीख़ में उसे उद्धृत किया है। उसका हिन्दी अनुवाद कुछ इस प्रकार से है :

'हाय रे, काल का चक्र चलता रहे और तू ही न हो।
आसमाँ रंग अपना बदलता रहे और तू ही न हो।
हाय रे हाय रे, यह धरा भी रहे, यह गगन भी रहे।
रात के बाद दिन भी निकलता रहे और तू ही न हो।'

बाबर की सभी से पूर्ण निराशा का अन्दाज़ा उसकी वसीयत से लगता है जिसमें उसने साफ़ लिखा, "मेरी समाधि काबुल के मेरी पसन्दवाले बाग़ ('चिनार-बाग़') में खुले आसमान-तले बने, उस पर कोई इमारत न हो, न ही कोई दरबान रहे।" वह सम्भवत: अपनों से इतना निराश हो चुका था कि वह अपने लिए मरणोपरान्त भी कुछ नहीं चाह रखता है। अब बचना ही क्या था कि उसे किसी दरबान की ज़रूरत हो या कोई छत का साया हो? साथ ही वह उन स्वार्थी और निहितार्थों के लिए संघर्ष की सीमा तक प्रयासरत रिश्तेदारों, पुत्रों, पत्नियों को भी स्पष्ट बताना चाहता है कि जब अन्त यही है तब क्यों हाय हाय करते हो? अन्ततः हासिल वही है जो अपने पुरुषार्थ से होता है। उसको अपने जीवन में विरासत में क्या मिला और उसने अपने बल-बूते क्या अर्जित किया – यदि, इससे उसके अपने पुत्र सबक नहीं सीख पाये हैं तो शायद यह सन्देश उसकी कब्र और उसकी इस वसीयत से उन्हें मिल जाये और वे पुरुषार्थ की सही राह पर चले और छल-छद्म, षड्यन्त्र से कुछ भी अर्जित करने से बाज़ आयें।

शेख़ सलीम चिश्ती का परिवार और मुग़ल शहज़ादा सलीम

आगरा के निकट एक गरीब, मेहनतकश लोगों का गाँव था। भारत में तुर्क सत्ता की स्थापना से पूर्व इसका नाम सीकर था। सम्भवत: यह सिकरवार राजपूतों के कारण ही अपना यह नाम पाया होगा? सिकरवार राजपूतों के राजनीतिक उद्‌भव और सत्तोत्कर्ष के केन्द्र होने के कारण ही शायद इसका यह नामकरण हुआ होगा? तेरहवीं शताब्दी के बाद के भारत में तुर्क शासनकाल के दौरान सिकरवार राजपूतों के राजनीतिक पतन के चलते, इसका महत्त्व घटा होगा। और, अपने विशेष पाषाण-कारीगरों के चलते शायद महत्त्वहीन किन्तु स्थापत्य कि दृष्टि से आवश्यक रहा होगा। इतना ही नहीं, मुग़ल राजधानी से राजपूताने की ओर जानेवाले मार्ग में आगरा के पश्चात पहले पड़ाव के रूप में भी यह मुग़ल बादशाहों का ध्यानाकर्षण अपनी ओर करने में सफल रहा। जैसे-जैसे मुग़ल बादशाहों, शहज़ादों के वैयक्तिक और वैवाहिक सम्बन्ध राजपूतों से मज़बूत होते गये वैसे-वैसे इस गाँव की क़िस्मत मुग़ल बादशाहों से गहरी जुड़ती गयी थी। मुग़ल स्थापत्य ने हिन्दू और इस्लामी स्थापत्य के तत्त्वों-प्रवृत्तियों के सम्मिश्रण को नीतिगत बढ़ावा देना शुरू किया और यश-प्रतिष्ठा के लिए भी भवनों का इस्तमाल किया यहाँ के कारीगरों, सन्ताराशों के चलते भी यह गाँव मुग़ल सत्ता के केन्द्र में आना ही था।

वैसे दो प्रमुख मुग़ल बादशाहों की क़िस्मत से यह गाँव जुड़ गया था। ये दोनों ही मुग़ल बादशाह अपनी-अपनी तरह से भारत में मुग़ल शासन के संस्थापक ही माने जाते हैं। और, दोनों ने अगर किसी एक गाँव को शुक्रिया अदा किया तो वह गाँव यही था, जिसने एक क़स्बे और फिर, अकबर के काल में तो राजधानी का दर्ज़ा पाकर एक समृद्ध शहर का रूप ग्रहण किया। भारत में मुग़ल शासन के संस्थापक बाबर ने वैसे तो पानीपत के युद्ध में इब्राहीम लोदी को पराजित करके भारत में मुग़ल साम्राज्य की नींव रख दी थी, किन्तु सभी इतिहासकार तक यह मानते हैं कि, उसे नये विजित राज्य, भारत में स्थायित्व राणा सांगा के नेतृत्ववाले वृहद भारतीय राजाओं के संघ को खानवा के मैदान में पराजित करके ही प्राप्त हो सका था। अत: इस महत्त्वपूर्ण जीत के लिए ख़ुदा का शुक्रिया अदा करने की नियत से ही इस पत्थर के कारीगरों के गाँव का नाम उसने सीकर से 'सीकरी' (शुक्रिया का ही एक रूप) कर दिया। बाद में, गुजरात फ़तेह करके अपनी राजधानी लौटते हुए अकबर ने इसका नया नामकरण, पहले फ़तेहाबाद और फिर, फ़तेहपुर सीकरी कर दिया।

हिन्दुस्तान का मशहूर मुग़ल शहंशाह अकबर, जिसका नाम आज भी स्मृति में एक अजब-सा एहसास जगाता है, वह भी अपनी ज़िन्दगी में एक आम इन्सान की तरह ही बहुत परेशान हुआ करता था। उसकी परेशानियों के सबब सिर्फ़ सियासी ही नहीं थे। कभी-कभी वह गैर राजनीतिक और अत्यन्त घरेलू समस्याओं से वाबस्ता हुआ था, जैसा कि एक आम आदमी होता है। वह 27 वर्ष कि उम्र का हो चुका था और, इस अवधि में वह समस्त उत्तर भारत (अफ़गानिस्तान से लेकर बंगाल और इधर मालवा-गुजरात तक) का शासक भी हो गया था। एक बड़े, स्थायी और संगठित राज्य का स्वामी जिसकी सत्ता हिन्दुस्तान के तमाम छोटे-बड़े सत्ताधीश स्वीकारने लगे थे। उसका एकच्छत्र राज्य और शासन था। इतनी शादियों, निकाहों और मुत्ताह विवाहों के बावजूद वह एक सन्तान के लिए तड़प कर रह गया था। वैसे तो उसकी दो रानियों से दो सन्तानें पैदा हुईं किन्तु वे अल्पायु में

ही गुज़र गयीं। इन शिशुओं की मृत्यु के चलते वह अपने विस्तृत होते साम्राज्य के लिए एक वारिस की चाह रखता था। किन्तु, शैशव अवस्था में ही उनके गुज़र जाने से वह बहुत अधिक चिन्तित, व्यथित और दु:खी था। ज़ाहिर ही है अगर इतने बड़े साम्राज्य का स्वामी चिन्तातुर होता है तो रनिवास या हरम, दरबार, दरबारी, अधिकारी, सभी परेशान हो उठते हैं? अत: इस नितान्त व्यक्तिगत समस्या ने एक राष्ट्रीय या राजकीय समस्या का विकराल रूप धारण कर लिया। बौद्धिक से लेकर आमजन तक उपायों की चर्चा करने लगे और अपनी-अपनी तरह के उपाय सुझाने लगे।

ऐसे में लोगों ने उसे उसकी राजधानी आगरा ने निकट सीकरी में एक सन्त के दर्शन और मिन्नत माँगने कि सलाह दी। मुग़ल राजधानी से 23 मील दक्षिणपश्चिम में स्थित सन्तरा।शों या पत्थर के कारीगरों के गाँव, सीकरी में बसे एक पहुँचे हुए और चमत्कारी फ़कीर के विषय में बादशाह को बताया गया। इस चिश्ती सिलसिले के सूफ़ी सन्त का नाम था शेख़ सलीम। इस सन्त के विषय में आम लोगों में मान्यता हो गयी थी, कि, वे इतना सात्विक जीवन जीते हैं और सदा ध्यानमग्न रहते हैं कि, उनका आशीर्वाद कभी खाली नहीं जाता। वैसे शेख़ सलीम से पूर्व ही उनके एक ख़ानदानी चिश्ती सन्त, फ़रीद गंज-ए-शक़र पहले ही बहुत ख्याति प्राप्त सन्त रह चुके थे। इन्हीं शेख सलीम के आध्यात्मिक पिता या गुरु फ़ारस के चिश्त शहर के मशहूर सूफ़ी सन्त और विद्वान् थे। जब शेख़ सलीम, सीकरी और उसके आस-पास की खदानों से पत्थर तोड़ने और हाड तोड़ मेहनत करनेवालों की इस गरीब बस्तीवाले गाँव, सीकरी में निवास करने आये तब वहाँ के साधारण, ग़रीब, मेहनतकश लोगों को उनकी उपस्थिति मात्र से एक नयी ऊर्जा और सन्तोष का एहसास हुआ और वे सब उनके सादे जीवन उच्च विचारों के भक्त हुए बिना नहीं रह सके। इसीलिए सन्त के जीवन से जुड़े किस्सों ने उनके जीवनकाल में ही उन्हें एक आदर्श और किंवदन्ती के रूप में ही स्थापित कर दिया था।

धीरे-धीरे सीकरी के इस सन्त, शेख़ सलीम की ख़्याति उनकी सादगी, इबादत, दुआओं के असर, व्यक्तिगत पवित्र आचरण और ज्ञान के चलते दूर-दूर तक फैल चुकी थी। सीकरी गाँव के एक छोर पर स्थित एक गुफा में उन्होंने अपना निवास बनाया था। लोगों को विश्वास था कि अपने सादगी भरे जीवन, लगातार इबादत, व्रत और कठोर जप-तप के चलते, वे अपने पूर्व जन्म के अर्जित पापों को क्षय करके पूर्णत: पवित्र हो चुके हैं। पवित्रता अर्जित करने की इस प्रक्रिया को सूफ़ी शब्दावली में 'चिल्ला'' कहते थे – इसी कठिन चिल्ले ने शेख़ को ईश्वर या अल्लाह के अत्यन्त करीब ला दिया था और वे अनेक दैवीय गुणों से परिपूर्ण हो चुके थे। अत: अब वे ख़ुदा के सच्चे बन्दे थे। लोगों में यह आम मान्यता हो गयी थी कि, इसीलिए जब भी शेख़ मन से कुछ कहते थे, वह सच हो जाता था। इतना ही नहीं, उनके विषय में लोगों की यह दृढ़ आस्था थी कि, वे जैसे सब-कुछ पहले ही जान जाते थे। उनके एहसासात, उनके इल्हाम के साथ ही, उनके द्वारा की गयी भविष्यवाणियाँ शत-प्रतिशत सत्य या घटित होती ही थीं।

उस समय लोक में शेख़ की इतनी ज़बरदस्त मान्यता हो गयी थी कि, हर बेसहारा और मजलूम व्यक्ति उनकी पनाह में अपना कल्याण मानता था। अकबर के शैशवकाल में, जब बैरम ख़ाँ के सत्ता के चरम में था, तब उसे बहुत गरूर हो गया था। वह नितान्त असहिष्णु था। अकबर के प्रसिद्ध इतिहासकार अबुल फ़ज़ल के परिवार पर उनकी सहिष्णुता के चलते जुल्म ढाये जाने लगे तब वे भी शेख़ की शरण में सीकरी चले आये थे। शेख़ के शिष्य समस्त उत्तर भारत में फैल चुके थे और, यह भी उनकी प्रसिद्धि के प्रचार का कारण बना था। उनके परम शिष्यों में अलवर के प्रसिद्ध सन्त कमाल, बंगाल के मशहूर सन्त पियारा, खादिम हुसैन, सम्भल के फतेहुल्लाह तारिम, अजोधन के रुकनुद्दीन आदि थे। इन्होंने शेख़ सलीम से मिली चिश्तिया सिलसिले के सिद्धान्तों और शिक्षाओं का प्रचार-प्रसार एक बड़े विस्तृत क्षेत्र में

किया। जब अकबर के कानों तक उनकी ख़्याति पहुँची थी तब शेख़ क़रीब नब्बे वर्ष के हो चुके थे।

अत: सन्तान के लिए चिन्तित बादशाह ने 'मरता क्या न करता' की नियत के साथ सन्त से आशीर्वाद लेने की सोची। सम्भवत: जब बादशाह ने अपना मन बनाया तब समय इन दोनों की मुलाक़ात के लिए वक़्त अनुकूल नहीं था? वह अपने साम्राज्य में नियुक्त उज़बेग अमीरों, यथा अब्दुल्लाह ख़ाँ तथा आसफ़ ख़ाँ के विद्रोह को कुचल कर, राजधानी कि ओर लौट रहा था, तब उसने लौटते हुए, मार्ग में सीकरी में शेख़ के दर्शन का निर्णय लिया। अपने पद और हाल में अर्जित की गयी सैन्य विजय पर गर्व से चूर बादशाह ने पवित्र सन्त को अपने शाही शिविर में आने का निमन्त्रण भेजा। ख़बर होने के बावज़ूद बादशाहों, सिंहासनों और सियासत से दूर रहनेवाले चिश्तिया सिलसिले के इस सन्त ने अपने सिलसिले के सिद्धान्त के कठोर अनुपालन में ही बादशाह से मिलने से इन्कार कर दिया। परमात्मा में प्रीत लगाये और उससे नज़दीकीवाले सन्त को भला भारत का शासक दे भी क्या सकता था, उसे तो सब ब्रह्माण्ड के सम्राट् से मिल रहा था? वह क्यूँकर किसी बादशाह के दरबार में उपस्थित होकर अपने परालौकिक बादशाह की शान में गुस्ताख़ी करते? वे सादगीपसन्द, साधारण सन्त ज़रूर थे, मगर सिद्धान्तों के अटल अत: अपने सिलसिले के सिद्धान्तों के खिलाफ़ जाने और प्रतिकूल आचरण की जुर्रत भी नहीं कर सकते थे?

तब अकबर को समझ आया और वह स्वयं शेख़ के दर्शनार्थ उसकी गुफा के समक्ष पहुंचा। किन्तु, सन्त जो संसार के बादशाह से नेह लगाये बैठा था, उसे भारत के मुग़ल बादशाह से वास्ता ही क्या था? अत: उसने मुल्क के बादशाह से मिलने से इन्कार कर दिया। पूरे लाव-लश्कर लेकर सन्त के द्वार पर पहुँचा बादशाह निराश लौटा। किन्तु, बादशाह तो सांसारिकता से बँधा था और एक दु:ख में निराश इन्सान था। सन्तान न होने या होने पर जीवित न रहने से हताश था।

तब फैज़ी तथा अबुल फ़ज़ल के पिता शेख़ मुबारक ने उससे एक बादशाह की जगह एक नितान्त साधारण याचक के रूप में चलने को कहा। अत: बादशाह को आशा की यही एकमात्र किरण नज़र आ रही थी। डूबते को जैसे तिनके का सहारा हो, वैसे बादशाह की बुझी आशा को निरन्तर इन्कार में ही आशा दिखी। उसका विश्वास सन्त के विषय में दृढ होता चला गया। उसने जो कुछ और जितना भी सुना था सब सच था। और, ऐसे सच्चे सन्त के यहाँ तो निश्चित ही उसकी इच्छा पूर्ण होगी? इसी विश्वास के चलते वह तीसरी बार उसी गुफा के मुख पर एक याचक की तरह पहुँचा। उसके अन्त: में युद्धोन्माद, विजय के उत्साह और राजसी दम्भ की जगह अब असीम करुणा और विवशता के साथ सन्त से आशा का भाव था।

कहते हैं कि, ईश्वरीय संयोग से सन्त सलीम का छोटा बेटा वहीं मौज़ूद था। उसने अपने पिता से बादशाह को बार-बार निराश लौटाने के स्थान पर दया प्रदान करने को कहा। उस पुत्र ने अपने पिता से कहा कि, बादशाह होकर भी वह तो कुछ माँगने आया है। उसके अन्दर बादशाहत की बू होती तो वह लौट गया होता? दो-दो बार इन्कार के पश्चात् क्रूरता भी प्रदर्शित कर सकता था? मगर वह तो शान्त, विवश था और, चाहता भी क्या था? बस एक बार आपके दर्शन का आकांक्षी है? जब उसमें कोई दम्भ नहीं तब आप भी सहज भाव से उससे मिल लीजिये। सन्त ने अपने पुत्र से बहुत निराश भाव से कहा कि, बेटा उसको पुत्र तब ही हो सकता है जब कोई अपनी सन्तान उसको न्योछावर कर दे। उसके बेटे ने अपने बुज़ुर्ग पिता को उत्तर देते हुए कहा, तब क्या? आप तो कुछ रखते नहीं, क्यों न हमारा बलिदान दे दीजिये? सन्त ने कहा बच्चे की बलि देने की बात है तुम सब तो वयस्क हो? और, उन दोनों की नज़र एक साथ सन्त की गोद में खेल रहे सन्त के नवासे खुबू पर टिक गयी। बिना शब्दों के संवाद हो गये।

अकबर शान्त और निर्विकार भाव से गुफ़ा के द्वार पर याचक की मुद्रा में खड़ा यह पूरी वार्त्तालाप सुनता रहा। अन्तत: जब ऊपरवाले ने

ही निर्णय दे दिया तब सन्त ने ईश्वरीय आदेश या प्रारब्ध मानते हुए, न केवल अकबर को दर्शन दिया, अपितु उसे पुत्र-रत्न की प्राप्ति का आशीर्वाद भी दिया। सन्त ने उसे अपने सिलसिले के सबसे प्रसिद्ध सन्त मुइनुद्दीन चिश्ती की दरगाह की पैदल ज़ियारत की सलाह भी दी। इधर सन्तुष्ट और आशान्वित होकर अकबर आगरा लौट आया और, कुछ ही दिनों में उसे अपनी कछवाहा पत्नी, राजा भारमल (या, बिहारीमल) की पुत्री और राजा भगवान दास की बहन के गर्भवती होने की शुभ सूचना मिली। उसने इसे सन्त के आशीर्वाद का प्रतिफल माना और, सुरक्षित सन्तानोत्पत्ति, शान्त और पवित्र परिवेश के नज़रिये से अपनी गर्भवती पत्नी, मरियम-उज़-ज़मानी को सीकरी में सन्त के घर में रख दिया।

आमेर घराने की यह राजपूतानी राजकुमारी, जो सुख-सुविधा में पली-बढ़ी और हिन्दुस्तान के इस अज़ीम-उश-शान बादशाह की मलिका थी वह महलों की सुविधाएँ छोड़कर, शेख़ सलीम चिश्ती के भरे-पूरे परिवारवाले घर के एक बन्द और तंग से कमरे में पहुँचा दी गयी। यह कक्ष साढ़े नौ फुट लम्बा तथा आठ फुट-चार इंच चौड़ा, दस फुट ऊँचा तथा तीन फीट मोटी दीवारोंवाला सुविधारहित बहुत ही साधारण-सा कमरा था। और, सलीम को जन्म देकर अकबर को सन्तान की अपार तुष्टि देनेवाली यह कछवाहा माँ अपने पूरे प्रसव काल में इसी कमरे में रही। और, आप सलीम की जन्मतिथि से ही समझ सकते हैं कि, कैसे गर्मी और लू और फिर उसके बाद उमस भरे दिन उसने उस एकान्तवास में काटे होंगे? क्योंकि, उसको अगस्त 30, 1569 ई. में पुत्र-रत्न की प्राप्ति हुई थी। यह कक्ष इन पंक्तियों के लेखक ने भी देखा है। यह अकबर द्वारा निर्मित 'जामा मस्जिद' के दक्षिण-पश्चिम दिशा में पत्थर-कूटने/तराशनेवालों की बस्ती की पुरानी मस्जिद के ध्वंस के मध्य सलीम के जन्म के साक्ष्य के रूप में बीसवीं सदी तक मौज़ूद रही। यह कक्ष शेख़ साहब के बड़े-से पारिवारिक अहाते में भूतल पर जनानख़ाने में स्थित था। इसमें खिड़की के नाम पर रोशनदान तक नहीं था, जहाँ से कोई रौशनी या हवा आ-

जा सके। इन प्रतिकूल परिस्थितियों में जन्मा था अकबर का उत्तराधिकारी या वली-अहद।

मुग़ल शहज़ादे और 'वली अहद', सुल्तान मुहम्मद सलीम का नामकरण इस महान् सन्त के ही नाम पर किया गया। शेख़ के प्रति अकबर की कृतज्ञता और श्रद्धा की पराकाष्ठा इसी बात से स्पष्ट हो जाती है कि, चूँकि, शेख़ के नाम पर अपने इस प्रथम पुत्र का नाम रखा था, अत: अपने-जीते जी कभी उसका नाम भी नहीं लिया? अपनी आत्मकथा 'तुजुक-ए-जहाँगीरी' में स्वयं जहाँगीर ने यह खुलासा किया है कि उसके पिता ने उसे सदैव 'शेखू बाबा' कहकर ही सम्बोधित किया। शेख़ साहब की एक पुत्र-वधू ने उसके प्रसव के दौरान दाई की भूमिका निभायी थी जबकि उनकी द्वितीय पुत्री उसकी धाय-माता या दूध माता ही हुई। इतना ही नहीं शेख़ सलीम की इस पुत्री का नन्हाँ पुत्र, खूबू ही उसका बाल सखा हुआ।

यही नन्हाँ-सा नवासा शेख़ की गोद में था, जब शेख़ को उसका पुत्र बादशाह की प्रार्थना सुन लेने की गुजारिश कर रहा था। शेख़ ने साफ़-साफ़ कहा था किसी को तो अपने बालक का परित्याग करना पड़ेगा किन्तु, शेख़ की पवित्रता का ऐसा जलाल और सबाब था कि, एक होनी अनहोनी-सी होकर वर्षों टली रही। चश्मदीद वही बालक था, जिसका नाम खुबू था, लिहाजा शहादत भी उसकी ही संयोग से निर्धारित हो गयी, क्योंकि, किसी बालक की शहादत से ही बादशाह के सन्तान सुरक्षित जन्म ले सकते थे। शेख़ की अपनी सन्तानें बाल्यावस्था में थे ही नहीं? वे स्वयं नब्बे वर्षीय थे।

सलीम के जन्म की सूचना मिलते ही एक सप्ताह तो राजधानी शाही उत्तराधिकारी या 'वली-अहद' की प्राप्ति की ख़ुशख़बरी के साथ शाही जश्न में डूबी रही। अकबर के विस्तृत होते साम्राज्य को एक वारिस मिल गया था, जिसके लिए वह लालायित, व्यथित और बेचैन था। उसने मारे ख़ुशी के सभी राज्य बन्दियों को बन्दीगृहों से रिहा कर दिया। उसने अपने दरबारी कवियों, कलाकारों को भी पुरस्कृत करने में कोई क़सर नही छोड़ी। एक कवि, जिसका नाम ख़्वाजा हुसैन मामूरी था,

उसने उक्त अवसर पर एक विशेष कविता की रचना की थी, अकेले उसी को दो लाख टके प्रदान किये गये थे। इसी से अकबर की ख़ुशी के प्रवाह को समझा जा सकता है। उसको पुरसुकून मिल सका था। उसके उत्साह मिश्रित ख़ुशी का कोई ठिकाना न था।

ऐसे वातावरण में अकबर को पुत्ररत्न की प्राप्ति हुई थी। उस बादशाह ने इसे शेख़ सलीम का आशीर्वाद तथा शेख़ मुईनुद्दीन चिश्ती या ख़्वाजा साहब का प्रताप ही माना। और इन सब का शुक्रगुज़ार हुआ और जीवनपर्यन्त रहा भी। उसने अपने नवजात बेटे का नामकरण इसी शेख़ के ही नाम पर सलीम किया। किन्तु जिस सन्त की वह शिद्दत से इज्ज़त करता था उसका नाम भला वह अपनी जुबान से कैसे ले सकता था? अत: उसने अपने इस प्रथम पुत्र को शेख़ साहब का ही प्रसाद मानकर सदा शेखू बाबा कहकर ही सम्बोधित किया। उसके पूर्व उसकी दो सन्तानें अल्पायु में कालकवलित हुई थीं अत: वह शुक्राने के तौर पर ख्वाजा साहब के यहाँ तिज़ारत के लिए अजमेर शरीफ़ पैदल गया। वह जनवरी 20, 1570 को आगरा से रवाना होकर 16 पड़ाव में अजमेर शरीफ़ पहुँचा। कई दिन वहाँ दान-पुण्य, तिज़ारत-इबादत में गुज़ारने के पश्चात् वह दिल्ली होते हुए आगरा मई 2, 1570 को पहुँचा। दिल्ली में वह अपने पिता के मकबरे पर भी शीश नवाने गया। इसी के साथ, उसने निज़ामुद्दीन औलिया सहित अन्य सन्तों की मजारों पर भी मत्था टेका और शुक्रिया अदा किया।

उसके बाद जब उसकी दूसरी पत्नी ने गर्भ धारण किया तब उसे भी उसने शेख़ सलीम के यहाँ पवित्र वातावरण में प्रसव हेतु भेजा। जून 7, 1570 को उसके भी पुत्र हुआ। इस द्वितीय पुत्र का नाम उसने मुराद रखा। एक बार पुन: वह धन्यवाद ज्ञापन हेतु सितम्बर, 23, 1570 को अजमेर शरीफ़ रवाना हुआ। यहाँ से वह नवम्बर, 3, 1570 को नागौर रवाना हो गया। जहाँ बाज़ बहादुर ने आकर समर्पण किया था। उसने तो सलीम के जन्म के समय ही सीकरी में अपने प्रमुख शहर एवं ऐसे पवित्र स्थान को अपनी राजधानी का मन बनाया

था किन्तु, अनेकानेक कारणों से वह इस निश्चय को अमली जामा नहीं पहना पा रहा था। अत: जैसे ही राज्य के कार्यों से थोड़ा-सा अवकाश मिला उसने नवम्बर 1571 में फतेहपुर सीकरी के निर्माण-कार्य को आरम्भ किया।

इस शहर का नाम उसने शुरू में फ़तेहाबाद रखा था किन्तु वह शीघ्र ही फ़तेहपुर सीकरी के नाम से लोकप्रिय हो गया। इस शहर को विस्तृत किन्तु सुनिश्चित आकार देने के लिए उसने पूरब, उत्तर और दक्षिण दिशाओं में विशाल दीवारें निर्मित की थीं, जिनमें नौ भव्य द्वार बनवाये। पश्चिम की ओर एक कई मील लम्बी-चौड़ी विशाल झील निर्मित की गयी। इसी बीच अप्रैल 1572 में शेख़ सलीम चिश्ती अपने ख़ुदा से जा मिले और, अकबर ने उनकी कब्र पर बेहद सुन्दर मक़बरा तामीर करवाया। बाद में शाहजहाँ ने इसे संगमरमर में परिवर्तित करा दिया। इसके सर्पाकार तोरण और महीन कार्य वाली बेहतरीन जालिया इसकी शोभा में चार चाँद लगाती हैं। इस राजधानी-शहर में अनेक मकतबों, मदरसों, खानखाओं, बाज़ारों, मोहल्लों, कार्यालयों आदि का निर्माण हुआ। 'जेसुइट मिशन' के फादर मोंसेरेण्ट जो उन दिनों अकबर के दरबार में उपस्थित थे, उन्होंने इस निर्माण-कार्य का सजीव विवरण दिया है।

अकबर ने अपना ऋण चुकाने के लिए ही शेख़ सलीम चिश्ती के पुत्र, पौत्र, नाती तथा अन्य रिश्तेदारों को राज्य की नौकरियों में सम्मिलित किया। वस्तुत: यह एक सोचा समझा, निहायत दूर-दृष्टिवाला निर्णय था। अकबर ने जैसे राजपूत शासकों के पैतृक अधिकारों को सुरक्षित रखते हुए उन्हें उनके राज्य मुग़ल साम्राज्य की ओर से "वतन-जागीर" के रूप में प्रदान किये थे। वहीं उनको भी नियन्त्रित रखने के लिए उनके अधीन सभी ज़मीन्दारों का स्वामित्व स्वीकारते हुए उन्हें "मालिकाना" हक्क प्रदान किया था, जो कि, उस क्षेत्र से वसूले जाने वाले भू-राजस्व की राशि का दस फ़ीसदी था। वहीं उसे समझ आ

गया था कि, सूफ़ियों के कानखाहों का प्रबन्धन कोई बच्चों का खेल नहीं था। सब-कुछ सिलसिलेवार ढंग से निधारित ही नहीं, क्रियान्वित भी होता था। अत: शेख़ के यहाँ अपने दो पुत्रों के जन्म और अपनी दो-दो पत्नियों के दीर्घ प्रवासों के अनुभवों से उसे ये सब भलीभाँती ज्ञात हो चुका था। अत: अब उसने एक दूरगामी निर्णय लिया। वह समझ चुका था कि, जो परिवारीजन इतने बड़े प्रतिष्ठान की क्रियाएँ सकुशल सम्पादित करते हैं, वे निश्चित ही प्रबन्धीय और प्रशासकीय गुणों से लैस हैं अत: उसने इनको भी मुग़ल साम्राज्य में पद और नसबें प्रदान करके राज्य में पद प्रदान करके उनके प्रशिक्षण और प्रशासकीय अनुभव का लाभ लिया जा सकता है। उसने सुना था कि, एक क़रौनाह तुर्क शासक, मोहम्मद बिन तुगलक़ भी ऐसा फ़ैसला एक बार पहले चौदहवीं सदी में ले चुका था। उसी शासक ने हिन्दुओं को महत्त्वपूर्ण पद दिये; वह पहली बार सार्वजनिक रूप से होली खेला था; उसने गंगाजल के औषधीय गुण को समझते हुए बस उसी जल का पान करने कि परम्परा शुरू कि, जो उसके काल में भी जारी थी? अत: अकबर ने मोहम्मद की नीति का अनुसरण करते हुए, चिश्तिया मत के सूफ़ियों को सरकारी पद प्रदान करना शुरू कर दिया।

जिस रोज़ सलीम का जन्म हुआ उस दिन शेख़ सलीम चिश्ती की पुत्र-वधू ने इस मुग़ल शहज़ादे को दुग्ध-पान करवाने का गौरव हासिल किया था। वह भी नव-प्रसविता माँ थी। अत: उसका पुत्र, बयाज़िद बाद में मुग़ल मनसबदार होकर भविष्य में अपने विरुद मुअज़्ज़म ख़ाँ के नाम से प्रसिद्ध हुआ। इसी क्रम में शेख़ का नाती शेख़ खुबू न केवल मुग़ल शहज़ादे सलीम का बाल-सखा हुआ अपितु उसके साथ ही मुग़ल मनसबदार और अधिकारी के रूप में इलाहाबाद में नियुक्त होकर सलीम के गुट से सम्बद्ध हुआ था। इसी खुबू की माँ और शेख़ सलीम चिश्ती कि बेटी ने दूसरे दिन से नन्हे शहज़ादे को दुग्ध-पान करवाया था। और, जब शेख़ के मुँह से निकला था कि, अकबर के पुत्र तभी जीवित रहेंगे जब कोई अपने पुत्र/सन्तान/ परिवारीजन को उसके बच्चों के स्थान पर ईश्वर को समर्पित करने को

तैयार हो? तब यही खुबू शेख़ की गोद में था और, त्रिकालदर्शी उस सन्तान ने जैसे सब-कुछ जान समझ लिया था और, तभी उसने न केवल अकबर को सन्तानोत्पत्ति का आशीर्वाद देते हुए दर्शन प्रदान किया था। वह समझ चुके थे कि, खुदा को क्या मंज़ूर था अत: प्रारब्ध को सहज रूप में स्वीकार कर लिया। और, यह आशीर्वाद शीघ्र फला भी।

अकबर के शासनकाल में यही खूबू, शेख़ के परिवार का होने के नाते शेख़ खुबू कहलाने लगा था और, अकबर ने जब उसे शाही नौकरी में रखा तब वह उसे कुतबुद्दीन का विरुद या खिताब बख़्शा था। इसी प्रकार, अकबर ने शेख़ सलीम चिश्ती के अन्य पारिवारिक सदस्यों को न केवल राज्य का संरक्षण ही प्रदान किया अपितु उन्हें सरकारी ओहदे, मनसब और दायित्व प्रदान किये।

आगे चलकर, जब सलीम को प्रशासनिक अनुभव देने की नज़र से अकबर ने इलाहाबाद का सूबेदार नियुक्त किया था तब, सलीम की महत्त्वाकांक्षाएँ बहुत बढ़ गयीं थीं। वह येन-केन-प्रकारेण शासक बनाना चाहता था। वह अब और इन्तज़ार करने को तैयार नहीं था? अकबर को असीरगढ़ में व्यस्त देखकर सलीम ने सत्ता प्राप्त करने की अदम्य लालसा में विद्रोह कर दिया। इतना ही नहीं, वह मेवाड़ के अभियान में भी हीला-हवाली करता अजमेर में ही जमा रहा। जबकि, उसका साला आमेर का कछवाहा राजा मानसिंह इस अभियान की सफलता के लिए भरसक प्रयास करता रहा तथा सलीम को भी समझाता रहा। किन्तु सलीम के इरादे और नियत साफ़ नहीं थी। इधर मानसिंह के अपनी नियुक्तिवाले प्रान्त, बंगाल में भी उसकी अनुपस्थिति का लाभ उठाते हुए, उपद्रवी तत्त्वों ने सर उठाना शुरू कर दिया था। चूँकि, बंगाल जैसे बड़े, दूरस्थ स्थित और समृद्ध सूबे में अव्यवस्था के आसार बढ़ने लगे तब मानसिंह को बंगाल की ओर वापस जाने का फ़रमान बादशाह से प्राप्त हुआ। अब सलीम मन-मर्ज़ी करने के लिए आज़ाद था। उसने मुग़ल राजधानी आगरा से अकबर की अनुपस्थिति

का लाभ उठाते हुए उस पर आधिपत्य स्थापित करने का भी दु:साहिसक प्रयास किया। यह बात दीघर है कि उसका प्रयास असफल रहा और अकबर के स्वामिनिष्ठ सेवकों ने विद्रोही राजकुमार का साथ देने से इन्कार ही नहीं किया उसे आगरा की घेरेबन्दी उठाने के लिए मजबूर कर दिया।

ख़ैर, इन निष्ठावान् मुग़ल अधिकारियों से तो वह खफ़ा हुआ ही किन्तु, अपने ही सैन्य-शिविर में मौज़ूद तुर्कमान शेर अफ्ख़ाँ से अधिक क्रुद्ध हो गया। भले ही मानसिंह वापस बंगाल जाने को विवश हुआ हो मगर शेर अफ्ख़ाँ भी मानसिंह की राय का हिमायती था। उसने भी सलीम को बादशाह की मुखालफ़त की राह से हटने की सलाह खुल कर दी। यह भी एक वजह हुई कि, सलीम के अपने सैन्य-शिविर में भी एकजुटता नहीं रही और सैनिकों का हतोत्साह ही हुआ। अत: परिणाम वही 'ढ़ाक के तीन पात'। सलीम मन-ही-मन इस तुर्कमान सरदार से रुष्ट हो चुका था? उधर सलीम और उसके साले राजा मानसिंह के तो पारस्परिक सम्बन्ध वैसे ही ख़राब थे। मानसिंह की बहन मानमती, जो सलीम कि पहली ब्याहता पत्नी और उसके प्रथम पुत्र और उत्तराधिकारी, ख़ुसरू की माँ थी, उसने सलीम के आचरण से क्षुब्ध होकर इलाहाबाद में आत्महत्या कर ली थी। तब से ही मानसिंह सलीम को माफ़ नहीं कर पाया था। अकबर ने भी सम्भवत: सलीम के विचलनपूर्ण व्यवहार पर अंकुश लगाने के लिए मानसिंह को उसके साथ मेवाड़ के अभियान में लगाये रखा था। किन्तु, बंगाल के प्रान्तपति होने के कारण वहाँ की अव्यवस्था को ठीक करने उसे जाना ही पड़ा था।

जो होना था वही हुआ किन्तु सलीम को शेर अफ्ख़ाँ का व्यवहार अपने विरोधी का-सा लगा और उसने जिसे शेर अफ्ख़ाँ का खिताब बख़्शा था वही उसके ख़िलाफ़ चला गया? अत: सलीम यह बात पचा नहीं सका। किन्तु, मजबूरी में करता भी क्या? वैसे ही उसके क्रूर व्यवहार के चलते इलाहाबाद में उसके अधीन कार्यरत मुग़ल अधिकारी उससे नाख़ुश थे अत: वह शेष लोगों को भी नाराज़ करके अपने

सत्ता-प्राप्ति के मार्ग को और अधिक कठिन नहीं करना चाहता था? इसलिए शेर अफ़ख़ाँ की इस हरकत को वह उस समय पचा गया। किन्तु, एक ज़बरदस्त गाँठ उसके मन में पड़ चुकी थी। परिस्थितियों से समझौता करते हुए उसने बाद के लिए हिसाब बराबर करने के जैसे संकल्प ही ले लिया।

इधर, अकबर की मृत्यु (1605ई.) के पश्चात् तमाम सियासी करवटों के बाद सलीम अपने पिता के क़रीबी अमीरों, ने अकबर के दूधभाई मिर्ज़ा अज़ीज़ कोका (जीजी अंगा का पुत्र और सलीम के पुत्र ख़ुसरू का श्वसुर, और स्वयं सलीम का समधी) एवं राजा मानसिंह (सलीम के साले और राजकुमार ख़ुसरू के मामा) के नेतृत्व में सलीम के दावे का भरसक विरोध किया। किन्तु अमीरों के अकबरी गुट की इच्छा के विरुद्ध सलीम ही अन्ततोगत्वा मुग़ल बादशाह हो गया। उसने अपने प्रतिद्वन्द्वी और अपने स्थान पर अपने पुत्र, ख़ुसरू की उम्मीदवारी का समर्थन करनेवाले अपने साले और खुसरू के मामा को उससे अलग करने की नियत से उसे बंगाल के प्रान्तपति के रूप में अपने मुख़्यालय जाने को मज़बूर कर दिया और ख़ुसरू को नज़रबन्द कर दिया। ख़ैर, मुग़ल अमीरों की आन्तरिक राजनीति में सभी तरीके की खींच-तान शुरू हो गयी थी। बल्कि, अकबर के अधीन जो नस्लीय संघर्ष और पारस्परिक प्रतिद्वन्द्विता दबी रही वह सर उठाने लगी। वैसे भी जब तख़्त का एक दावेदार और उसका सशक्त धड़ा मौज़ूद हो तो राजनीतिक अस्थिरता अवश्यम्भावी होती है। वही अब दिखने लगा था।

इसी क्रम में बंगाल में पहले से चल रही गड़बड़ी कुछ तेज भी हुई। बर्दवान क्षेत्र में अकबरकालीन वही तुर्कमान अमीर शेर अफ़ख़ाँ नियुक्त था। उसका विवाह अकबरकालीन एक बड़े ओहदेदार ईरानी (शीआ) मनसबदार ग्यास बेग (बाद में, जहाँगीर-कालीन, एत्माद-उद-दौला के पदनाम या विरुद से जो प्रसिद्ध हुआ था) की पुत्री, मेहर-उन-निस्सा से हुआ था और उन दोनों के एक पुत्री थी, जिसका नाम लाडली बेग़म था। उसने नये बादशाह जहाँगीर और

बंगाल के नव-नियुक्त गवर्नर, कछवाहा राजकुमार राजा मानसिंह के मन-मुटाव में भी प्रत्यक्षत: और अप्रत्यक्ष रूप से मानसिंह का ही साथ दिया। समृद्धि और अनेक कारणों से बंगाल एक महत्त्वपूर्ण सूबा था। अत: वहाँ मानसिंह की उपस्थिति अब जहाँगीर को खलने लगी थी? जबकि, उसी ने मामा-भान्जे की जोड़ी को तोड़ने के लिए मानसिंह को बंगाल जाने के लिए मजबूर किया था?

मानसिंह के विरुद्ध तो जहाँगीर विवश था? इतने शक्तिशाली और महत्त्वपूर्ण राजपूत रजा को तो वह असन्तुष्ट नहीं कर सकता था और न ही उसके ख़िलाफ़ कोई दण्डात्मक कार्यवाही? उसने बस मानसिंह को बंगाल से स्थान्तरित करके बंगाल के सूबे का प्रान्तपति अपने बालसखा, शेख़ सलीम चिश्ती के नवासे ख़ूबू या कुतबुद्दीन को नियुक्त कर दिया। और, अपने दूसरे पुराने विरोधी शेर अफ़ख़ाँ पर बंगाल कि अव्यवस्था का लाभ उठाकर अपने क्षेत्राधिकारों का अतिक्रमण करने और, सरकारी धन का भी गबन करके अपनी स्थिति सुदृढ़ करने के बेबुनियाद आरोप लगाये। अकबर के प्रशासन की विशेषता थी कि, प्रान्तीय स्तर पर अनेक नियन्त्रण और सन्तुलन के तत्त्व और अधिकारी मौज़ूद थे। अत: शेर अफ़ख़ाँ के विरुद्ध उसने अपने लोगों का जाल बिछा दिया। शेर अफ़ख़ाँ बर्दवान में नियुक्त था। बंगाल प्रान्त के दीवान, वाकिया-नवीस आदि अधिकारियों ने नये बादशाह के आदेशानुसार इसके खिलाफ 'राजद्रोह' के नकली सबूत एकत्र करके दरबार या केन्द्रीय सत्ता को ये सब लिखित रूप में सूचित करना अपना फ़र्ज़ समझा।

अत:, जहाँगीर ने तत्काल क़दम उठाते हुए, इलाहाबाद में नियुक्त अपने बालसखा शेख़ खुबू से बंगाल जाकर तत्काल प्रभाव से व्यवस्था बनाने के लिए कहा। दोनों बचपन के दोस्त और साथी थे। शेख़ खुबू ने तुरन्त कार्यवाही करते हुए सैन्य-टुकड़ी के साथ प्रस्थान किया।

ज़ाहिर ही है, शाही-शिविर के आगमन की आहट से शेर अफ़ख़ाँ घबड़ा गया और उसके पास कोई विकल्प न रहा। उसने आपसी संघर्ष में रत केन्द्रीय सत्ता की ओर तत्काल कार्यवाही के विषय में सम्भवत: स्वप्न में भी नहीं सोचा था। उसे यही समझ में आया यदि वह इस शाही सेना के समक्ष समर्पण कर देता है तो वह जहाँगीर के कहर से नहीं बच पायेगा? जिसने अकबर जैसे अपने पिता के विरुद्ध विद्रोह करने से गुरेज़ नहीं किया और अपने ज्येष्ठ पुत्र को सत्ता के लिए नज़रबन्द कर दिया, वह सत्ता के अवरोधक के साथ क्या करेगा? वाकई राजकुमार सलीम के रूप में जहाँगीर की निर्मम गतिविधियों से वाकिफ़ सभी अमीर उसके सनकीपन से डरते थे। इसीलिए तो वे सब अकबरी जलालवाले अमीर उसकी जगह उसी के पुत्र, ख़ुसरू को पदासीन करने के आग्रही थे। लेकिन बाज़ी पलट गयी थी और, सलीम जहाँगीर के रूप में मुग़ल बादशाह था।

सलीम के रूप में उसके द्वारा इलाहाबाद के सूबेदार रहते किये गये अत्याचार और निर्मम हत्याएँ, शाही छत्र के उपयोग, अपने सिक्के चलवाना क्या राज्य सत्ता का अधिग्रहण नहीं था? क्या अकबर को दक्खिन में व्यस्त देखकर, उसकी अनुपस्थिति का लाभ उठाकर उसने आगरा तक चढ़ाई करके सत्ता हथियाने का दुष्प्रयास नहीं किया था? ऐसे क्रोधी शासक के कहर से बचने का एक ही रास्ता था? 'मरता क्या न करता' वाले तर्क के आधार पर उसने इस शाही सेना का सामना करने का निर्णय विवशता में लिया? परिणामस्वरूप बंगाल और शाही सेनाओं का आमना-सामना हुआ। युद्ध की परिणति में दोनों सेनानायक मारे गये। एक अकबर का बालसखा खूबू और दूसरा उसका विरोधी शेर अफ़ख़ाँ।

एक तरफ़ तो शेर अफ़ख़ाँ की विधवा पत्नी और उनकी पुत्री लाडली बेग़म मुग़ल हरम या रनिवास में अकबर की पत्नी, रुकैय्या बेग़म के संरक्षण में लायी गयी। वहीं, दूसरी ओर, शेख़ खुबू का शव शाही ताबूत में सम्मान के साथ आगरा लाया गया। सलीम से जहाँगीर हुए मुग़ल शासक एवं सभी दरबारियों ने उसे अश्रु-पूरित विदाई दी।

उसे शेख़ सलीम के मकबरे में ही दफना दिया गया। शेख़ तो सम्भवत: इस तथ्य से वाकिफ़ ही हो चुके थे कि, यह बच्चा अपनी जान तो स्वयं बहुत पहले ही सलीम के जन्म के लिए न्योछावर कर चुका है। किन्तु, यह किसने सोचा था कि इस सलीम के शासक बनने और बादशाह जहाँगीर होने के बाद उसके लिए सबसे बड़ी और पहली राजनीतिक चुनौती के दौरान शेख़ के ख़ानदान का यह चिराग अपनी शहादत या बलिदान देगा? इतना ही नहीं, उसकी यह शहादत भी ख़ाली नहीं गयी। जाते-जाते वह ऐसी परिस्थिति पैदा करने में उत्तरदायी हुआ कि, जहाँगीर को भविष्य में एक सुयोग्य पत्नी और मुग़ल साम्राज्य को एक सक्रिय और मशहूर महारानी मिली। क्योंकि, शेर अफ़ख़ाँ कि यही विधवा मेहर-उन-निस्सा से जहाँगीर ने मोहित होकर न केवल विवाह किया था अपितु, अपनी पटरानी बनाकर, पहले नूरमहल फिर नूरजहाँ का ख़िताब बख़्शा था।

पलायन करते हुए हुमायूँ को बचाया 'हरम' की एक बलूची स्त्री ने

शेरशाह से पराजित होकर हुमायूँ भारत छोड़ने को विवश हुआ था। इसी बीच उसकी मुसीबतों का फायदा उठाने की नियत से उसके छोटे भाई मिर्ज़ा कामरान ने पश्चिमोत्तर क्षेत्र पर अपना स्वतन्त्र-सम्प्रभु दावा प्रस्तुत करके उसके लिए समस्या पैदा कर दी। अन्ततः वह भारत से ही निराश ईरान जाकर शरण लेने के लिए बाध्य हुआ था। इसलिए वह वर्तमान अफ़गानिस्तान और मध्य एशिया की सीमा से गुज़रकर ईरान की ही ओर कूच कर रहा था। उसने इसी दृष्टिकोण से '1542/43 में शाह तह्मास्प सफ़वी (1523-1587) को पत्र भी भेजा था। अतः वह भक्कर से निकलकर कान्धार की ओर गया क्योंकि यही राह उसे उसके गन्तव्य तक पहुँचाती। और, इस वजह से अपनी स्थिति सुदृढ़ करने की नियत से मिर्ज़ा कामरान ने पहले ही सिन्ध के शासक मिर्ज़ा शाह हुसैन अरघून से सन्धि या समझौता कर लिया था। उसे सम्भवतः भय था कि कहीं हुमायूँ वहीं न टिकने का मन बना ले? आख़िर वह तो हिन्दुस्तान का मुग़ल बादशाह रहा था और बाबर का उत्तराधिकारी? इतना ही नहीं, इसी क्रम में कामरान ने अपने सबसे छोटे सौतेले भाई मिर्ज़ा हिन्दाल से कान्धार छीनकर अपने सगे छोटे भाई अस्करी को प्रदान कर दिया था। इतना ही नहीं, उसने तो अपने चचेरे भाई, बदख़्शाँ के शासक, मिर्ज़ा सुलेमान को भी बाध्य किया कि वह हुमायूँ के स्थान पर उसकी अधीनता स्वीकार करे

क्योंकि, अब वह सशक्त है और हुमायूँ पराजित, विपन्न, साधनहीन और शक्तिहीन-श्रीहीन था?

इन सब घटनाओं और राजनीतिक परिदृश्य के परिवर्तन के बावजूद भी हुमायूँ अपने मरते हुए पिता को दिया हुआ वचन नहीं भूला था? उसने अपने पिता से वादा किया था कि उसके बाद वह अपने सभी छोटे भाइयों को प्रश्रय प्रदान करेगा और उनके साथ सहृदय व्यवहार करेगा? अत: मिर्ज़ा कामरान के इतना कुछ अपने प्रतिकूल करने के बावजूद हुमायूँ अब भी बड़े भाई की भूमिका का ही निर्वहन करता रहा। उसने भाइयों और मुग़ल-वंशियों के मध्य के इस पारस्परिक संघर्ष और आन्तरिक सैन्य-कार्यवाहियों के समाप्त करने की नियत से ही अपनी बड़ी बुआ खानज़ादा बेग़म को भाइयों के मध्य संघर्ष-विराम के मकसद से कामरान के पास भेजा भी। किन्तु कामरान सिर्फ़ बादशाह बनने का इच्छुक था। वह अपनी महत्त्वाकांक्षा से किसी भी समझौते के लिए कदापि तैयार नहीं था अत: हुमायूँ के लिए परिस्थितियाँ विषम होती गयीं।

उधर सिन्ध के शासक शाह अरघून ने भी अपने इस नये मित्र कामरान मिर्ज़ा को सूचित किया था कि हुमायूँ उसका सिन्ध के इलाके से गुज़रता हुआ उसके पश्चिमोत्तर के क्षेत्र में प्रविष्ट करने को उद्यत है। यह बात वैसे भी सर्वविदित हो चुकी थी कि हुमायूँ यहीं से होता हुआ ईरान के लिए गुजरेगा? अव्वल, तो हुमायूँ का यह कयास और प्रयास हो सकता था कि वह यहाँ के निवासियों से सहायता की उम्मीद करे? क्योंकि, मिर्ज़ा कामरान के हाथ में काबुल, कान्धार का समस्त क्षेत्र बादशाह हुमायूँ के सिंहासनारोहण के समय से ही था। उसके कुशासन और कठोरता के चलते हुमायूँ को उसके खिलाफ लोगों के असन्तोष की सूचनाएँ लगातार मिलती ही रही थीं। अत: उसे आमजन की सहानुभूति के साथ क्षेत्रीय अफ़गानों से सहायता की उम्मीद हो सकती थी? और अन्तिम विकल्प के रूप में तो वह ईरान जाता ही? मिर्ज़ा कामरान ने मिर्ज़ा अस्करी को हुमायूँ के विरुद्ध कूच करने का आदेश दिया ताकि हुमायूँ कहीं इरादा बदलकर यहाँ पर अपनी स्थिति सुदृढ़ न कर सके और दूसरे, कि उसे बन्दी बनाकर, उसके ईरान जाने का मार्ग अवरुद्ध कर सके।

मिर्ज़ा कामरान शुरू से ही हुमायूँ के स्थान पर बादशाह बनना चाहता था और अब तो हुमायूँ के इस प्रतिकूल स्थिति का लाभ उठाने को तत्पर भी था। अत: शाल और मास्तून के इस क्षेत्र में हुमायूँ का सामना उस मिर्ज़ा अस्करी से हुआ जिसे उसके बड़े भाई कामरान ने हुमायूँ के विरुद्ध तैनात किया था। और वह हुमायूँ की सारी सहृदयता भूलकर, अपने सगे भाई और अब नये सशक्त मुग़ल राजकुमार, कामरान के आदेश पर, उसे बन्दी बनाने के उद्देश्य से निकल पड़ा? हुमायूँ ने अपनी सहृदयता में, जाने-अनजाने सदैव सबका भला ही किया था अत: उसके विरोधी खेमे में भी उसके गुप्त समर्थक और सहानुभूति रखनेवाले मौज़ूद थे। ऐसा ही एक व्यक्ति मिर्ज़ा अस्करी का एक प्रतिष्ठित अमीर था, जिसका नाम छाई उज़्बेग था, वैसे वह 'चुपी बहादुर' के उपनाम से भी प्रसिद्ध था। वह गति से घुड़सवारी करता हुआ, लगभग हाँफते हुए हुमायूँ के पास पहुँचा था। उसके यूँ आने का मकसद यही था कि वह हुमायूँ को अस्करी के आगमन और उसके आक्रामक मनसूबों की पूर्व-सूचना देकर उसे आसन्न खतरे से परिचित करा दे। जब हुमायूँ न उसका परिचय पूछा तब उसने अपना नाम, पता आदि सब सच-सच और ठीक-ठीक बता दिया।

उसने निडर भाव से बेहिचक सबकी उपस्थिति में फुसफुसाकर हुमायूँ से कहा कि जितने भी लोग मौज़ूद हैं उन सबको दूर जाने को कह दे...उसे बादशाह से अकेले में बात करनी है। हुमायूँ से इशारा पाकर सभी लोग, अमीर आदि हट गये ताकि वह हुमायूँ को जो गुप्त सन्देश सम्प्रेषित करना चाहता है कर सके? सिर्फ़ जवाहर आफ्ताबची ही जब वहाँ शेष रह गया तब उस आगन्तुक ने उसे भी वहाँ से हट जाने के लिए बादशाह से कहा। बादशाह ने यह कह कर बात टाल दी, कि यह तो छोटा मासूम बालक है? इससे क्या भय और संकोच? अत: उसने बादशाह को बताया कि चूँकि, बादशाह की कृपा उसके ऊपर रही है अत: वह अपने नमक का मूल्य अदा करने आया है। उसने यह भी जोड़ा कि उसे कासिम हुसैन सुल्तान ने परामर्श के बाद भेजा है। वह भी तो अतीत में हुमायूँ का कृपा-पात्र रहा था? उसने हुमायूँ को साफ़ शब्दों और जोर देकर आगाह किया कि सुबह होने से और पौ फटने से ही बहुत पूर्व ही अर्थात् देर रात को मिर्ज़ा अस्करी यहाँ आने

वाला है। उसका मक़सद बादशाह को गहरी नींद में बन्दी बनाना था। अतः वह बादशाह को सचेत करने और उसकी जान बचाने की गरज़ से पहले ही घोड़ा लेकर भागा-भागा आ गया है? उसने हुमायूँ को यह भी बताया कि इस समय अस्करी इस स्थान से मात्र पांच कोस दूर है। अतः उस पर भरोसा करके बादशाह को तत्काल आवश्यक क़दम उठाकर अपनी सुरक्षा हेतु कार्यवाही करनी ही चाहिए। अन्यथा उसकी मेहनत और निष्ठा दोनों ही व्यर्थ जायेगी?

हुमायूँ ने तत्काल बैरम बेग को हाज़िर होने का आदेश दिया। बैरम ख़ाँ ने आते ही बादशाह को पलायन की सलाह दी, जिसे बादशाह ने मानने से पहले तो इन्कार किया और, साहस प्रदर्शन तथा युद्ध करना अपना बादशाही कर्त्तव्य और तैमूरी शौर्य परम्परा का हवाला दे डाला? हुमायूँ ने कहा कि उनके पास आग्नेयास्त्र हैं। कम-से-कम कुछ गोला-बारूद तो चलाने में हर्जा नहीं है, भले ही दिखावटी हो? किन्तु, कम सैनिकों की बात कहकर शेष लोगों ने भी हुमायूँ के तर्क को काटा। उन्होंने इस बात पर निरन्तर जोर दिया कि मिर्ज़ा अस्करी कम-से-कम 2000 सैनिकों की टुकड़ी के साथ तो चला ही है जैसा कि सूचनाओं से स्थापित और स्पष्ट है? अतः अब और कोई विकल्प तो शेष ही नहीं रहा गया था? प्रारब्ध, खगोल एवं ज्योतिष के जानकार बादशाह ने अन्ततः अनेकानेक कारणों के चलते शायद पलायन को ही श्रेयस्कर समझा था? अन्य कारण भी दीवार पर लिखावट की तरह साफ़ थे — उसे न तो उस क्षेत्र के अफ़गानों का कोई समर्थन मिला था और न जन-सहयोग? इतना ही नहीं उसने तो अस्करी पर भरोसा करते हुए उससे यह उम्मीद की थी कि ईरान जानेवाले अपने भाई से वह कम-से-कम एक आख़िरी बार तो उससे मुलाकात कर ले? किन्तु उसे अस्करी को भेजे गये इस सद्‌भावनापूर्ण पत्र का कोई उत्तर ही नहीं मिला? उसे उम्मीद थी कि अस्करी उसकी सहृदयता के चलते अपने सगे भाई के कहने में न आकर उसका साथ न भी दे तो कम-से-कम कुछ सहायता तो करके उसकी यह यात्रा सुगम कर देगा?

हुमायूँ का सबसे बड़ा क़सूर और ग़लती भी यही थी कि वह सबको अपनी तरह साफ़-दिल, पारदर्शी और सच्चरित्र समझता था? अब यहाँ

अस्करी द्वारा हुमायूँ के पत्र का उत्तर न देने का कारण भी स्पष्ट हो गया? उसे इस क्षेत्र में टिकने देने का अर्थ उसके भाई लोग समझ रहे थे—अपने लिए प्रतिद्वन्द्वी को एक आधार प्रदान करना? कामरान तो शुरू से छल-बल से सिंहासन का आकांक्षी था ही? अब वह इन परिस्थितियों से लाभ उठाने से कैसे महरूम रह जाता? इन तमाम बातों को सोचते हुए शुरू में संघर्ष की बात करके हुमायूँ अन्ततः पलायन करने में ही अपनी भलाई जानकार ऐसा करने के लिए राज़ी हो गया? ऐसे में इतनी रात गये सम्भावित आक्रमण से बचने की नियत से पलायन में ही भलाई समझी गयी। किन्तु, सोचने-विचारने, सलाह-मशविरे में कुछ समय और व्यतीत हो गया और मुग़ल सेना के अग्रिम स्थान पर उपस्थित दूतों ने सन्देश दिया कि अस्करी लगभग हुमायूँ के शिविर के स्थान तक आ पहुँचा है? अतः बस जल्दी-जल्दी शिविर समेटकर भागने में ही भलाई समझकर बादशाह हुमायूँ का शिविर कान्धार के इस क्षेत्र से भी शीघ्र उठ गया। लेकिन इतनी हड़बड़ी में और भगदड़ में शिविर समेटने से लेकर पलायन हुआ कि किसी को भी होश नहीं रहा कि डेढ़वर्षीय शिशु अकबर वहीं परिचर की गोद में पीछे छूट गया।

मुग़ल बादशाह की स्थिति क्या थी और कैसे प्रतिकूल परिस्थितियाँ देखकर अपने लोग रंग बदलने लग गये वह एक घटना से स्पष्ट हो जाता है। हुमायूँ ने अपनी बेग़म हमीदा बानो के लिए एक पृथक घोड़ा करने की गरज से अपने सबसे विश्वासपात्र अमीरों में से एक तार्दी बेग से उसका घोड़ा माँगा मगर उसने अपना निजी घोड़ा बादशाह को सौंपने में अपनी असमर्थता जता दी? विवश होकर हुमायूँ को हमीदा बानो को भी अपने घोड़े में स्थान देना पड़ा। यह तार्दी बेग वही था, जिसने गुजरात-विजय के उपरान्त बहादुर शाह के नेतृत्व में मुगलों के ख़िलाफ़ उपजे जन-विद्रोह में अस्करी के लिए चम्पानेर के किले का द्वार खोलने से इन्कार किया था? उस समय अस्करी हुमायूँ के बरक्स अपने-आपको बादशाह घोषित कर चुका था? इस तरह मात्र 40 पुरुष और दो स्त्रियों के साथ हुमायूँ ने कुल 42 लोगों के दल के साथ हड़बड़ी में पलायन किया।

हुमायूँ की सैन्य और राजनीतिक स्थिति ही नाजुक नहीं हुई अपितु ऐसी प्रतिकूल परिस्थितियों में उसका पूरा 'हरम' ही पीछे छूट गया था। अब नाम-

मात्र के 'हरम' में हमीदा बानो या मरियम मकानी के अलावा दूसरी स्त्री अयशाक आका थी, जो एक प्रसिद्ध बलूच सरदार की पुत्री एवं प्रतिष्ठित मुग़ल सरदार हुसैन अली की पत्नी थी। सरदार हुसैन अली हुमायूँ के सर्वाधिक विश्वासपात्र और नज़दीकी लोगों में से था, जिसने आख़िर तक अपने बादशाह की पक्षधरता नहीं छोड़ी थी। जब पराजित बादशाह हुमायूँ के सारे भाई भी उसके विरोधी हो गये तब भी वह साथ रहा और इसीलिए हुमायूँ ने उसे अपने सिकुड़े हुए राजपरिवार और राज-शिविर (क्योंकि, राजमहल तो अब शेष रह नहीं गया था?) प्रबन्धक के पद पर बनाये रखा। वह हुमायूँ के समस्त राजमहल और राजपरिवार के 'प्रबन्धक' या 'चेम्बर्लेन' के पद पर आसीन था जब हुमायूँ को पलायन करने के लिए विवश होना पड़ा था? अत: उसे उसके पदनाम से ही पुकारा जाता था? शायद यह वही बात है जिसे ग़ालिब ने बाद में 'दिल बहलाने' की बात कही थी? या रस्सी जल गयी थी किन्तु तैमूरी आन-बान-शान और स्वाभिमान में कोई कोर-क़सर नहीं थी?

यह बात बाक़ी लोगों की सूची के तथ्य से भी साबित होती है कि जो भी लोग थे उनके नाम के साथ उनके पदनाम भी दिये गये हैं। हाँ तीनों स्रोतों—यथा, 'कानून-ए-हुमायूँनी', 'तज़किरा-ए-हुमायूँ वा अकबर' तथा 'हुमायूँनामा' में संख्या में दस का अन्तर है। जहाँ 'कानून-ए-हुमायूँनी' के लेखक ख्वान्दामीर के अनुसार इस समय हुमायूँ के साथ 42 व्यक्ति थे, वहीं 'हुमायूँनामा' की लेखिका गुलबदन हमें बताती है कि उसके साथ 30 पुरुष और 2 महिलाएँ थीं जबकि, निज़ामुद्दीन अहमद ('तबकात-ए-अकबरी' का लेखक) हमें 'तज़किरा' के आधार पर बताता है कि हुमायूँ के साथ इस भगदड़ में मात्र 22 लोग ही जा पाये थे, बाक़ी सब सोते हुए ही छूट गये थे। इतनी हड़बड़ी, रात्रि के अँधेरे और कोलाहल में सिर्फ़ 20 पुरुष और 2 महिलाएँ ही जा सकीं थीं। ख़ैर यह तो स्पष्ट है कि इतनी छोटी से टुकड़ी के साथ हुमायूँ दर-दर को भटकने के लिए बाध्य हुआ था। सम्भवत: शाही परिवार के साथ उमरा अमीर-वर्ग के सदस्यों की संख्या 22 रही होगी शेष 20 परिचर-अनुचर, सैनिक आदि रहे हों?

जो भी उसके शिविर में अब शेष बचे थे या उसके साथ भागने में कामयाब हुए थे, उन लोगों में कुछ प्रमुख थे, मरियम मकानी का भाई,

ख़्वाजा मुअज़्ज़म, बैरम ख़ाँ, ख़्वाजा नियाज़ी, नदीम कूका, रोशन कूका, हाजी मोहम्मद ख़ाँ, बाबा-दोस्त, जो सेना की बख़्शी के पद पर नियुक्त रहा था। मीर कुली बेग चूली, हैदर मोहम्मद, जो अमीर-ए-आखुर या अस्तबल-अधीक्षक था। इसके अलावा शेख़ हसन चूली और शेख़ यूसुफ़ चूली भी हुमायूँ के साथ ही भागने में सफल हुए थे। इनके साथ ही राजभवन और राजपरिवार के दोनों प्रबन्धक एक हसन अली जिसकी बलूची पत्नी भी साथ थी तथा दूसरा प्रबन्धक था इब्राहिम; ख़्वाजा कसक, सैन्य-सामग्री का अधीक्षक, याकूब, मक्सूस बंगाली, सम्बल तथा, मुल्क-मुख़्तार या शाही-एजेण्ट के पद पर तैनात रहा ख़्वाजा अम्बर आदि। वे भागने में भी आशंकित थे, कि कहीं पीछा करते हुए अस्करी आ न जाये? अत: रुकने और गति धीमी करने का प्रश्न ही नहीं हुआ...वे तो बस भयाक्रान्त जान बचाकर भाग रहे थे।

वाकई इधर इस शिविर ने पलायन किया था उधर कुछ ही क्षणों के उपरान्त भारी लाव-लश्कर के साथ मिर्ज़ा अस्करी हुमायूँ को नींद में से चकित करते हुए बन्दी बनाने के उद्देश्य से आ पहुँचा। हुमायूँ को शिविर में न पाकर उसे हाथ मलना पड़ा किन्तु शहज़ादा अकबर को देखकर उसको कुछ सन्तोष अवश्य ही हुआ होगा? और वह उसे लेकर अपने बड़े भाई कामरान मिर्ज़ा को सौंपने का निश्चय करके कान्धार की दिशा में चल पड़ा कि कहीं हुमायूँ उसकी गिरफ्त में आ ही जाये? अस्करी की फौज़ की अग्रिम टुकड़ी के साथ पहुँचे अस्करी के सद्र, ख़्वाजा सिकन्दर ने तंज़ किया कि, हिन्दुस्तान के बादशाह को भयभीत होकर अपने पुत्र को यों छोड़कर जंगलों की शरण में जाना शोभा नहीं देता? उसका स्वामी अस्करी तो हुमायूँ के प्रति श्रद्धा और आदर प्रकट करने आ रहा था? जौहर प्रश्नवाचक ढंग से लिखता है कि, आदर प्रकट करने का न तो वह समय था न ही चगताई या मुग़ल विधि या परम्परा? जौहर अस्करी की इस सेना के साथ ही शिशु-अकबर का कान्धार के मार्ग-भर संरक्षक रहा। अत: हमें उससे यह जानकारी मिली है। किन्तु यह सच है कि मिर्ज़ा अस्करी ने बादशाह और बड़े भाई हुमायूँ द्वारा अपने ऊपर की गयी निरन्तर कृपा और एहसान का बदला-सा चुकाया ही? मिर्ज़ा कामरान के स्पष्ट आदेश एवं निर्देशों के बावजूद उसने पलायन

करते अपने बड़े भाई हुमायूँ का न तो पीछा किया और न ही उसकी दिक़्क़तें बढ़ाने का कोई प्रयास किया — अन्यथा हुमायूँ के लिए अन्ततः ईरान तक जा पाना हरगिज़ सम्भव न हुआ होता? इतना ही नहीं, यह बात उसके आचरण से भी साबित होती है, जब उसने शिविर में शिशु अकबर को पाकर, अपने भतीजे को प्यार और स्नेह से आलिंगनबद्ध किया था। उसने जौहर आफ़ताब्ची को ही शिशु अकबर का संरक्षक बना रहने दिया और, फिर दिसम्बर 16, 1543 ई. को कान्धार पहुँचकर शिशु-अकबर को 'हरम' में अपनी प्रिय पत्नी सुल्तानम को सौंप दिया। अकबर के संरक्षण के उत्तर-दायित्व से खाली होकर जौहर आफ़ताब्ची वापस अपने बादशाह की खोज में निकल दिया और अन्ततः उससे जा मिला।

ठण्ड में सिकुड़ते, ठंडी हवा और बर्फ़ से दुर्गम हुए मार्ग में किसी तरह बा-मुश्किल घोड़ों को चलने के लिए बाध्य करते हुए, हुमायूं का छोटा-सा दल बस जान की परवाह किये हुए, बिना भूख-प्यास के ख़्याल के बस बढ़ता ही रहा। और तो और, दोनों महिलाओं और उनकी तकलीफ़ का भी ख़्याल किसी को न रहा? इसका भी ख़्याल सिर्फ़ और सिर्फ़ हुमायूँ को था? उसका कोमल सहृदय स्वभाव उसके इस सद्व्यवहार के लिए उत्तरदायी था। और फिर इन दोनों महिलाओं से उसकी अपनी उम्र का अन्तर भी तो एक पीढ़ीवाला था? फिर वह मुग़ल बादशाह था? वे राज्य को दैवी संस्था और स्वयं को 'ज़िल्लु-अल्लाह' या पृथ्वी पर ईश्वर का प्रतिनिधि और उसकी छायामात्र मानते थे? वे अपनी प्रजा का ख़्याल रखना और उसके संरक्षण होने का कर्त्तव्य अपना पुनीत और प्रथम दायित्व मानते थे? अतः इसीलिए शायद वह इन दोनों का अधिक ख़्याल रख रहा था। वह हर थोड़ी देर बाद दोनों का हाल-चाल लेता रहा, उन्हें स्नेह से ढाढ़स बँधाता रहा? रास्ते भर उनका ख़्याल रखता उनके सुख-दुःख समझता किन्तु वह भी तो स्वयं बेबस ही था?

मगर, मरियम मकानी का दुःख अनन्त था, एक बार पहले भी अपने पुत्र से बिछुड़ी थी, और फिर वह छह माह का हुआ तब दुबारा उसे छाती से लगाया था। और, तब मातृत्व के स्नेह और दुलार ने बालक के कण्ठ और उसके अपने वक्षःस्थल एवं वस्त्र सुवासित कर दिये थे। वह उसे गोद में लिये

चूमती-दुलारती, प्यार करती, निहाल हो-हो जाती और इतने प्यार-दुलार-स्नेह से स्वतः कब शिशु अकबर दूध पी लेता उसका न तो होश हमीदा को रहता और न ही अकबर ऊबता ही था। यह तो वाकई एक बिछड़े माँ-शिशु का अनन्त स्नेह-प्रवाह ही था। और, अब एक वर्ष बाद पुनः वही स्थिति जब बस उसके कपोल और वस्त्र गीले हुए जा रहे थे...क्योंकि अब तो शिशु का विरह-वेदना से उसका हृदय, मन सब पिघल रहा था। वह बेचारा शिशु पहले भी माँ के दूध से वंचित हुआ था और, हाय री क़िस्मत। अब फिर से उसका कलेजे का टुकड़ा उससे अलग हो गया था? उसे मालूम था कि, वो तो चौबीस घण्टे में कई-कई बार दूध पीता था और ख़ुद तृप्त होने के साथ अपनी माँ के मातृत्व को भी तृप्त करता था। साल-भर अपनी माँ के साथ रहकर वह स्वस्थ और गोल-मटोल-सा निकल आया था। उस नन्हें-से बालक के दुग्ध-पान के कई वक़्त गुज़र रहे थे। हमीदा दुखी, बेचैन और क्षुब्ध... न जाने कौन उस नन्हें-से शिशु का ख़्याल रख रहा होगा? जब माँ ही भाग गयी हो जान बचाकर तब उसका क्या हुआ होगा? न जाने वह नन्हाँ बच्चा कैसा होगा? क्या वे सब बच भी पाए होंगे? क्या वह सुरक्षित होगा? क्या महम या जीजी अंगा ने उसे दूध तो पिला दिया होगा? वैसे मिर्ज़ा अस्करी से इतनी उम्मीद तो थी ही, कि वह नरमदिल है? और फिर कामरान इतना सियासी था कि वह आगे के लिए इन शाही बन्दियों को ज़मानत के ही तौर पर, मगर ज़िन्दा और ख़्याल से रखेगा ही?

इस माँ को ख़्याल रह-रहकर शिशु अकबर का आता और अंगिया भींग-भींग जाती थी। भीगे अन्तःवस्त्रों के चलते उस बेहद ठण्डे मौसम का कष्ट और बढ़ा देती। इस बात का इल्म सिर्फ़ उस बलूची साथिन अयशाक आका को था। वह भी माँ बनकर हाल ही अपना शिशु खो बैठी थी। पल झपकते ही इन दोनों स्त्रियों में एक अति प्रगाढ़-सा भावनात्मक सम्बन्ध स्थापित हो गया था। वैसे भी इस पूरे अमरकोट और सिन्ध प्रकरण के दौरान भी वह सदा हमीदा के साथ छाया-सी लगी ही रहती थी। तभी तो उस समय की भगदड़ में भी वह साथ ही थी? और पति के साथ इस मुग़ल शिविर का हिस्सा बनी थी? वही बस मरियम को किसी तरह से सन्तुलित रखने की हर सम्भव कोशिश करती रही? वही हमीदा को निरन्तर सम्हालती रही, समझाती

रही, ढाढ़स बँधाती रही। वही उसका सम्बल, सहन-शक्ति, सहानुभूति रखनेवाली हमसफ़र थी। और इन दो दिनों में वे इतने करीब आ गयीं कि करवट और आह भी अगर हमीदा के लब से न निकले तब भी उसे हमीदा के हर कष्ट का एहसास होने लगता था। शायद इसी कारण से वह मरियम मकानी के बहुत निकट हो गयी और फिर गुलबदन को भी अपनी कृति 'हुमायूँनामा' में उसकी प्रशंसा करनी ही पड़ी। क्योंकि, उसकी भी सबसे अच्छी और प्यारी सखी हुमायूँ की यह पत्नी ही थी, जो उसकी हमउम्र और एक से पारदर्शी स्वभाव तथा साफ़ विचारोंवाली थी। इसीलिए उसने भी आयिशा आका की प्रशंसा लिखी है जो ज़ाहिर ही, उसने मरियम से सुनी थी।

वैसे भी एल लम्बे अन्तराल तक अयशाक आका हुमायूँ के शिविर में रह रही थी, उसके 'हरम' का अविभाज्य अंग बनकर। अपने पति के साथ वह भी अमरकोट से लेकर सिन्ध और पश्चिमोत्तर के क्षेत्र में दर-दर भटकती रही थी हिन्दुस्तान के इस दुर्भाग्यशाली, पराजित, निष्कासित बादशाह के साथ। जब सब अपने मुँह फेर रहे हों और बादशाह के लिए नयी समस्याएँ पैदा कर रहे हों और तार्दी बेग जैसे विश्वसनीय लोग एवं शूरवीर सेनापति साथ छोड़ रहे हों, तब जो मुट्ठी-भर लोग थे, वे ही उसके अपने और परिवारीजन थे? हुमायूँ का भी स्नेह, विश्वास, अपनत्व उनसे बढ़ता ही गया। और, फिर अँधेरे में जब अस्करी के सम्भावित आक्रमण से सब लोग हडबडाकर भागे थे तब भी इस महिला ने अपने संघर्षपूर्ण भावी जीवन के उत्तरदायित्व से वाक़िफ़ होते हुए भी अपना साहस, व्यूत्पन्नमति, धैर्य और निडरता नहीं त्यागी थी। वह सहज ही बादशाह और हमीदा की सर्वाधिक स्नेहपात्र हो गयी। ख़ैर, बादशाह उसके पति और उससे बिलकुल पुत्र एवं पुत्र-वधू की भाँति व्यवहार करने लगा था और इन दो दिनों ने तो सारे पर्दे और कायदे ताक पर रखवा दिये थे अब हुमायूँ अयशाक को पुत्री की भाँति न केवल स्नेह दे रहा था अपितु उतने ही अधिकार और आत्मीयता भी। अयशाक आका और उसका पति बादशाह के स्नेहिल और आत्मीय व्यवहार से अभिभूत थे। दोनों ने इस पूरे लम्बे दौर में बादशाह और हमीदा बानो को बहुत करीब से देखा था। वे हुमायूँ के वास्तविक निष्कपट स्वभाव से आकर्षित और प्रभावित ही नहीं थे, वे तो इस 'इन्सान-ए-कामिल' बादशाह

के प्रति अब भक्ति–भाव से समर्पित ही हो चुके थे। पलायन को बाध्य हुमायूँ के शिविर के इन सब बचे–खुचे लोगों में एक अजब–गजब–सा अपनत्व स्थापित हो चुका था।

दो रात और तीन दिन, बर्फ में चलते हुए किसी तरह से कष्ट झेलते वे किसी गाँव के नज़दीक पहुँचे। हुमायूँ ने कुत्तों की आवाज़ से ऐसा अन्दाज़ किया था? मगर उसमें अधीरता और जीजीविषा का भाव ही अधिक था? अस्तित्व के संरक्षण के लिए ही साथ चल रहे एक घोड़े को मारकर एक रोज़ पहले पकाना पड़ा था? उसको पकाना आप एक सरदर्द साबित हुआ? न कोई बर्तन न आग जलाना या उसे फिर जलाये रखना सरल था? एक तो हद्द की ठण्डक ऊपर से बर्फीली हवा के झोंके तो क्या बर्फ़बारी...अन्ततः किसी तरह पेट की आग ने आग का इन्तज़ाम करवा ही दिया? अब समस्या थी कि घोड़ा तो खाने के लिए पेट की अग्नि शान्त करने के लिए मार ही गया है मगर इसे किस बर्तन में पकाया जाये? सीधे भूनकर खाना ही एकमात्र विकल्प था? और हुमायूँ को खुद भी अपना हिस्सा भूनना पड़ा था? यह एक ऐसा अनुभव जिसको वह ता–ज़िन्दगी नहीं भूला और उसका उल्लेख उसने अनेक बार किया भी। ऐसी प्रतिकूल परिस्थितियों से गुज़रा यह सफ़र सम्भवतः हुमायूँ को उसकी भावी भूमिका के लिए तैयार कर गया? उसने जिस तरह से ईरान के शासक के साथ समझौता किया और स्वाभिमान, आस्था (धार्मिक और सांस्कृतिक) तथा अपने मौलिक स्वभाव का भी परित्याग किया उसे इसी पृष्ठभूमि में समझा जा सकता है?

इधर दो–तीन दिन–रात चलने के बाद हुमायूँ को जब और जहाँ कुत्तों के भौंकने के आवाज़ें सुनायी पड़ीं। उसने वहीं शिविर लगाने के लिए आदेश दिया। उसे लगा कि निकट ही कोई गाँव होगा? किन्तु, यहाँ तो सर मुँड़ाते ही ओले पड़े? कुछ बलूची लोग मार्ग अवरुद्ध किये हुए खड़े थे? वे ज़ोर–जोर से बादशाह के इस छोटे–से कारवाँ को सचेत कर रहे थे? उनकी धमकी–भरी आवाज़ सुनकर इस दल में सम्मिलित दूसरी स्त्री आयिशाक आका ने बलूची भाषा में उनसे संवाद स्थापित किया। बलूची उसका परिचय पाकर एकदम से शान्त ही नहीं किंकर्त्तव्यविमूढ़ रह गये? आका ने पहले बादशाह से बाते की कैसे ये बलूच स्थानीय सरदार मलिक खत्ती के क़बीले

के लोग थे। उसने ही बादशाह की तरफ से उनको आश्वस्त किया और यह तय हुआ की हुमायूँ अपने दल-बल सहित उनके संरक्षण में तब तक रहें जब तक उनका सरदार नहीं आ जाता है। उन्होंने उससे अपने दल-बल सहित अपने दुर्ग या ग्राम में विश्राम करने की पेशकश की और चूँकि, हुमायूँ ने अपने अनुचरों को पहले ही वहीं शिविर लगाने का आदेश दे दिया था अत: उन बलूचियों ने वहीं उसके लिए दरी बिछा दी, जिस पर हुमायूँ और मरियम मकानी बैठीं। अम्बेर नामक खोजा उनकी सेवा में तैनात था।

ख़ैर, इसके बाद दिन निकला और हुमायूँ ने वहीं फ़ज़र की नमाज़ नियमानुसार पढ़ी। बलूची यह देखकर भी ख़ुश हुए, कि उनकी निगरानी में हिन्दुस्तान का यह दुर्भाग्यशाली बादशाह कितना नेक-दिल होने के साथ खुदा का पक्का बन्दा है? ऐसे इंसान की इज़्ज़त उनके मन में और बढ़ चुकी थी। वे पहले ही हुमायूँ के शान्त, मृदु, शालीन व्यवहार, उसकी तमीज और सलीके से बात करने से प्रभावित थे ही? और, ये बातें उन्होंने अपने सरदार को वहाँ पर आते ही बतायीं। ख़ैर जैसे ही हुमायूँ की नमाज़ ख़त्म हुई तभी सरदार खत्ती भी आ पहुँचा। लेकिन समस्या का समाधान तो पहले ही हो चुका था? अब मुग़लों से संवाद स्थापित करने के लिए एक बलूची स्त्री मुग़ल शुविर में थी ही? एक बार पुन: अयशाक आका मुग़लों की मुश्किल की घडी में जान बचाने वाली और सबसे बड़ी सम्बल बनकर उभरी। जब उसने सरदार खत्ती को विस्तार से सारी बातें बताईं तब वह आका की बातों से आश्वस्त हो गया। उसे यह बात बहुत पसन्द आयी कि हुमायूँ अपने लोगों का कितना ख़्याल रखता था और एक बलूच-कन्या को अपने यहाँ एक पुत्री का-सा दर्ज़ा दिये हुए है। निर्वासित और संकटग्रस्त बादशाह के शिविर में उसकी पत्नी के अलावा कोई अन्य स्त्री है तो वह एक बलूची है, जिसे वहाँ सम्मानपूर्ण स्थान प्राप्त है। जो कुछ उसने बादशाह हुमायूँ के विषय में इस अयशाक आका से सुना वह भी बिना प्रभावित हुए नहीं रह सका और जब अयशाक ने उसे 'इन्सान-ए-कामिल' के रूप में चित्रित किया तभी इस बलूच सरदार ने मन बना लिया कि उसे क्या करना है?

तब उसने अयशाक के माध्यम से बादशाह को सूचित किया कि कैसे तीन रोज़ पूर्व ही उसे मिर्ज़ा कामरान का इस आशय का आदेश प्राप्त हुआ

था कि यदि पलायन करता हुआ हुमायूँ उसके क्षेत्र में पहुँचे तो वह उसे बन्दी बनाकर कामरान के समक्ष प्रस्तुत करे। किन्तु चूँकि, उसकी सिफ़ारिश और इतनी अतिशय किन्तु सत्य प्रशंसा उसी के बिरादरी के एक अन्य सरदार की पुत्री और हुमायूँ के एक सेनानायक की पत्नी अयशाक आका ने इतने ज़ोरदार ढंग से की थी। अत: उसके लिए भारत के इस विस्थापित बादशाह और अपने नस्ल की इस बिटिया से सगा मिर्ज़ा कामरान हरगिज़ नहीं हो सकता था? उसे तो अयशाक आका की बातों के बाद कामरान की तुलना में हुमायूँ का कद बहुत ऊँचा दिखा। उसे अफ़सोस-सा हुआ कि क्यों न वह हिन्दुस्तान के इस बादशाह के सम्पर्क में पहले ही आया? ख़ैर, उसने मान लिया कि 'देर आयद दुरुस्त आयद?।'

उसने स्पष्ट किया कि उसके पक्ष में न केवल आका बोल रही थी, अपितु उसके अपने कबीलेवाले भी प्रशंसा करते नहीं थक रहे थे, जिन्होंने इस दीर्घ अवधि के इन्तज़ार बादशाह और उसके मृदु स्वभाव तथा पारदर्शी चरित्र को समझ लिया था। अत: उसने अपना मन्तव्य बताया कि ऐसी जानकारियों के बाद तो उसका इन्सानी फ़र्ज़ ही बनता है कि, वह उसे (हुमायूँ को) सुरक्षित अपने इलाक़े से जाने दे। क्योंकि, हुमायूँ ने न तो कोई शत्रुता दिखायी थी तथा उसके सौहार्दपूर्ण व्यवहार ने सब का दिल जीत लिया था। वह वस्तुत: एक अच्छे इन्सान से सम्बद्ध होना चाहेगा, चाहें उसको इसके लिए कोई भी क़ीमत क्यों न चुकानी पड़े? और एक सह-नस्ली बलूची स्त्री के कथन के आधार पर वह इस बादशाह को अपने इलाके में 15 कोस तक साथ चलकर सीमा पर छोड़ भी आयेगा और बलूची सरदार ने ऐसा किया भी। ख़ैर, यह तो निश्चित ही था कि इसमें सबसे बड़ी भूमिका इस बलूची स्त्री अयशाक आका की ही थी। और उसकी बातों से बलूची सरदार खत्ती को हुमायूँ के चरित्र के गुण समझ में आ गये? कहाँ सख्त और तुनक-मिजाज़ मिर्ज़ा कामरान जो बाबर की मृत्यूपरान्त इस क्षेत्र का स्वामी था—भले ही हिन्दुस्तान का बादशाह हुमायूँ था। और इस सहृदय व्यक्ति के स्थान पर वह मिर्ज़ा कामरान जैसे स्वामी के प्रत्यक्ष अधीन था, जिसे वह सन 1530 तक झेल ही रहा था? दोनों के स्वभाव के अन्तर से ही उसे सहज हुमायूँ का

मूल्यांकन करने में दिक़्क़त न हुई और उसने तत्काल अयशाक आका की बातों पर पूरा यकीन करके एक नेक-दिल इन्सान और ख़ुश-मिजाज़ बादशाह से सम्बन्ध जोड़ने का अवसर नहीं गंवाया।

इसी के बाद हुमायूँ गर्मशीर पहुँचा जो कान्धार और खुरासान (सफ़वी) राज्य की सीमा पर स्थित था। हालाँकि, यहाँ का स्थानीय सरदार, अब्दुल हई भी कामरान के अधीनस्थ था अत: उसने हुमायूँ को बस नज़रअन्दाज़ भर किया। उसने तो तटस्थ भाव अख़्तियार किया किन्तु उसके भी एक अधीनस्थ अधिकारी ने हुमायूँ के साथ सादर और सहृदय व्यवहार किया। इसकी क़ीमत हुमायूँ के जाने के बाद उसे अपनी आँखें गवाँकर करनी पड़ी। उसे स्थानीय सरदार हई के आदेश पर एक शत्रु को मदद करने के दण्ड-स्वरूप दृष्टि-बाधित कर दिया गया। यहीं एक ऐसी घटना घटी जिसे हुमायूँ ने अच्छा सगुन माना। मिर्ज़ा अस्करी का एक अनुयायी ख्वाजा जलाल हुमायूँ के साथ हो लिया। ख़्वाजा जलाल अपने साथ कुछ तम्बू, कनातें, घोड़ों, खच्चरों तथा शिविर व सेना की अन्य आवश्यक सामग्रियाँ लाया था अत: उसे ही हुमायूँ ने अपने सीमित शिविर और दस्ते का 'मीर-ए-सामाँ' नियुक्त कर दिया। अर्थात् वही दैनन्दिनी की आवश्यकताओं की पूर्ति के लिए उत्तरदायी हो गया। कई दिनों की कष्टप्रद यात्रा के बाद वे सीस्तान पहुँचने में कामयाब हो गये।

अत: भक्कर से मश्शद होते हुए वह ज़नकान पहुँचा, जो सुल्तानियाह एवं तबरेज़ के बीच में स्थित है। शाह ने मुलाकात के बाद मुग़ल बादशाह के पद और वैभव के अनुकूल न केवल अपने पुत्र मुराद को उसकी सेवा हेतु भेजा अपितु 10, 000 किज़िलबाश घुड़सवारों की बड़ी सशक्त सैन्य-टुकड़ी भी उसके अधीन हुमायूँ के सहायतार्थ भेजी। और, इसी कारण हुमायूँ के लिए कान्धार अपने भाई, मिर्ज़ा अस्करी और फिर उसके बाद काबुल अपने प्रतिद्वन्द्वी और स्वार्थी भाई क़ामरान से वापस जीतने में 1545 ई. को सफलता मिली थी। किन्तु, यह सब-कुछ काम न आता यदि बलूच स्त्री अयशाक आका ने उन्हें बलूचियों से तब बचाया न होता? जो अस्करी नहीं कर पाया था बलूची सरदार ने तो हासिल ही कर लिया था? हुमायूँ और

उसका छोटा और पूरी तरह से थका और अचानक पलायन से हतोत्साहित दल उनके कब्जे में ही था और सिर्फ़ इस महिला की वजह से बच सका। अकबर छोटा था बाद में पिता से मिल भी गया किन्तु यदि यह बलूच स्त्री उस अल-सुबह अस्करी के आगमन की पूर्व-सूचना से मची भगदड़ में मरियम के साथ न आती तो? ज़ाहिर है, तब हमें आगे मुग़ल शासन के अभाव में ही भारतीय इतिहास की कल्पना करनी पड़ती?

हुमायूँ-कालीन मुग़ल सियासत और खानज़ादा बेगम

बाबर की एक बड़ी बहन थी, जिसका नाम खानज़ादा बेगम था। वह बाबर से उम्र में पाँच वर्ष बड़ी थी। अपनी कम उम्र में जब परिस्थितिवश बाबर ने सत्ता संभाली, तब परदे के पीछे से उसकी नानी, एहसान दौलत खानम ही सत्ता की सूत्रधार थी। बाबर के पिता उमर शेख मिर्ज़ा ने अपने भाई तथा एक साले से युद्ध छेड़ रखा था और परिणामस्वरूप वे घेराबंदी किये हुए थे, जब एक दुर्घटना में बाबर के पिता मौत के मुँह में समा गये। संयोग से बाबर की नानी अपनी बेटी के पास ही थीं। उन्हीं ने न केवल अपने पुत्र को अपितु बाबर के बड़े भाई को भी तुरंत घेरेबंदी उठाने के लिए आज्ञा दी। बाबर का यह बड़ा भाई भी उसका दामाद था अतः। बाबर की कम उम्र का ख्याल करते हुए वह फ़र्घना में ही रूककर बाबर की मदद करने लगी ताकि सत्ता सम्हालने में उसे सहूलियत रहे। चूँकि, एक ओर पुरुषों की बाहरी दुनिया और दरबार की गतिविधियाँ तो दूसरी तरफ हरम या रनिवास, जहाँ अन्तःकक्ष और महिलाओं का निवास—दोनों में एक दूरी तो रहती ही थी। किन्तु यदि राज्य-संचालन एवं प्रशासन में बाबर की नानी को उसे सहायता प्रदान करनी थी तो को संवाद की निरंतरता कायम होनी ज़रूरी था?

ऐसी स्तिथि में बाबर से उम्र में बड़ी होने के नाते इसी बहन ने दरबार और हरम—बाबर तथा उसकी परामर्शदात्री नानी के मध्य सन्देश-वाहिका की महत्त्वपूर्ण भूमिका का निर्वहन किया। बाबर अपनी नानी के साथ-साथ अपनी बड़ी बहन के निर्देशों, सलाहों-मशविरों को भी महत्त्व

देने लगा था, क्योंकि, इस बात-चीत और संवाद के दौरान, ये दोनों भाई-बहन भी राजनीतिक एवं कूटनयिक रूप से शिक्षित एवं दीक्षित होने लगे थे। साथ ही, वे एक दूसरे के और निकट आ गए। जैसे बड़ी बहनों का स्वाभाव ही होता है बाबर की भी यही बड़ी बहन एक प्रकार से उसकी संरक्षिका की भूमिका भी अदा करना लगी। जब कभी उसकी किसी हरकत से उसकी माँ और नानी रुष्ट होतीं, तब वही किसी तरह बात छुपाती, बनाती और सम्हालती थी। जैसा की हम उसकी आत्म-कथा से जानते ही हैं बाबर के जीवन में विचलन की गुन्जाइश भी काफ़ी थी और, वह इतनी कम उम्र में सत्ता हासिल करके, वह आत्म स्वीकारोक्ति के अनुसार बहुत बहका भी। यह बहकना और विचलन हर उस क्षेत्र में दिखता है, जिसमें नवयुवक, उम्र की इस दहलीज़ पर अक्सर भटकते ही हैं। बबार भी इसका कोई अपवाद नहीं था, अपितु, सत्ता के साथ उम्र का यह अन्योन सम्बन्ध उसे भटकने के और अवसर सहज ही प्रदान करने लगे।

जैसे-जैसे बाबर के ऐब बढ़ने लगे, वैसे-वैसे एक सशक्त किरदार और उसकी सत्ता की बागडोर सम्हाल रही उसकी नानी की नाराज़गी भी बढ़ती गई। यही सबसे बड़ा विरोधभास था—उसे समझ आ गया था कि नानी के वरदहस्त के बिना फ़रघना जैसे छोटे राज्य की न तो सुरक्षा और न ही सत्ता सम्हल सकती थी। किन्तु, उम्र और स्वाभाव के चलते वह उतना अनुशासित और आज्ञाकारी साबित नहीं हो सका जैसा कि उसकी नानी की इच्छा थी? अत: अपनी नानी को नाराज़ करने के लिए युवा बाबर काफ़ी मौके चाहे-अनचाहे देता रहा। उसके चाचा उसके इस छोटे से राज्य पर नज़र गड़ाए बैठे थे, किन्तु वे अपनी सास और बाबर की नानी की वजह से शाँत और नियंत्रित थे। वहीं मंगोल नेता, महान खां भी अपनी माँ के चलते चाहकर भी अपने भाँजे बाबर को अपदस्थ नहीं कर पा रहा था। वे सब के सब जानते थे कि, फ़रघना की वास्तविक राज्य-स्वामिनी तो यही एहसान दौलत खानम ही है।

अत: जैसे-तैसे बाबर का पैतृक राज्य बचा और इसमें अगर नानी की भूमिका केंद्र में थी तो उतनी ही केन्द्रीय भूमिका बाबर की यह बड़ी

बहन निभा रही थी, जो अपने भाई की करतूतों को यथासंभव छुपाने, ढाँकने की कोशिश करती रहती थी। जैसे-जैसे वक़्त बीतता गया, बाबर अपनी बहन में ही अपनी माँ की छवि देखने लगा था। वैसे भी इंसान बचाने वाले का एहसान-मंद हो जाता है और, फिर भाई-बहन के पारस्परिक सम्बन्ध में यदि बहन बड़ी हो, समझदार हो तो वह स्वत: संरक्षिका की भूमिका में आ जाती है, भले ही उसका भाई कितना भी नालायक क्यों न हो? खैर, ये कुछ इंसानी कमजोरियों को छोड़कर बाबर के अंदर गुणों का भी समृद्ध ज़खीरा था, जिसे उसकी बड़ी बहन यथासंभव उभारती और संवर्धित करती रही। इसी लिए बाबर और उसकी बहन के सम्बन्ध प्रगाढ़ ही होते चले गए। बाबर अपने सभी रिश्तेदारों में अगर किसी के सबसे नज़दीक और रूहानी ढंग से जुदा था तो वो उसकी यही बड़ी बहन, खानज़ादा बेगम ही थी।

वह सैन्य-अभियानों में भी प्राय: अपने भाई के मार्ग-दर्शन और उसकी मदिरा-गोष्ठियों और नशा-खोरी पर नियंत्रण रखने के लिए अनिवार्य रूप से जाने लगी थी और, ऐसे में ही जब बाबर अपने स्वप्न को पूरा करने और अपने पूर्वज, अमीर तैमूर की राजधानी पर आधिपत्य के लिए सैन्य-अभियान पर निकला तब उसके 'हरम' की सभी महिलाएँ भी इस अभियान में उसके साथ ही गयीं थीं, मगर उनमें उसकी नानी और माँ के अतिरिक्त सर्वप्रमुख महिलाओं में थी, खानज़ादा बेगम। तत्कालीन मुग़ल 'दरबार' और 'हरम' के बीच की मजबूत और अब अपरिहार्य हो चुकी कड़ी। साथ ही, उसकी अपनी तीक्ष्ण बुद्धि और व्यवहार-कुशलता उसको अलग महत्त्व का स्थान अर्जित करवाते थे, किन्तु शासन-प्रशासन में उसकी निर्विवाद भूमिका उसे केन्द्रीय भूमिका में ले आ देते थे। तत्कालीन सियासत में देखते-देखते बाबर की नज़रों में वह अपनी नानी से भी अधिक प्रभावशाली हो गयी थी। फिर, उसके साथ उसमें यौवन का उत्साह और कार्य करने की ऊर्जा तो थी, किन्तु बाबर जैसा विचलन नहीं था।

जैसे नानी के संरक्षण में बाबर का राज्य बचा रहा, वैसे ही उसी नानी के प्रत्यक्ष संरक्षण-प्रशिक्षण में खानज़ादा बेगम का व्यक्तित्व पूरी

परिपक्वता के साथ उभर आया था। शायद यह बात गुप्त भी नहीं रह सकी थी। उसकी प्रखरता, प्रभाव, व्यक्तित्व और, भूमिका—सबकी बातें धीरे-धीरे पूरे मध्य-एशिया में फैलने लगीं थीं। ज़ाहिर है ऐसी प्रतिभावान व्यक्तित्व को कौन नहीं अपनाना चाहेगा? और यही खानज़ादा बेगम के अपने जीवन में व्यक्तिगत अभिशाप का कारण बना और बाबर ने उसका द्वारा सहन किये गए अपमान को ता-ज़िंदगी अपना व्यक्तिगत अपमान ही माना और, बाद में हर प्रकार से उसके प्रतिकार स्वरुप उसे सुख-सुविधाएँ, पद-गरिमा-विशेषाधिकार आदि प्रदान करने का प्रयास करता रहा।

जब बाबर का उज़्बेग नेता शैबानी खां के साथ समरकंद के स्वामित्व को लेकर खूनी संघर्ष हुआ था और बाबर ने समरकंद आखिरी बार खोया था, तब शैबानी खां ने बाबर को समरकंद से सुरक्षित निकल जाने के लिए जो शर्तें रखीं थीं उनमें से एक यह भी थी कि वह अपनी इसी बड़ी बहन को उसके हवाले कर देगा—विजय की 'ट्रॉफी' के रूप में। बाबर के जीवन में यह एक बदनुमा अपमान, कटु अनुभव और काला अध्याय था अतः उसने इसका बहुत विस्तृत उल्लेख नहीं किया है। अपितु वह इतना भर ही लिखता है कि 1501 ई. में समरकंद से पलायन के वक़्त उसकी बहन उससे बिछड़ कर शैबानी खां के हाथों में पड़ गयी थी। शैबानी के साथ हुए इस समझौते की इस अपमानजनक शर्त का वह अपनी आत्मकथा, 'तुज़ुक-ए-बाबरी' में कोई उल्लेख नहीं करना चाहता था? वह इस पूरे प्रकरण के विषय में बहुत गोल-मोल लिखता है। यह तो गनीमत है कि उसी की बिटिया, गुलबदन बेगम ने अपने पिता के पद-चिन्हों पर चलते हुए अकबर के काल में अकबर के कहने पर अपनी कलम के हुनर का प्रमाण देते हुए 'हुमायूँ-नामा' लिख कर हमें इस काले अध्याय के विषय में काफी कुछ बता दिया। आईये सबसे पहले उसके विवरण को पढ़-समझ लिया जाये ताकि हमें खानज़ादा बेगम के महत्त्व और पद-प्रतिष्ठा का सही आंकलन हो सके।

विदुषी रचनाकार और मुग़ल-कालीन सामाजिक-इतिहास की एक सशक्त हस्ताक्षर, गुलबदन बेगम हमें अपने विवरण में बताती है कि, उमर

शेख मिर्ज़ा मिरानशाही तथा उसकी पत्नी कुत्लिक़ निगार खानम की ज्येष्ठ पुत्री बाबर की सगी बहन थी और उससे पांच वर्ष बड़ी थी। उसका जन्म हिजरी सन 883 अर्थात 1478 में हुआ था। 907 हिजरी या 1501 ई. में वह शैबानी खां की 'विजय-ट्राफी' के रूप में पत्नी होने को बाध्य हुई और बाबर के साथ समस्त मुग़ल समुदाय या बर्लास। चगताई तुर्कों के लिए अपमान का घूँट बनी। मिर्ज़ा हैदर दोग्लात जो बाबर का चचेरा भाई था और जिसे बाबर ने शरण देकर बचपन से पाल-पोसकर, प्रशिक्षित किया और जो शेर-शाह से पराजित हुए हुमायूँ का साथ छोड़कर कश्मीर में अपने पृथक राज्य की स्थापना के लिए चला गया था—उसने भी अपने प्रसिद्ध ग्रन्थ, 'तारीखे-रशीदी' में गुलबदन की ही बात की पुष्टि की है। वह भी लिखता है कि बाबर की प्राण-रक्षा के सौदे के रूप में खानज़ादा बेगम का विवाह बर्बर समझे जाने वाले उज़बेगों के नेता शैबानी खां से ज़बरदस्ती हुआ था। वह इस रिश्ते को 'बा-तारिक़-ए-फ़ायदा' घोषित करता है अर्थात 'रैनसम' या छुड़ाई की रकम या संपत्ति/वस्तु मानता है। इस समय खानज़ादा की उम्र मात्र 23 वर्ष की थी।

उज़बेग नेता शैबानी खां के साथ हुए इस परिणय से खानज़ादा बेगम के एक पुत्र हुआ था जिसका नाम खुर्रम शाह था। वह अपनी युवावस्था में ही दिवंगत हुआ था। शैबानी खां और खानजादा बेगम का वैवाहिक जीवन वैसे भी सफल होना नहीं था/ एक तो वह विवशता में शर्तों के अनुरूप इस सरदार के 'हरम' में सम्मिलित होने को बाध्य हुयी थी अतः कभी अपना अपमान और जलालत भूल नही पायी। उधर शैबानी खां ने देखा कि खानज़ादा बेगम अपना मुग़ल गरूर नहीं त्याग पाई है तथा सदैव उज़बेगों को नीचा दिखाती और मानती रहती थी। वह उसके इस नस्लीय भेद और श्रेष्ठता के भाव से बेहद खफ़ा रहता और सोचता तथा कोशिश करता कि शायद वह अपने स्वाभाव, व्यवहार और दृष्टिकोण में कोई अंतर ले आये किन्तु जब पानी सिर के ऊपर से बहता ही रहा तथा वह हर मुद्दे, मसले और प्रकरण पर अपने भाई और मुगलों की ही पक्षधरता करती दिखी तब उसने उसे तलाक़ दे दिया।

खैर, यदि बात सिर्फ़ तलाक़ तक ही रुकी रहती तब भी गनीमत थी शैबानी खां ने तो खानाज़ादा बेगम तथा इन बर्लास (चगताई) तुर्कों को सबक सिखाने की नियत से अपने रनिवास या 'हरम' से निकालकर अपने एक सिपाही सय्यद हाडा से उसका विवाह करवा दिया। किन्तु, वाह री बाबर की बहन? उसने परिस्थित से हार न मानते हुए बेहद चतुराई और कूटनीति से काम लेते हुए अंततः इसी सय्यद हाडा को उसके स्वामी शैबानी के विरुद्ध कर दिया और, उसकी महत्त्वाकांक्षा को हवा दी। इन दोनों, शैबानी एवं सय्यद हाडा में अंततः सैन्य-संघर्ष की नौबत आ गई तथा मर्व के युद्ध में वह शैबानी खां से लड़ते हुए अंततः मारा गया। इधर खानज़ादा बेगम की भी किस्मत अच्छी रही कि इस युद्ध के परिणामस्वरूप वह ईरान के शाह इस्माईल के सैनिकों के हाथों में पड़ गयी। उसने खानाज़ादा बेगम को सकुशल तथा सुरक्षित बाबर के पास 1511 ई. में जब पहुँचवाया तब खानज़ादा 33 वर्ष की अवस्था हो गयी थी।

वह पूरे दस वर्षों तक अपने भाई और मूल परिवार से पृथक रही थी। इसी के बाद कभी उसका निकाह बाबर ने अपने एक बेग या अमीर, मेंहदी मुहम्मद ख्वाजा से कर दिया गया। यह बाबर का विश्वसनीय अधिकारी था। 1511 ई. के उपरान्त हमें मेंहदी ख्वाजा का निरंतर उल्लेख बाबर की आत्म-कथा, 'तुज़ुक-ए-बाबरी' में मिलता ही है। बाबर की मृत्यु के समय बाबर के प्रसिद्द वज़ीर, मीर खलीफ़ा ने तो हुमायूँ के स्थान पर इसी मेंहदी ख्वाजा को नया बादशाह बनाने का षड्यंत्र भी किया था। किन्तु, खानज़ादा बेगम ने अपने प्रभाव का उसी तरह इस्तमाल किया जैसा की सय्यद हाडा के साथ किया था जब उसे अपने ही स्वामी और मुगलों के प्रबल शत्रु और अपने पूर्व पति शैबानी खां के विरुद्ध भड़काया था?

अतः इस अवसर पर भी उसने मुग़ल राजनीतिक समीकरणों का हवाला देते हुए अप्रत्यक्ष रूप से तत्कालीन सियासत में हस्तक्षेप करके अपने पती को वज़ीर मीर खलीफ़ा का साथ न देने की सलाह दी। उसकी बातों की तार्किकता और न्यायसंगत ढंग के चलते मेंहदी ख्वाजा पर यही प्रभाव पड़ा कि उसने भी अपनी पत्नी की भाँति इसे मीर खलीफ़ा का

विश्वासघात ही माना। उसने तो जोश में आकर यहाँ तक कहा: 'जो बाबर का सगा और निष्ठावान न हुआ वो मेरा क्या होगा? यदि, मैं शासक बना भी तो सर्वप्रथम इस मीर खलीफ़ा की खाल खिंचवाऊंगा। ऐसे विश्वासघातियों की यही सज़ा है भी है।' इस सबका परिणाम यह हुआ कि अंततः मीर खलीफ़ा को एक अन्य अधिकारी के माध्यम से मेंहदी ख्वाजा की मंशा की सूचना मिल गयी और उसने अपना इरादा बदल दिया?

अकबर के काल का प्रसिद्ध और सर्वाधिक संतुलित इतिहासकार निज़ामुद्दीन अहमद तो अपनी कृति 'तबकात-ए-अकबरी' में यही लिखता है कि चूँकि, उसके पिता ने मेंहदी ख्वाजा को ऐसा कहते सुन लिया था कि वह वज़ीर को विश्वासघाती मानते हुए खल खिंचवा लेगा अत: उसी ने मीर खलीफ़ा को वक़्त रहते चेतावनी दे दी कि तुम कैसे व्यक्ति के लिए षड्यंत्र कर रहे हो? वो तो तुम्हारे ही आचरण को गलत घोषित कर रहा है? लेकिन वास्तविकता यही है कि असली पटकथा परदे के पीछे लिखी गयी थी जिसकी खबर न तो निज़ामुद्दीन अहमद और न ही गुलबदन बेगम को हो पाई थी? क्योंकि, यह सत्य था कोई अफ़वाह तो थी नहीं कि फैल जाती? ऐसा लगता है कि बाबर की यह बड़ी बहन, खानज़ादा बेगम बिलकुल अपनी नानी पर पड़ गयी थी? जिस तरह उनकी नानी ईशान दौलत ने फ़रगना में बाबर की सत्ता सम्हाली थी, उसी तरह बाबर की बड़ी बहन ने भी अपने भाई के लिए शैबानी खां से सदा शत्रुता का भाव ही रखा और उससे रुसवाई का रास्ता पक्का किया। फिर उसने इस प्रकरण में भी बाबर की वंशीय सत्ता के सातत्य को सुनिश्चित करने के लिए ही अपने परिवार में ही उसे सुरक्षित एवं संरक्षित रखने में एक महत्त्वपूर्ण और निर्णायक भूमिका निभायी थी।

× × ×

मीर खलिफ़ा की पृष्ठभूमि जाननी इस लिए ज़रूरी है ताकि हम इस षड्यंत्र की तह तक पहुँच सकें। मीर खलीफ़ा कोई साधारण वज़ीर या उच्च मुग़ल अधिकारी ही नहीं था। वह वैवाहिक-गठबन्धनों के चलते गैर-मुग़ल राजवंशों से भी सम्बद्ध था। चलिए कुछ रिश्तेदारों और रिश्तेदारियों का अंदाज़ करने के लिए उनका अध्ययन किया जाये। उसका

सगा छोटा भाई अकेला मुग़ल सेनानायक और अधिकारी था, जो पूर्वी क्षेत्रों में—यथा जौनपुर में नियुक्त रहा था। उस दौर में जब मुग़ल सैन्यधिकारी और अमीर या बेग हिंदुस्तान की गर्मी, धूल, गर्द से परेशान वापस काबुल और मध्येशिया जाने के लिए दबाव बना रहे थे कोई भी मुग़ल अधिकारी इन पूर्वी क्षेत्रों में नियुक्ति के लिए तत्पर नहीं था। इन पूर्वी क्षेत्रों में आक्रामक अफ़गानों का आधिपत्य और राजनीतिक तथा सैन्य वर्चस्व था। ऐसे में मीर खलीफ़ा के सगे छोटे भाई, जुनैद बर्लास ने यह नियुक्ति सहर्ष स्वीकार करके बाबर को उपकृत ही किया था? इतना ही नहीं, मीर खलीफ़ा का यह छोटा भाई बाबर का बहनोई भी था। उसका विवाह बाबर की एक छोटी बहन से हुआ था। मीर खलीफ़ा की अपनी पुत्री, गुलबर्ग बेगम का विवाह सिंध के शासक शाह हुसैन अरघून के साथ हुआ था। इतना ही नहीं, मीर खलीफ़ा के पुत्र, मुहिब्ब अली का विवाह भी इसी शाह अरघून के परिवार में ही हुआ था। यहाँ यह स्मरण रखना चाहिए कि शाह अरघून से ही बाबर ने काबुल का राज्य छीना था अत: उसके अंदर यह कसक थी और इसीलिए उसने हुमायूँ-कामरान के मध्य संघर्ष में कामरान का साथ दिया था। उसका इरादा था कि कोई भी हारे-जीते मुगलों की शक्ति ही कम या क्षीण ही होगी और वह संभवत: अंतत: अपनी स्तिथि सुदृढ़ करते हुए इसका लाभ उठा पायेगा? अत: मीर खलीफ़ा कहीं न कहीं शाह अरघून की भाँति अंदर ही अंदर मुग़ल सत्ता के प्रति विश्वसनीय नहीं रह गया था? क्या वह अरघून शासक से मिल गया था, इसका कोई स्पष्ट प्रमाण तो नहीं है किन्तु हुमायूँ के शासन में आने के बाद उसका उल्लेख ख़त्म हो जाना अपने-आप में प्रबल प्रमाण है?

यह मीर खलीफ़ा बाबर की सेवा में गत दस वर्षों से था और उसका सबसे करीबी परामर्शदाता तथा विश्वसनीय अधिकारी बन गया था। फिर, मेंहदी ख्वाजा और मीर खलीफ़ा का छोटा भाई जुनैद बर्लास एक दूसरे के सगे साढू भी थे अत: रिश्तेदारी के इन जालों ने एक जटिल-सा समीकरण बना दिया था? एक ओर अपने बच्चों के विवाह के चलते, इस मुग़ल वज़ीर मीर खलीफ़ा के शाह अरघून से निकट सम्बन्ध थे तो दूसरी

ओर, मेंहदी ख्वाजा से भी करीबी सम्बन्ध थे अतः मीर खलीफ़ा का यह षड्यंत्र एक तीर से दो शिकार करने की ही फिराक़ या नियत का मामला प्रतीत होता है। उसके दोनों ख़ास रिश्तेदार—यथा, पुत्र-पुत्री के ससुरालवाले तथा छोटा भाई जुनैद बर्लास के साढ़ू के बादशाह बनने के कारण दो भाइयों की पौ बारह होती? किन्तु, बाबर की बड़ी बहन ने अपने पति मेंहदी ख्वाजा से ऐसा करने से स्पष्टतः इंकार करके इस षड्यंत्र पर पानी फेर दिया। और खानज़ादा बेगम ने एक बार फिर अपने भाई की वंशीय (और अपनी भी—मुग़ल) सत्ता को बनाये रखने में अपना महत्त्वपूर्ण योगदान दिया। मीर खलीफ़ा वैसे भी उज़बेगों के विरुद्ध हुमायूँ की असफलता से बाबर की भाँति काफी रुष्ट था। उसी ने बाबर के कान भरे थे कि उज़बेगों के विरुद्ध मुग़ल असफलता का कारण हुमायूँ की अकर्मण्यता, प्रमाद, आलस्य था? अतः बाबर भी हुमायूँ से रुष्ट हुआ था और उसे बिना राजाज्ञा के ही जुलाई 1529 ई. में आगरा वापस आने पर इसी वजह से फटकारा भी था? जबकि बाबर ने स्पष्टतः मिर्ज़ा हिंदाल को आगरा आने का आदेश प्रेषित किया था।

गुलबदन बेगम के विवरण से स्पष्ट होता है कि अंततः हुमायूँ के आचरण और अपने प्रति समर्पण से प्रभावित होकर बाबर ने न केवल हुमायूँ को माफ़ कर दिया था अपितु वह तो अपनी अस्वस्थता से तंग आकर उसके पक्ष में सिंहासन तक त्यागने का विचार कर चुका था, किन्तु इसी मीर खलीफ़ा ने ऐसा होने नहीं दिया। बाबर को वह शाह तहमाष्प के द्वारा भेजी गयीं दोनों कन्याओं में ही उलझाये रखने और इस विषय में निर्णय लेने से दूर रखने और उसका ध्यान बटाये रखने में कामयाब रहा। अतः खलीफ़ा निज़ामुद्दीन अली बाबर के पुत्रों/संतानों के स्थान पर अपनी पसंद के व्यक्ति और बाबर के बहनोई मेंहदी ख्वाजा को इस पद पर बैठाकर, संभवतः अपनी स्तिथि सशक्त करने की जुगत में था? वह सोचता था रहा होगा कि शायद वह उसे (मेंहदी ख्वाजा को) कठपुतली की तरह इस्तमाल करके सर्वशक्तिशाली बन जायेगा। वैसे नए राजवंशों की स्थापना के समय इस प्रकार के प्रयास अपनी शक्ति आजमाईश के लिए किये ही जाते हैं? अतः मीर खलीफ़ा निजामुद्दीन अली ने इटावा के

जागीरदार या सैन्य-गवर्नर और बाबर के बहनोई मीर मुहम्मद मेंहदी ख्वाजा को आगरा आमंत्रित किया था और उसे अपने षड्यंत्र में सहभागी बनाना चाहा। जैसे ही खानज़ादा बेगम को इसका इल्म हुआ उसने स्पष्ट रूप से अपने पति को उलटे षड्यंत्रकारी वज़ीर मीर खलीफ़ा को ही सबक सिखाने का परामर्श दिया। इसीलिए हमें हुमायूँ के सिंहासनारोहण के उपरान्त मीर खलीफ़ा जैसे सशक्त वज़ीर और प्रभावशाली व्यक्तित्व का हमें कोई अता-पता ही नहीं मिलता?

चूँकि, इस षड्यंत्र की विस्तृत जानकारी हमें तबकात-ए-अकबरी का लेखक निज़ामुद्दीन अहमद बख्शी देता है अत: उसके वर्णन को हमें कुछ विस्तार से देखना पड़ेगा। निज़ामुद्दीन अहमद ने तबकात का लेखन बाबर की मृत्यु के 63 वर्ष बाद यथा 1593 ई. में पूर्ण किया था और अकबर के शासन-काल का भी संतुलित और निष्पक्ष विवरण दिया था अत: उसने इसे प्रकाशित करने का साहस नही किया था? उसके विवरण की पुष्टि 'सलातीन-ए-अफ़गाना' एवं पद्य में लिखित 'हुमायूँ-नामा' जैसी कृतियों से भी होती है। कुछ अंशों की पुष्टि तो अबुल फ़ज़ल भी अपने 'अकबरनामा' में करता है। निज़ामुद्दीन अहमद स्पष्ट रूप से लिखता है कि बाबर की मृत्यु के समय उसका (निज़ामुद्दीन का) पिता मोहम्मद मुकीम हर्वी बाबर की सेवा में था और 'मीर बयूतात' के पद पर पदोन्नत हुआ था। वह बाबर के पुत्रों के बाबर के उत्तराधिकारी होने का पक्षधर नहीं था। वह मेंहदी ख्वाजा के पक्ष में इस लिए था क्योंकि, उसकी नज़र में मेंहदी ख्वाजा एक शूरवीर, कृपालु, उदार एवं दिलदार ('जवान') होने के साथ-साथ उसका रिश्तेदार और मित्र भी था।

वैसे अगर सभी साक्षों और आगे-पीछे की घटनाओं का संपृक्त अध्ययन किया जाये तब यह समझ में आता है कि जब हुमायूँ बदख्शां में ही था तभी से यह षड्यंत्र शुरू हो गया था। चूँकि, इसका इल्म, महम बेगम को हो गया था अत: उसने अपने पुत्र और बाबर के ज्येष्ठ पुत्र को वहाँ से आगरा बुलवा भेजा था। तभी तो जब बाबर अपने ज्येष्ठ पुत्र हुमायूँ के यूँ आगरा आ जाने से नाराज़ हुआ तब महम बेगम के समझाने पर वह मान भी गया था और हुमायूँ के प्रति उसका न केवल रोष ही ठण्डा

हुआ अपितु उसने तो उसके बीमार पड़ने पर उसकी जान बचाने के लिए अपनी जान तक कुर्बान कर दी थी? वैसे इसके पीछे भी एक सियासी चाल थी। महम बेगम ने हुमायूँ के बदख्शां से यूँ आ जाने के बाद बादशाह को मीर खलीफ़ा के मंतव्य से अवगत करा दिया था और प्रमाण के रूप में उसने बाबर को समझाया कि वह अपने इस प्रसिद्ध वज़ीर और सर्वाधिक विश्वासी अमीर को बदख्शां जाने की आज्ञा दे दे? बाबर ने ऐसा ही किया, किन्तु वह किसी न किसी बहाने इसे टालता ही रहा। हालाँकि, इस बीच बाबर अपने भतीजे मिर्ज़ा सुलेमान को वहाँ नियुक्त कर ही चुका था अतः वह तो बस अपने वज़ीर का शायद मन टटोल रहा था? इसीलिए तो इतना ही नहीं कि वह हुमायूँ के प्रति नाराज़गी भुला देता अपितु उसके ही बाद, अपनी तबियत बिगड़ने पर 'बाग़-ए-ज़र-अफ़शां' में टहलते और आराम करते हुए उसने एक रोज़ पद-त्यागने की इच्छा ज़ाहिर की थी? गुलबदन बेगम के विवरण के अनुसार उसने तो यहाँ तक कहा कि हमारे लिए पानी भरने वाला ताहिर सेवा के लिए पर्याप्त है राज्य अब हुमायूँ सम्हाले? यदि उसके मन में हुमायूँ के प्रति इस तरह का कोई भाव होता कि वह सत्ता सम्हालने योग्य नहीं है तब वह क्या ऐसा करता?

तो मीर खलीफ़ा का यह षड्यंत्र क्रियान्वित क्यों नहीं हुआ? इसका भी पूर्ण विवरण सिर्फ निज़ामुद्दीन अहमद ने अपनी कृति 'तबकात-ए-अकबरी' में दिया है। उसके अनुसार एक दिन जब मीर खलीफ़ा मेंहदी ख्वाजा से मिलने के लिए गया था, तब लेखक (निज़ामुद्दीन) का पिता मुहम्मद मुकीम हर्वी भी उसके साथ गया। किन्तु, तभी रुग्ण पड़े बाबर ने मीर खलीफ़ा को किसी आवश्यक काम हेतु बुला भेजा। मेंहदी ख्वाजा भी शिष्टतावश मीर खलीफ़ा को बाहर तक छोड़ने के लिए निकला। चूँकि, बादशाह ने सिर्फ खलीफ़ा को ही बुलाया था, अतः हर्वी रुककर इन दोनों के पीछे निकलने के लिए दरवाज़े की आड़ में हो गया था। ज़ाहिर है छोटा अधिकारी होने के कारण वह एक कोने में खड़ा होकर इन दो बड़े अधिकारियों और अमीरों के हटने के बाद जगह बनने का इंतजार करने लगा ताकि वह निकलकर जा सके। बीच में जाना शिष्टता नहीं होती? किन्तु मीर खलीफ़ा के जाते ही मेंहदी ख्वाजा अपने-आप को

अकेला समझ कर खुद से बातें करते हुए काफी जोर सी आवाज़ और साफ़ शब्दों में कहने लगा: 'ऐ विश्वासघाती बुज़ुर्ग। बादशाह का पदभार ग्रहण करने के उपरांत सबसे पहले मैं तुझे ही म्रत्यु-दण्ड दूंगा?' फिर एकाएक उसकी नज़र हर्वी पर पड़ी, जो जाने के लिए जगह के इंतज़ार में था और, बस निकलकर जाने को उद्यत हुआ था। अब बात सम्हालने की गरज़ से मेंहदी ख्वाजा ने कहा: 'ज़ुबां सुर्ख सरसब्ज़ मीदिहद बर्बाद?' यानि, पैगम्बर की शपथ लेकर आस्थावान हुए (हरी पगड़ी धारण करने वाले लोग, अब पथ-विचलित हो रहे हैं?) हरे रंग के परचम तहत चलने वाले सच्चे मुस्लिम अब लाल फिसलने वाली ज़ुबाँ के शिकार होकर बर्बाद हो रहे हैं।

निज़ामुद्दीन अहमद के पिता हर्वी को अपनी पदोन्नति मीर खलीफ़ा के चलते मिली थी। वह उसका अनुयायी और कट्टर पक्षधर था। उसने तत्काल यह बात अपने स्वामी को सच-सच बतानी आवश्यक ही नहीं समझी अपितु उसे अपना धर्म समझा और उसने तुरंत मीर खलीफ़ा को मेंहदी ख्वाजा के इस पूरे प्रकरण से अवगत करा दिया। उसने तो यहाँ तक कहा कि 'आप जिस व्यक्ति को सत्तासीन करने के लिए ऐसा ज़बरदस्त षड्यंत्र रच रहे हैं वही नाशुकरा सा इन्सान आपको किस नज़र से देख रहा है?' इस प्रकार, मीर खलीफ़ा जब मेंहदी ख्वाजा की भावनाओं से अवगत हो गया तब उसने अपने षड्यंत्र की व्यर्थता को समझा? उसे लगा होगा कि इसमें हुमायूँ ही क्या बुरा है? वह वज़ीर को फूटी आँख भले ही न पसंद करता हो? किन्तु वह इस तरह से उसको मौत के घाट उतारने की बात तो नहीं करता और न ही कभी करेगा? अत: इसी कारण यह षड्यंत्र कभी क्रियान्वित हो ही नहीं सका और, योजना के स्तर पर ही शून्य में विलीन हो गया। और अंतत: इसी वज़ीर ने बाबर के आदेश का पालन करते हुए उसके अंतिम समय में ज्येष्ठ मुग़ल राजकुमार हुमायूँ को सम्भल की उसकी जागीर से बुला भेजा। बाबर ने हुमायूँ के आगमन के उपरान्त सबकी उपस्थिति में हुमायूँ को अपना उत्तराधिकारी घोषित किया तथा उन सभी उपस्थित अमीरों एवं अधिकारियों को उसके इस वैध उत्तराधिकारी के हर आदेश को मानने की आज्ञा भी

दी। इस प्रकार उसने भी अपनी तरफ से मीर खलीफ़ा के किसी भी षड्यंत्र को निष्प्रभावी ही कर दिया।

किन्तु, वास्तविकता यही थी कि इस सब के पीछे सिर्फ़ और सिर्फ़ खानज़ादा बेगम का ही हाथ था। उसी ने अपने पति को बाबर और उसके ज्येष्ठ पुत्र, हुमायूँ के प्रति निष्ठावान बने रहने के लिए तैयार किया था? अन्यथा तो मुग़ल इतिहास बनते ही बदल जाता? उसने तो अपने पति से यहाँ तक कहा था कि जिसने उसका अपनी बहन से निकाह करके राज्य में ओहदा और उसके साथ संलग्न सफी सुख-सुविधा दिए वह उसके एहसान को कैसे भूल सकता है? और, क्या यह उसका दीन और ईमान होगा? खैर मेंहदी ख्वाजा भी चूँकि, एक संस्कारी और इज्ज़तदार परिवार से ताल्लुक रखता था और वह मुग़ल सियासत को अच्छी तरह से समझता था, उसे यह समझते देर नहीं लगी कि इस षड्यंत्र के क्या दूरगामी मंतव्य थे? वे मुगलों को ही कमज़ोर करते? और अरघून शाह की स्तिथि तुलनात्मक रूप से बेहतर करके उसके प्रतिशोध की पूर्ति ही करते? वह कब से उस अपमान का घूँट पिए हुए था, जो बाबर ने उससे काबुल छीनकर दिया था? वैसे भी उसे यह बात स्वयं नहीं पची होगी कि जिस व्यक्ति को सब शक्ति और अधिकार बाबर से प्राप्त हुआ वह ऐसा सिला उसके परिवार को कैसे दे सकता है? उसे मीर खलीफ़ा का चरित्र शीशे में साफ़ दिख रहा था? अतः उसने वही किया जो उसने किया और कहा? क्या जानबूझकर उसके सबसे भरोसेमंद व्यक्ति के सामने उसे इतने जोर से कहा ताकि वज़ीर तक हर्वी उसका सन्देश स्पष्टतः पहुँचा सके?

× × ×

यही खानज़ादा बेगम अपने और अपने पिता के परिवार की तरफ सदा ही समर्पित रही और हुमायूँ को वह अपने प्रिय भाई, बाबर का वैध उत्तरधिकारी मानकर उसी के साथ रही भी। इतना ही नहीं, बाबर के सबसे छोटे बेटे और गुलबदन बेगम के सगे भाई हिंदाल का विवाह भी बाबर के सामने ही मेंहदी ख्वाजा की बहन के साथ हुआ था अतः वह बाद में—हिंदुस्तान से हुमायूँ के पलायन के बाद – हिंदाल के साथ

कांधार चली गयी थी। किन्तु जब कामरान मिर्ज़ा ने अपने इस छोटे सौतेले भाई हिंदाल से कांधार विजित करने के लिए खूनी जंग छेड़ दी और उस पूरे पश्चिमोत्तर क्षेत्र को मुग़ल खानदान या भाइयों के गृह-युद्ध की विभीषिका में फँसा दिया था तब हुमायूँ ने बड़े भाई का अपना फ़र्ज़ अदा करते हुए अपनी इसी बड़ी बुआ को मिर्ज़ा कामरान के पास शान्ति स्थापना और पारस्परिक समझौते के प्रस्ताव के साथ भेजा था। किन्तु मिर्ज़ा कामरान तो हुमायूँ की तरह निश्छल नहीं था। उसके मन में तो पाप था। उसका बस चलता तो वह हुमायूँ को मृत नहीं तो, कम से कम, उसको भारत के बाहर देखकर ही संतुष्ट होता?

इस प्रकरण में एक दूसरा पक्ष भी था कि, जो कामरान हुमायूँ को नहीं पचा रहा था, वह हिंदाल को कैसे कांधार जैसे सामरिक महत्त्व के स्थान के स्वामी के रूप में देखता? उसका तर्क यही था कि हिंदाल सैन्य और राजनीतिक दृष्टि से तुलनात्मक रूप से उससे काफ़ी कमज़ोर था? उसे हुमायूँ या सिंध का अरघून शासक या उज़्बेग कोई भी पराजित कर सकते थे? इससे उसकी अपनी, यथा कामरान की सैन्य, सामरिक, राजनीतिक स्तिथि बहुत कमज़ोर हो जाती? अत: वह इस बुआ के नन्दोई को कैसे बख्श देता? उसके मन में यही रहा होगा कि उसकी बुआ हिंदाल से दोहरे रिश्ते के नाते उसके प्रति अधिक झुकाव लिए हुए उसकी पक्षधर थी? अत: उसकी बात मानने का उसके लिए कोई प्रश्न ही नहीं था? और, अगर हुमायूँ ने यह सुझाव भेजा है तो निश्चित ही हुमायूँ का यही गुप्त मंतव्य रहा होगा कि कांधार हिंदाल के पास रहे तो वह उससे सरलता से हासिल करके अपने लिए एक आधार प्राप्त कर लेता? इससे हुमायूँ को भारत के बाहर देखने का कामरान का मंतव्य भी स्पष्ट हो जाता है? वह तो हुमायूँ से भी दो-दो हाथ करके शेरशाह से बचे हुए शेष हिंदुस्तान के भू-भाग पर अपने प्रभुत्व तथा स्वामित्व को सुरक्षित एवं संरक्षित करना चाहता था?

खैर, हुमायूँ के कहने पर वह मिर्ज़ा कामरान के शिविर तक भाइयों के मध्य शान्ति-वार्ता एवं युद्ध-परक परिस्थितियों को निष्प्रभावी करने के लिए खानज़ादा बेगम अपने पारिवारिक एकता को बनाये रखने को अपना

फ़र्ज़ मानकर उसे निभाने के चलते अपने 'मिशन' पर जा पहुँची? आखिर बड़ी बुआ तो वह इन सभी भाइयों की थी? और बाबर से बड़ी ही नहीं थी, बाबर सदैव उसको आदर देता तथा उसके परामर्श पर ध्यान देता था, क्योंकि, वह निश्छल और निस्वार्थ भाव से बाबर की व्यक्तिगत एवं वंशीय सत्ता के प्रति प्रतिबद्ध थी? यह उसने कभी कहा नहीं, अपितु उसके हर क़दम और आचरण से यह स्पष्ट होता चला गया था? संभवतः समरकंद की अप्रिय घटना—या बाबर और उसके खानदान के लिए सबसे बड़ा अपमान का घूँट था - जब वह बेचारी शैबानी खां के हाथों में जाने को विवश हुयी थी और बाबर असहाय था—परिवार और परिवारीजन के साथ अपने छोटे भाई बाबर के रक्षार्थ उसके इस महान त्याग और अप्रिय समर्पण ने भी बाबर का दिल अपनी बड़ी बहन के प्रति पूर्णतः समर्पित कर दिया था? उसने भी अपने भाई और परिवार के लिए यह बड़ा त्याग किया था? अतः बाबर के पुत्र भी उसकी बहुत इज़्ज़त करते थे? यदि उसने यह त्याग उस संकट की घडी में न करती तो न बाबर काबुल-हिंदुस्तान का शासक हो पता और न ही उन्हें अपनी यह स्तिथि प्राप्त हो सकती थी? इसी लिए ना-नुकुर करते हुए भी मिर्ज़ा कामरान उसकी बात मानने को बाध्य हुआ ही था?

आईये, इस प्रकरण को भी देखें तभी परिस्थितियों के पूरे अवलोकन और विश्लेषण से सारा परिदृश्य स्पष्ट होगा? अगस्त 22, 1542 को हुमायूँ अमरकोट के राणा की राजधानी पहुंचा था, जहां उसे शरण मिली और सात सप्ताह बाद अक्टूबर 11, को वह गर्भवती हमीदा को वहीं छोड़कर जून पर आक्रमण के लिए बढ़ा जब तार्दी बेग ने उसे रविवार, अक्टूबर 15, 1542 को अकबर के जन्म की सूचना दी थी। इस समय वह अमरकोट से मात्र 12 कोस दूर ही था और कस्तूरी बाँट कर ख़ुशी ज़ाहिर करने के अलावा और कुछ अपने अमीरों को भेंट देने के लिए उसके पास था भी नहीं? मगर, प्रारब्ध ने अकबर की ख्याति भी इसी तरह कस्तूरी सी फैलने को एक प्रतीक के रूप में पहले ही प्रकट कर दिया था? संभावनाओं की इस आहट को भले ही उस तरह से तब न कोई समझ पाया और देख पाया हो? इसका पहला संकेत तब मिला जब

सशक्त प्रतिरोध के बावजूद, उसकी सेना का अग्रिम दस्ता, शूरवीर सेनानायक शेख़ अली के सफल और आक्रामक नेतृत्व में उसके स्वयं के रणक्षेत्र में पहुँचने से पूर्व ही विजयश्री हासिल कर चुके थे। हुमायूँ जून में नौ माह तक रहा जहाँ उससे पत्नी हमीदा बेगम और शिशु अकबर दिसम्बर के प्रारम्भ में आकर मिल गये।

इसी बीच हिंदाल ने कामरान के अधिकारियों से कांधार हस्तगत करके अपनी स्तिथि सुदृढ़ करने के लिए आवश्यक क़दम उठाये थे। और इसी समय शाह अरघून ने अमरकोट के राणा को इस पराजित मुग़ल बादशाह से पृथक करने के प्रयास तेज कर दिए। किन्तु, जो राणा पराजित और परेशान हुमायूँ की लगातार मदद करता रहा उसे एक मुग़ल अमीर, ख्वाजा गाज़ी ने अपनी अनुशासनहीनता और राणा की शान में गुस्ताख़ी कर के रुष्ट कर दिया। किन्तु, हुमायूँ ने भी ख्वाजा के खिलाफ़ कोई कारवाही न करके राणा को मैत्री और सद्भावना का सन्देश न देकर उस गलती को जैसे ढ़कने का ही प्रयास किया? अत: अब अमरकोट के राणा के पास अपने आत्म-सम्मान की रक्षा हेतु बस एक ही विकल्प शेष था? उसने अपने एवं अपने अनुचरों-अनुयायियों के साथ वापस अमरकोट का रुख किया और हुमायूँ को बा-इज्ज़त अलविदा कहा। उसका इतना करना था कि एक के बाद एक स्थानीय सरदारों ने भी हुमायूँ का साथ देने से हाथ खींचना शुरू किया। भारतीय सामंतवाद की सबसे बड़ी विशेषता ही उप-सामंतता ही थी। अत: उप-सामंतों और सैन्य रूप से कमज़ोर स्थानीय सरदारों के लिए यही उत्तम था कि वे अपने क्षेत्र के सबसे महतवपूर्ण शक्ति और सरदार के अधीनस्थ की भाँति व्यवहार करते थे। वे ही उन्हें आवश्यकता पड़ने पर सैन्य सहायता और प्रश्रय प्रदान करते थे? अत: उनके लिए हुमायूँ की वर्तमान स्तिथि में उसकी तुलना में अमरकोट के राणा का पड़ला ही भारी था। वही उनकी पहली पसंद और इकलौता विकल्प था? अत: हुमायूँ को अपनी शक्ति फिसलती दिखाई दी और इस परिवर्तन से बिना बहुत अधिक प्रयास के सिंध के अरघून शासक की भी मनोकामना पूर्ण हो गयी। हुमायूँ अब अकेला हो चुका था और अब उससे सैन्य युद्ध में लड़कर पराजित किया जा सकता था?

खैर हुमायूँ के लिए मिश्रित खबर आई। शाह हुसैन ने आक्रमण किया किन्तु मुग़ल सेना सफलतापूर्वक प्रतिरोध करके उन्हें पराजित करने में कामयाब हुईं। दूसरी ओर, बैरम खां बचते-बचाते हुमायूँ से आ मिला और हुमायूँ की सेना और शिविर में ऊर्जा का संचार कर गया। किन्तु, वहीं उसके शूरवीर सेनानायक, शेख़ अली की एक मुठभेड़ में लड़ते हुए शहादत हो गयी। उसे हुमायूँ ने थारी नामक स्थान से खाद्यान्न लेने के लिए भेजा था। और अरघून शासक के सैन्याधिकारी सुल्तान महमूद भाक़री द्वारा मौत के घाट उतारा गया। किन्तु, शक की सुई हुमायूँ के ही एक अन्य सेनानायक तार्दी बेग की ओर भी घूमी, जो इस समय तक शेख़ अली की बढ़ती प्रतिष्ठा से ईर्ष्या करने लगा था? अर्थात हुमायूँ के अपने शिविर में भी एकता का अभाव परिलक्षित होने लगा था? अंतत: हुमायूँ की ओर से गए एक मुग़ल अधिकारी, मुहम्मद बीनौज़ द्वारा सिंध के शासक और बदनसीब-से मुग़ल बादशाह के मध्य संधि-वार्ता का प्रयास किया गया। सिंध के शासक ने हुमायूँ द्वारा सिंध छोड़ने की दशा में उसके लिए यात्रा हेतु यातायात सुगम करने के लिए 30 नावों एवं 300 ऊटों का प्रबंध करने के अलावा पर्याप्त खाद्यान्न तथा एक लाख मुद्राएँ देने की भी पेशकश की। संभवत: उसे लगा होगा कि किसी तरह यह बला उसके क्षेत्र से तो टले? उसके अपने क्षेत्र अशांत, अस्थिर हो चुके थे, जिससे वहाँ के कृषि-उत्पादन से लेकर व्यापार-व्यवसाय पर भी प्रतिकूल प्रभाव दिखने लगा था। इस प्रकार, हुमायूँ अब जुलाई 10, 1543 को सिंध पार करने को उद्यत हुआ।

इसी समय हुमायूँ ने भाइयों में बड़े होने के चलते—सौतेले ही सही—के मध्य छिड़े उपरोक्त वर्णित सियासी संघर्ष को टालने और कोई संधि-समझौते की सम्भावना के तहत इसकी पेशकश करने के लिए अपनी बुआ खानज़ादा बेगम को कामरान के पास कांधार भेजने का निर्णय लिया? और, खानज़ादा बेगम, जैसा हम शुरू से उनको देख-समझ रहे हैं, वे अपने छोटे भाई बाबर या अपने पितृ-घर के प्रति पूर्णत: समर्पित थीं। अत: उन्होंने बिना किसी हिचक के इस अभियान पर जाने की सहर्ष स्वीकृति दे दी। वैसे भी वे बिलग्राम के युद्ध के पश्चात शेरशाह से

पराजित होने पर हिंदुस्तान से हुमायूँ के पलायन के उपरान्त हिंदाल के पास या साथ ही रहने लगीं थीं। किन्तु बाबर की वंशीय सत्ता के लिए चिंतित और उसे बनाये रखने के लिए हरसंभव प्रयास करने को तत्पर। वे शीघ्र कामरान के पास पहुँचीं। गुलबदन बेगम ने अपनी बुआ के इस 'मिशन' का हाल बहुत तफ़सील से अपनी कृति, 'हुमायूँ-नामा' में दिया है। गुलबदन के अनुसार कामरान अब तक हिंदाल को पराजित करके उससे कांधार वापस छीनने में कामयाब हो रहा था या होने ही वाला था। इतना ही नहीं, बाबर के अन्य भतीजे, मिर्ज़ा सुलेमान, जो बदख्शां का शासक था, उसको भी कामरान ने पराजित करके, हुमायूँ के स्थान पर अब अपनी संप्रभुता स्वीकार करने को बाध्य कर दिया था? यह युद्ध उसने सिर्फ़ अपने अहं के लिए किया था, ताकि वह सब रिश्तेदारों को स्पष्ट सन्देश दे सके कि काबुल, कांधार के इस समस्त क्षेत्र का वास्तविक स्वामी अब वह था न कि हुमायूँ?

अत: हुमायूँ ने तो मुग़ल या बर्लास तुर्कों, जिन्हें अब चगताई तुर्क पुकारा जाने लगा था—उनकी एकता और अस्तित्व पर उज़बेगों, अफ़गानों एवं तुर्कमानों के निरंतर संघर्ष की सम्भावना को देखते हुए नस्लीय एकता बनाये रखने के लिए अपनी ज्येष्ठ बुआ के ज़रिये यही सन्देश भेजा था। उसने तो यहाँ तक कहा कि यदि कामरान हुमायूँ को अपने स्वामित्व वाले क्षेत्र में अपने लिए खतरा मान रहा है और वह चाहता है कि हुमायूँ हिंदुस्तान छोड़कर चला जाए तो वह निश्चित ही चला जायेगा क्योंकि, भाइयों का यह संघर्ष वंशीय सत्ता और सियासी संप्रभुता के लिए ही घातक हो जायेगा? किन्तु कामरान अपनी बात पर ही अडिग रहा और वह इस स्तिथि के लाभ से मुँह मोड़ने को कत्तई तैयार नहीं था? वह तो प्रारम्भ से ही बाबर के पश्चात अपने-आप को वास्तविक उत्तराधिकारी ही मानता था? उसने दिल से कभी हुमायूँ को बादशाह के रूप में स्वीकार ही नहीं किया था? और, उसे अपनी यह ज्येष्ठ बुआ हुमायूँ तथा हिंदाल की पक्षधर अधिक लगती थी? किन्तु, खानज़ादा बेगम ने उससे स्पष्ट और दृढ़ता से कहा कि बाबर ने हुमायूँ को अपना 'वली-अहद' (वैध-उत्तराधिकारी) नामित भी नहीं किया था किन्तु उसकी आज्ञा मानने के लिए

अपने सभी अमीरों–अधिकारियों को स्पष्ट निर्देश दिए थे। इतना ही नहीं उसने तो यह भी रेखांकित किया कि, चूँकि, बाबर ने हुमायूँ को निर्देशित किया था कि वह अपने सभी भाइयों को स्नेह की छाया प्रदान करे अत: हुमायूँ कामरान, अस्करी और हिंदाल तक की अवज्ञाकारिता को भी निरंतर नज़रन्दाज़ करता रहा था? अन्यथा, हिन्दुस्तान के बादशाह रहते उसके लिए क्या मुमकिन नहीं था?

वैसे भी हुमायूँ के आधुनिक इतिहासकार और विद्वान, रमा शंकर अवस्थी ने 1940 के दशक के प्रारम्भिक वर्षों में ही अपने शोध से यह साबित भी किया है कि पूरे पंजाब और पश्चिमोत्तर के क्षेत्र में बाबर के मृत्योपरांत सिर्फ हुमायूँ का ही खुतबा पढ़ा जाता था और सिक्कों या प्रचलित मुद्रा में उसी का नाम बादशाह के रूप में टंकित मिलता है? अत: यह एक असंदिग्ध ऐतिहासिक तथ्य है कि कामरान ख्वामखाह में ही इस पूरे मामले में हुमायूँ की कमज़ोर हो रही सैन्य स्तिथि, तकलीफों, मुसीबतों को ही बढ़ा रहा था? और चोर का कलेजा बहुत नहीं होता है? कहीं उसके मन में यह भय भी रहा ही होगा कि यदि अभी भी हुमायूँ उसके दावे को ललकारने पर आ जाये तो हिंदाल, सुलेमान, मिर्ज़ा हैदर दोग्लात जैसे सौतेले, चचेरे भाई तो सहज उसकी ओर ही दिखेंगे? उसके साथ तो उसका सगा भाई अस्करी भी हुमायूँ के पलायन के बाद विकल्पहीनता की स्तिथि में ही आया है? क्या पता उसके अपने लोग दल–बदल कर हुमायूँ से मिल जायें? उस दौर में राजनीतिक स्तिथि बदलते ही उमरा (अमीर–वर्ग) अपने इस स्वभाव को चरितार्थ करता था?

दूसरे, जब अप्रैल के अंत और मई की शुरुआत में चौसा के युद्ध के पश्चात हुमायूँ की मदद को पहुँचा कामरान अंतत: हुमायूँ से अलग होकर पंजाब चला आया था और जब मई 17, 1540 को ही उसे बिलग्राम/कन्नौज के युद्ध में शेरशाह के हाथों हुमायूँ की निर्णायक पराजय की सूचना मिली और साथ ही उसके पंजाब की ओर पलायन की खबर भी, तब उसके मंसूबे, मंतव्य और नियत सब बदल गयी थी। उसने अपने बड़े भाई और मुग़ल सत्ता के इस प्रबल विरोधी, अरघून के शाह के साथ संधि वार्ता शुरू कर दी थी ताकि उसके अधीन का पंजाब एवं पश्चिमोत्तर

का क्षेत्र उसी के पास सुरक्षित रह सके। इतना ही नहीं, उसकी नियत इस बात से स्पष्ट होती है कि उसने जान-बूझकर अपने नाम के कुछ सिक्के मई 1540 में जारी किये ताकि भविष्य में वह अपना दावा पुख्ता कर सके। किन्तु हड़बड़ी में टंकित एवं प्रचालन में लाये गये सिक्कों की संख्या और गुणवत्ता दोनों में कमी थी? ऐसे सिर्फ आठ सिक्के हैं और सब ब्रिटिश म्यूजियम, लन्दन में संगृहित हैं। इनमें से भी सिर्फ़ छह में तारिख टंकित है। किन्तु, ये सिक्के किस टकसाल से जारी हुए हैं यह तथ्य कहीं भी उल्लिखित नहीं है? अत: हम इस प्रकरण में कामरान की धूर्तता भी समझ सकते हैं? धूर्त और खुराफ़ाती दिमाग भी अपनी हद्द पहचानते हुए ही काम करता है? या हुमायूँ और उसकी बादशाहत का भय कामरान के अंदर था? इस सब से तो ऐसा लगता है कि हुमायूँ की तुलना में कामरान अपनी स्तिथि की वैधता की कमी से भली-भाँति वाक़िफ़ था? वह इस बात को समझ रहा था कि, उसकी स्तिथि न तो न्याय-संगत थी, न मानवीय और न ग्राह्य या स्वीकार किये जाने योग्य? अत: वह अपनी बुआ की बातों को न मानने के दुराग्रह के बावजूद भी झुक गया?

सत्य यही था कि उसने हुमायूँ के बरक्स अपनी स्तिथि सुदृढ़ करने के लिए सिर्फ अरघून शासक से ही संधि-समझौते की पेशकश नहीं की थी अपितु उसने तो कन्नौज-बिलग्राम के युद्ध में पराजित हुमायूँ के पंजाब पहुँचने से पूर्व ही मुगलों की सत्ता को उखाड़ फेंकने के लिए कटिबद्ध शेरशाह के साथ समझौते और संधि-वार्ता शुरू कर दिया था? हमें ज्ञात है कि हुमायूँ ने शेरशाह की विजय को स्वीकार करते हुए मुज़फ्फर बेग तुर्कमान नामक अमीर तथा उलमा वर्ग के एक सदस्य के रूप में काज़ी अब्द-अल्लाह को शेरशाह के पास भेजा था। पराजित मुग़ल बादशाह का सन्देश स्पष्ट था: 'ये कैसा न्याय है? अब हम सारा हिंदुस्तान तुम्हे सौंप आये हैं? कम से कम सरहिंद को अपने और हमारे राज्यों के मध्य की सीमा मानो तथा पंजाब तथा पस्चिमोत्तर का राज्य हमारे पास रहने दो... तुम हिंदुस्तान में शासन करो।' यहीं भरोसे का एक बार और क़त्ल हुआ? काज़ी अब्द-अल्लाह चूँकि, कामरान का प्रमुख सद्र और मुख्य क़ाज़ी था, अत: कामरान ने शेरशाह को अपनी ओर से भी समझौते की पेशकश

कर दी थी? हमें ज्ञात ही है शेरशाह जौनपुर के मदरसों से शिक्षित एक प्रतिष्ठित आलिम भी था, अत: धार्मिक-न्यायिक चर्चाओं और सूफ़ीयों की वार्ताओं के बहाने अब्द-अल्लाह अलग से शेरशाह से मिलता रहा और उसने हुमायूँ का प्रस्ताव तो मुज़फ्फर बेग के साथ दिया, किन्तु कामरान का प्रस्ताव चुपचाप इसी बहाने शेरशाह तक पहुँचाया?

काज़ी अब्द-अल्लाह के माध्यम से मिर्ज़ा कामरान के प्रस्ताव से शेरशाह का हौसला और बढ़ गया होगा? इस पेशकश से शेरशाह को मुगलों का आतंरिक कलह समझ में आ गई और इसका लाभ उस चतुर अफ़गान ने बख़ूबी उठाया और हुमायूँ के प्रस्ताव को सिरे से खारिज़ कर दिया? उसने मुग़ल बादशाह होने के नाते हुमायूँ को अपना शत्रु माना और कामरान के प्रस्ताव पर मौन स्वीकृति सी प्रदान की। इसकी सूचना जब काज़ी अब्द-अल्लाह से कामरान को मिल गयी तब वह आश्वस्त काबुल में अपनी स्तिथि सुदृढ़ करने लगा था। अत: देर-सबेर सबको यह ज्ञात ही हो गया कि उसने यह क़दम तो मुग़ल हितों के खिलाफ़ ही उठाया था? जब गुलबदन बेगम अपने 'हुमायूँ नामा' में ऐसा उल्लेख कर रही है, उसी से स्पष्ट है कि पूरे मुग़ल 'हरम' को इस गुप्त सन्देश की सूचना मिल ही चुकी थी? अत: संभवत: कामरान समझ रहा था की अपनी बुआ के आगे वह सच को बहुत देर और दूर तक छुपा नहीं सकता था? वह एक फिसलन भरी राह पर था? उसकी वर्तमान सियासी स्तिथि न तो बाबर के परिवार के हितों के अनुकूल थी और न ही नैतिकता के तकाज़ों के? अत: खानज़ादा बेगम का पड़ला भारी ही था?

उपरोक्त के आलोक में हम कह सकते हैं कि खानज़ादा बेगम ने इस वजह से मिर्ज़ा कामरान के आक्रामक तेवर का उत्तर पूरी दृढ़ता से दिया और उलटे उसके तेवर ही ढ़ीले कर दिए? उसे इस सच से उसका सामना करवा दिया कि यदि हुमायूँ उसी (कामरान) की तरह व्यवहार और दृष्टिकोण अपनाता, तब क्या कामरान आज इस स्तिथि में तो क्या – जीवित भी होता? कामरान को सन्देश स्पष्ट रूप से मिल चुका था? अब उसे अपनी कृतघ्नता का कुछ अंदाज़ा तो हो ही गया? उसे अंदाज़ हो गया था कि बाह्य समाज में उसकी क्या छवि जा रही है? उसके

व्यवहार का परिवार, खानदान, बिरादरी और मुग़ल एकता पर क्या प्रभाव पड़ रहा है? खानज़ादा बेगम ने तो यहाँ तक कहा कि अभी तक तो वह भी हुमायूँ के ही नाम का खुतबा पढ़ रहा था? और अब जब तक वह हिंदुस्तान में है वही इसका अधिकारी है? अत: उसे हुमायूँ को बाहर जाने के लिए मार्ग देना ही पड़ेगा? कामरान इस समय दो बातें कह रहा था। एक जैसा कि स्पष्ट है कि हुमायूँ के स्थान पर उसके नाम का खुतबा पढ़ा जाना चाहिए, क्योंकि अब राज्य (हिंदुस्तान विजय से पूर्व का बाबर के काबुल-राज्य का समस्त क्षेत्र) एवं वास्तविक सत्ता उसी के पास है? अत: अब हुमायूँ के स्थान पर उसका खुतबा पढ़ा जाना चाहिए? दूसरा, कि जब दोनों भाइयों को कांधार से आगे जाने के लिए बोलन दर्रों से अपनी-अपनी सैन्य टुकड़ियों के साथ निकलना हो—हुमायूँ को गर्मशीर होते हुआ ईरान के लिये और उसे स्वयं अपनी राजधानी काबुल की ओर - तो क्षेत्रीय स्वामित्व के नाम पर उसकी सेनाओं को आगे चलने का हक मिलना चाहिए? किन्तु, खानज़ादा बेगम ने स्पष्टत: ऐसा करने से इंकार कर दिया। उसने यही तर्क दिया कि हुमायूँ बड़ा था और उसकी वरीयता असंदिग्ध थी अत: यह एक गलत परंपरा ही नहीं, अपितु चगताई रिवाज़ तथा विधि का स्पष्ट उल्लंघन भी था? अब कामरान के पास कोई जवाब नहीं था? अत: उसने हुमायूँ को आगे-आगे चलने की इजाज़त भी अनमने ही सही दी। और इस प्रकार अपनी ज्येष्ठता, दृढ़ता, बुद्धिमत्ता, व्यतुत्पन्नमति से खानज़ादा ने एक असफल से मिशन को सफल बना दिया?

खानज़ादा बेगम में भी तो अपनी नानी, इसान दौलत खानम और अमीर तैमूर के वंशज होने का कुछ असर तो अवश्य रहा होगा? अत: उसने आखिरी दाँव चला और दृढ़ता और साफ़गोई से बताया की जब शेरशाह की फ़ौजें सरहिंद जीत चुकीं और हुमायूँ लाहौर छोड़ने के लिए अमीरों से खुले दरबार में परामर्श कर रहा था, तब एक राय कामरान को मौत के घाट उतारने की भी उठी थी? और, हुमायूँ ने उसे सिरे से खारिज़ ही कर दिया था? उसने स्पष्ट कहा था कि उसके लिए राज्य और राजनीतिक प्रभुत्व से कहीं बेहतर था अपने पिता की आज्ञाकारिता, कि वह अपने भाइयों के प्रति सदा स्नेह-पूर्ण और पितृ-तुल्य व्यवहार

रखेगा? अत: वह ऐसा विचार भी बर्दाश्त नहीं कर सकता? इस प्रकरण को याद दिलाते हुए खानज़ादा बेगम ने तो कामरान को फटकारते हुए से लहज़े में यहाँ तक कहा कि उसे अपने उन अमीरों से भी इस बारे में तसदीक़ कर लेनी चाहिए कि जो वह कह रही है सच है अथवा नहीं? यानी उसने इशारे में यह भी बता दिया कि जिन अमीरों को उसने हुमायूँ से पृथक किया था वे कितने विश्वसनीय हैं? आज वे राजनितिक स्थायित्व, क्षुद्र लाभ और निहितार्थ के चलते तुम्हारी ओर हैं कल फिर से हुमायूँ का पड़ला भारी होते देख उधर घूमने में तनिक भी देरी नहीं करेंगे? अत: यह भी लगता है कि बुआ खानज़ादा बेगम को अपने विशेष दूत बनाकर भेजना हुमायूँ की सबसे बड़ी कूटनीतिक सफलता और समझ थी?

हुमायूँ तो स्वयं बस भारत से एक इज्ज़तदार निकासी ही चाहता था? अन्यथा ईरान के शाह के पास गलत सन्देश जाता और वह उसे न आदर देता न सहायता ही प्रदान करता? किन्तु, कामरान ने अपने मंसूबे स्पष्ट कर दिए थे। अब बाबर के ये पुत्र और मुग़ल राजकुमार खुलकर अपने निहात्रथों के तहत अपनी सियासी चालें चल रहे थे? कामरान ने इसी समय जब हुमायूँ हिंदुस्तान से बाहर जा रहा था, अपनी राजनीतिक स्तिथि सुदृढ़ करने के लिए अरघून शासक की एक पुत्री से विवाह भी करने का पैगाम भेज दिया? वह इस तरह से वैवाहिक गठबंधन द्वारा अपनी स्तिथि मजबूत कर रहा था? खैर हुमायूँ को भी हिंदुस्तान से सुरक्षित निकल जाने का यह निर्णय और समझौता पसंद आया क्योंकि, उसे कामरान और उसकी संगत में अस्करी पर कत्तई कोई भरोसा नहीं था? वह तो इस समय अपनी जान बचाने की फिराक़ में था? उसे दीवार पर लिखी इबारत साफ़-साफ़ दिखायी दे रही थी? वह जानता था कि कामरान तो उसे मृत देखना पसंद करेगा? ताकि भविष्य में भी सत्ता के संघर्ष की संभवना समाप्त हो जाये? और, कामरान की राजनीतिक स्तिथि और सर्वोच्चता स्थापित हो जाए? कामरान को अंदाज़ था कि हुमायूँ और ईरान के शाह के मध्य क्या समझौता होगा? ईरान का शाह, हुमायूँ को कांधार देने की शर्त पर ही सूर-अफ़गानों के विरुद्ध मदद करेगा? और, कांधार दिए जाने से कामरान की अपनी सैन्य और राजनीतिक स्तिथि प्रतिकूल रूप से

प्रभावित होती ही? अत: वह तो यही सोच रहा था कि कैसे भी हो हुमायूँ को अपने इस क्षेत्र में परास्त करके, बंदी बनाकर, अंततः मौत के घाट उतार कर पूरी तरह से इस समस्या से मुक्त हो जाए?

अत: हुमायूँ की यही आखिरी चाल थी—उसने आखिरी दाँव अच्छे दूत के माध्यम से चला था। इस दूत को सभी भाई आदर प्रदान करते थे, अत: खानज़ादा बेगम के जिस अभियान को इतिहासकारों ने 'असफल मिशन' कहा है—हमें वह एक कामयाब 'मिशन' ही लगता है? आखिर, इसी के चलते ही तो हुमायूँ ईरान पहुँच सका और वहाँ से सैन्य सहायता प्राप्त करके कामरान को भी पराजित करके हिंदुस्तान में दुबारा सिंहासनारूढ़ हो सका? और कामरान का सगा भाई अस्करी फिर हुमायूँ की सेवा में उपस्थित हुआ था और हिंदाल भी? हुमायूँ ने अपनी बुआ खानज़ादा बेगम को स्पष्ट कर दिया था यदि, 'कामरान उसके परामर्श को मानेगा तब हुमायूँ भी उसके मन की बात को मानेगा'। इस तरह कामरान को यह विशेष दूत के रूप में बुआ को भेजा गया था। वह काबुल से अपनी बुआ से भेंट हेतु कांधार के लिए निकल और इधर खानज़ादा जून से कांधार की लम्बी और दुष्कर यात्रा पर। खैर, बुआ कामरान के कांधार पहुँचने के चार दिन पूर्व ही गंतव्य पर पहुँच गयीं। उसने इस बीच सारी बातें और माहौल को समझ लिया था। कामरान आसानी से नहीं मानेगा और कांधार तो हिंदाल से छीन ही रहा है; वह तो बदख्शां में मिर्ज़ा सुलेमान को भी भयाक्रांत करके, हुमायूँ के स्थान पर अपने प्रभुत्व को स्वीकार करने पर बाध्य कर चुका था? अत: उसने हिंदाल को गज़नी देने का वादा ही नहीं किया अपितु, खानज़ादा बेगम और हिंदाल की माँ दिलदार बेगम को आश्वस्त भी किया। किन्तु बाद में ये सब झूठे आश्वासन ही साबित हुए? अत: हिंदाल बदख्शां चला गया और वहाँ खोश्त तथा अंदराब के क्षेत्रों में दिन गुज़ारने को मजबूर हुआ था?

× × ×

जब ईरान की शाह की मदद से हुमायूँ ने आकर कांधार की घेराबंदी शुरू की तब अस्करी ने सुरक्षा की दृष्टि से अकबर को अपने बड़े भाई मिर्ज़ा कामरान के पास हिफाज़त में भेज दिया? शायद कभी किसी मौके

पर कामरान उसे हर्जाने की तरह इस्तमाल भी कर सकता था? वह हुमायूँ से अपनी शर्तें मानने पर मजबूर भी कर सकता था? खैर, काबुल पहुँचने पर कामरान ने अकबर को अपनी इसी बड़ी बुआ, खानज़ादा बेगम के संरक्षण में रखा। अब उसकी बारी आ गयी थी कि वह इस बुज़ुर्ग या ज़ईफ़ महिला से इल्तिज़ा करे कि वह कांधार जाकर हुमायूँ से किसी प्रकार के पारस्परिक समझौते की बात करे? अब खानज़ादा बेगम ने अकबर का संरक्षण मोहतर्मा खानम को सौंपा और स्वयं कांधार के लिए तेज गति से कूच किया। किन्तु इस बीच, सितम्बर 4, 1545 ई. को अस्करी ने कांधार के दुर्ग से बाहर निकलते हुए हुमायूँ के समक्ष समर्पण करने का निर्णय किया। अंततः हुमायूँ ने इसे प्रशासन-प्रबंधन हेतु बैरम खां को प्रदान कर दिया। किन्तु, अब हुमायूँ ने कामरान की कोई भी दलील सुनने से इंकार कर दिया था और खानज़ादा बेगम को भी सहज समझ में आ चुका था कि वाकई न्याय ही हो रहा है। चूँकि, मिर्ज़ा कामरान इसी योग्य था और उसने किस तरह अपने बड़े भाई के उसके दुर्दिनों में उसके साथ व्यवहार किया था—कुछ भी बेगम से छुपा हुआ नहीं था। अतः उसने मौन धारण करना ही उचित समझा और कामरान को सन्देश भेज दिया कि बादशाह हुमायूँ कांधार विजित करने के बाद स्वयं शीघ्र ही काबुल पहुँच ही रहा है और, वह भी साथ आ रही है, अतः वहीं (काबुल में) वार्ता हो जाएगी?

काबुल में वार्ता का अर्थ कामरान भी जानता था? हुमायूँ अपनी संप्रभुता की स्वीकृति की मांग करता और यह कामरान के लिए आत्म-हत्या या समर्पण के समान था? वह अपने अरमानों का गला स्वतः अपने हाथों से कैसे घोंट देता? खैर, इसी बीच हमीदा बानो बेगम को कांधार में ही छोड़कर वह अपनी बड़ी बुआ खानज़ादा बेगम के साथ काबुल के लिए लाव-लश्कर के साथ चल पड़ा। मार्ग में हल्मंद तथा अरघंद-आब की घाटियों के मध्य स्तिथ क़बल-चक में खानज़ादा बेगम गंभीर रूप से बीमार पड़ गयी। यह तिरी नामक पहाड़ी जिले का इलाका था। तीन दिन उसका उपचार चलता रहा किन्तु उसे कोई विशेष लाभ नहीं हुआ। संभवतः इस उम्र में इतनी लम्बी और दुष्कर यात्राओं के चलते ही

उनको आवश्यक आराम नहीं मिला था और उन्होनें सब बर्दाश्त करते हुए कोई शिकायत भी नहीं की थी। अत: तीन दिन के उपचार के बाद भी कोई स्वास्थ्य-लाभ नहीं हुआ और वहीं क़बल-चक में वे दिवंगत हईं। पहले उनको वहीं सुपुर्द-ए-खाक़ किया गया और तीन माह बाद उनके शव को काबुल में बाबर की कब्र के पास ही दफ़ना दिया गया। वह ज़िंदगी भर अपने भाई और उसके परिवार के लिए ही चिंतित रही और वही उसकी सही जगह थी जहाँ वह क़यामत के रोज़ तक सकून से रह सकती थी? किन्तु उसके इस अवदान की चर्चा बस हाशिये में ही रह गयी है? एक-आध हलके-फुल्के उल्लेख प्रसंग-वश हमें मिलते हैं? जबकि उनके उल्लेख में हाशिया ही नहीं, सफ़े लिखे जाने चाहिए थे?

'जो मज़ा छज्जू के चौबारे में वो न बल्ख और बोखारे में'

शाहजहाँकालीन सियासत और संत

हमारे देश में साझी विरासत की कहानी बहुत पुरानी है और, उसके किस्से मुहावरों की तरह सब की जुबाँ पर भी रहते हैं। हमारी पीढ़ी और हमसे पहले वाली पीढ़ियों ने एक कहावत और उससे बना मुहावरा खूब सुना है। यह कहावत और, उससे जुदा हुआ मुहावरा भी अलग-अलग समय पर प्रयुक्त भी होता है। जैसे हमलोग अक्सर मध्यकालीन कवि-प्रशासक-सेनापति रहीम या अब्दुर रहीम खान-ए-खाना के दोहे 'गौधन गजधन, बाजी धन और रतन धन खान/जब आवे संतोष धन सब धन धुरी सामान' का इस्तमाल करते हैं या 'अजगर करे न चाकरी पंछी करे न काम/ दास मलूका कह गये सबके दाता राम' का भी प्रायः प्रयोग करते हैं, ऐसे ही एक और मुहावरा अपनी वस्तुस्तिथि से संतोष करने के लिए भी अक्सर कहा-सुना जाता है। इस मुहावरे के पीछे की कहावत से भी मन को संतोष देने का सन्देश प्रेषित होता था। यह कहावत उस काल की बहुत लोकप्रिय कहावतों में से एक थी।

बिलकुल इसी तर्ज़ पर यह सूफ़ी कहावत भी थी, जिसकी चर्चा आज हम करने जा रहे हैं: 'जो मज़ा छज्जू के चौबारे में है/ वो न बल्ख और न बोखारे (बोखारा) में है/।' हम सब यह कहावत सुनते-सुनते बड़े हुए हैं और, हमलोगों से पहले वाली न जाने कितनी पीढियां भी। लेकिन अब हमें यह लगा रहा है कि इस पूरे प्रसंग को नए सिरे से नयी पीढ़ी के

लिए दर्ज करने की ज़रूरत है, क्योंकि हमारे पीढ़ी वाले भी इसका सन्दर्भ भूलने लगे हैं? वैसे भी हर पीढ़ी का यह दायित्व होता ही है कि विरासत में वह अपनी अगली पीढी को 'ज्ञान-संसार' सौंप जाएँ? इसी लिए जब अपनी पीढ़ी में इस कहावत के पूरे सन्दर्भ की स्मृति को शिथिल होता पाया तो इस तस्वीर को दुरुस्त करने का ख्याल आया। और तब हमने यही सोचा कि क्यों न इसका भी दस्तावेजीकरण या प्रलेखीकरण कर के अगली पीढी तक सुरक्षित पहुँचाने की एक कोशिश की जाए?

मगर ये छज्जू थे कौन? वस्तुत: जब यह पूरा किस्सा पढ़ा और समझा जाये तब यह कहावत और उसमें बल्ख-बोखारा का ज़िक्र भी हमें स्वत: समझ में आ जायेगा? इस मुहावरे और उसकी अंतर्कथा के माध्यम से अनपढ़ लोगों को भी विरासत के साथ क्षेत्र विस्तार, अर्थात भौगोलिक संरचना, सामाजिक विश्वास, सांस्कृतिक समन्वय आदि से सहज ही परिचित करवा दिया जाता था। बिना अक्षर ज्ञान के सामन्य लोग भी इसी लिए शिक्षित हो जाते थे। सूफ़ी साहित्य के इस मशहूर किस्से में वर्णित है कि, छज्जू भगत और मियाँ मीर दोनों मध्ययुगीन भारत के समकालीन संत थे। एक हिन्दू और दूसरा मुस्लिम —एक नाथ-सिद्ध और दूसरा सूफ़ी जो सूदूर पंजाब प्रांत (विभाजन-पूर्व पंजाब) के सबसे प्रसिद्ध एवं समृद्ध शहर लाहौर में निवास करते थे। वे कहने को ही बस एक-दूसरे के पड़ोसी नहीं थे? लगता था कि एक आत्मा ने दो रूप या शरीर धारण किये हैं? वे प्राय: एक ही चौबारे में आ बैठते, जो उनके घर के बीच का दालान था। संभवत: यह दालान तो छज्जू के घर का सम्बद्ध दालान था जैसा कि मुहावरे में दर्ज़ भी है? वे वहीं साथ-साथ उठते-बैठते, मिलते रहते; एक-दूसरे से समाज की चर्चा के साथ-साथ सुख-दु:ख बाँटते थे। एक-दूसरे के धर्म और धर्म-शास्त्रों के ज्ञान प्राप्त करने की पिपासा के चलते वे आध्यात्मिक रूप से एकीकृत निर्विकार परमात्मा के उपासक थे। वैंसे भी नाथ-सिद्धों और सूफ़ियों में बहुत साम्य भी था।

सिंध पर अरब विजय के पूर्व ही अरब-व्यापारियों के साथ आये ज्ञानियों, आलिमों, विधि-वेत्ताओं और सूफ़ी संतों ने योगियों, नाथों-सिद्धों के आधार-ग्रन्थ 'अमृत-कुंड' का अरबी भाषा में अनुवाद कर लिया था

और तब उन्हें एहसास हुआ था कि दोनों धार्मिक विश्वासों, आस्थाओं, व्यावहारिक आचरण में भी कितना साम्य था? अत: जब भारत में विधिवत इस्लाम के अनुयायियों के राज्य की स्थापना हो गयी तब सबसे अधिक इन दोनों—अर्थात एक ओर सूफ़ियों तथा दूसरी ओर इन योगियों-नाथों-सिद्धों में संवाद की स्थापना हुयी। और यह सिलसिला निरंतर चलता रहा तथा सशक्त होता रहा। ये दोनों ही एक-दूसरे समुदायों को सह-अस्तित्व सिखाते हुए भारत में धार्मिक, साहित्यिक, सांस्कृतिक सम्मिश्रण के लिए अधिक ज़िम्मेदार रहे। मुग़ल काल में तो राजाश्रय में इस सम्मिश्रण को और भी बल मिला था। मदद-ए-माश (कर-मुक्त भू-अनुदानों) ने इन साधकों को सुविधाजनक जीने की भी सुविधायें प्रदान करते हुए उनको अपने अध्ययन और बौद्धिक, अध्यात्मिक विकास के लिए पर्याप्त समय और साधन उपलब्ध करवा दिया। वर्तमान चर्चा का किस्सा मुग़ल शासक शाहजहाँ के काल का है। शाहजहाँ-कालीन संत-गण, छज्जू भगत और सूफ़ी मियाँ मीर उसी विकसित हुयी साझी हिन्दू-मुस्लिम सम्मिश्रित विरासत के उत्पाद थे। वे उसी थाती को आगे बढ़ाने के लिए भी जैसे कृतसंकल्प थे। और, ज़ाहिर ही है पंजाब का क्षेत्र इस धार्मिक, सैद्धांतिक, आध्यात्मिक, दार्शनिक सम्मिश्रण की सबसे समृद्ध और सक्रिय कड़ाहा था, जिसमें नानकदेव और उनके पंथ एवं शिष्यों ने भी अपनी सक्रिय एवं सकारात्मक भूमिका का निर्वहन किया था। भारत के सीमान्त प्रांत होने के नाते वहीं सबसे पहले बाह्य विचारों का आदान-प्रदान भी होता था।

इन दोनों संतों का एक दूसरे के प्रति निहायत प्रेम और भाईचारा था। एक बार मियाँ मीर छज्जू के चौबारे पर पहुँचे तो उन्हें वहाँ बन रहे खाने की खुशबू से एहसास हुआ कि भगत जी रसोईघर में खाना बनाने में व्यस्त हैं? वे सीधे रसोईघर की ओर गए और बाहर खड़े होकर पूँछा, 'अरे भाई क्या पक रहा है?' छज्जू सपाट चेहरे के साथ बोले: 'बन जाए तब देखना?' मियाँ जी ने बेक़रार होते हुआ पूँछा: 'क्या मैं तुम्हारी रसोई में प्रवेश कर सकता हूँ?' भगत जी इस प्रश्न पर गुमसुम से हो गए। उन्होनें अपने परम मित्र मियाँ मीर को कोई उत्तर न दिया? मियाँ जी ने कातर दृष्टि से देखते हुए जब दुबारा पूँछा, तब भगत जी ने झुंझलाकर

कहा: 'हरगिज़ नहीं।' एक क्षण को तो मियाँ जी ठिठके, फिर जुबान को तालू से छुड़ाते हुए पूँछ ही लिया: 'क्यूँ नहीं?' भगत जी का चेहरा तमतमा गया। वे गुस्से में बोले: 'तो पूँछा क्यूँ? तुम्हें तो अन्दर आकर झाँककर देखना चाहिए था...तुमने इस तरह के व्यवहार से न केवल हमको दुखी किया अपितु पारस्परिक मित्रता और आपसी सहभाग पर ही सवालिया निशान लगाया है? इस परायों जैसे प्रशन की तुमसे तो उम्मीद हरगिज़ नहीं थी मियाँ?' मियां जी ने जब अपना कसूर मानते हुए माफ़ी मांगी तब भगत जी फफक कर रो उठे और बोले: 'अरे यार मीर हम तो सोच रहे थे, मेरे न कहने पर तू अन्दर चला आएगा और दोस्ती के नाते कुछ धौल-धप्पड करेगा? चूल्हे पर चढ़े बर्तन से बन रही सब्जी चखने के लिए हक़ से निकाल लेगा, मगर तुझे आज क्या सूझा? ये तुझे हुआ क्या? सब्जी न निकाल कर दिल दुखाने आया है क्या' बस इतना कहना था कि कहाँ का खाना कहाँ की रसोई और बसन-बासन, दोनों दोस्त गले लग कर देर तक रोते रहे। आँसू, वेदना और ह्रदय सब एक हो निर्मल तथा वे दो महान आत्माएँ शाँत-सुखी हुए। उनकी दोस्ती ऐसी ही ज़बरदस्त बुनियाद पर खड़ी हुयी ठिया और समय के साथ पनप कर समृद्ध होने पर और अधिक गझिन गुंठन का स्वरुप धारण कर चुकी थी, जिसमें गिरह-गाँठ का अनंत सिलसिला था।

ये दोनों ही संत दो मुग़ल बादशाहों, यथा, जहाँगीर और शाहजहाँ के समकालीन थे। जिस प्रकरण की हम चर्चा कर रहे हैं, यह किस्सा बादशाह शाहजहाँ के शासन-काल का है। क़ादिरिया संप्रदाय के सूफ़ी संत मियाँ मीर अक्सर 'अमल' और 'शुगल' में ही रहते थे। उनके स्वभाव, प्रभाव एवं उनकी लोकप्रियता के चलते हिन्दू-मुस्लिम, अमीर-गरीब, ज़रूरतमंद-असहाय, साधु-शैतान, सामर्थ्यवान-दुर्बल सभी उनके दरबार में हाज़िर रहते थे। गवैयों-नर्तकियों का नाँच-गाना, कव्वाली और मुजरा सभी होता रहता था। जैसे-जैसे उनकी लोकप्रियता और प्रभाव-क्षेत्र में वृद्धि होती गयी, उनसे नाराज़ रहने वालों की संख्या में भी वृद्धि हुयी? चिश्तिया संत भी उनसे उनकी लोकप्रियता के चलते इर्ष्यावान, और नाराज़

और नक्श्बंदिये भी, हिन्दू भी और मुस्लिम भी। इन सब की इर्ष्या ने जल्दी ही अपना रंग दिखाया और लाहौर सूबे (प्रांत) के 'वाक्या-नवीस' और 'खुफ़िया नवीसों' के माध्यम से बादशाह के दरबार में भी मियाँ मीर की शिकायत पहुंची: 'मियाँ साहब के यहाँ रात-दिन, चाहे-अनचाहे 'ओबाश लोगों' का मजमा रहता है...।' खानक़ाह से ही सही ऐसी शिकायत मिलना कि वह रात-दिन बदचलन और आवारा औरत-मर्दों का मजमा लगा रहता है बादशाह के लिए तो परेशानी का सबब था ही? उसने खुद इस मामले की जाँच करने का फैसला मन ही मन लिया।

मुग़ल बादशाह के कान बेवजह नहीं खड़े हुए थे? यह स्वाभाविक भी था? उसको हर प्रांत की खबर वहाँ का 'वाक़िया-नवीस' और शहर कोतवाल देते थे। मगर, मियाँ जी का मामला फ़र्क था। शाहजहाँ का प्रिय एवं बड़ा पुत्र और मुग़ल सल्तनत एवं ताज का 'वली-अहद' (वैध उत्तराधिकारी) दारा शिकोह खुद मियाँ जी के दर्शन कई बार पूरी श्रद्धा से कर आया था और उनका शिष्यत्व तक ले चुका था। ज्येष्ठ मुग़ल राजकुमार दारा शिकोह मियाँ मीर को अपना पीर या औलिया मानता था। अत: इस मामले में किसी प्रकार की चूक न करने के उद्देश्य से बादशाह ने स्वयं जाकर इस मामले की जांच करने के लिए अपनी राजधानी आगरा से दिल्ली के लिए कूच किया। फिर वहाँ से दल-बल सहित वह लाहौर के लिए निकला। जब शाही लश्कर रावी नदी पार कर रहा था तब बादशाह के घोड़े ने बीच दरिया में पेशाब और लीद कर दी...खैर, बादशाह का लश्कर लाहौर पहुँच कर सीधे मियाँ मीर के खानक़ाह पहुँचा। इसमें बादशाह के साथ साम्राज्य का सद्र-ए-आला और मीर सामाँ, मुग़ल सेना का द्वितीय बख्शी, लाहौर का सूबेदार और वहाँ वाकिया-नवीस, लाहौर शहर का कोतवाल, शहर काज़ी सभी सम्मिलित थे। इन प्रमुख अधिकारियों के साथ शाही लश्कर मियाँ मीर की खानक़ाह पहुंचा और उसने अपने आने का मकसद बताया। मियाँ मीर ने सीधे जवाब न देते हुए बादशाह से हँसकर उलटे एक शिकायत की। मियाँ जी ने फ़रमाया बादशाह शिकायत तो हमें भी है और वह भी मुल्क के बादशाह से? बादशाह असमंजस में पड़ गया और एकटक मियाँ जी की

ओर उत्सुकता से उनकी शिकायत सुनने के लिए देखने लगा। तब मियाँ मीर ने आहिस्ता से कहा, कि बादशाह आपको तो मालुम ही है, आपके शाही घोड़े ने पेशाब और लीद करके रावी नदी का जल अशुद्ध कर दिया है अब हम 'वुजू और गुसल कहाँ एवं कैसे करेंगे...? उसकी वजह से कितनी परेशानी हो गयी...सब जल ही इस अश्व के शौच से अशुद्ध हो गया है...एक धर्म-संकट की घड़ी आन खड़ी हुयी है।'

बादशाह शाहजहाँ धीरे से हँसे और कहा: 'साईं साहब, आप तो आलिम हैं, संत हैं, पहुँचे हए पीर-फ़कीर हैं, ज्ञानी होकर ऐसी बात क्यों कर रहे हैं? आप तो जानते ही हैं कि भला घोड़े की लीद-पेशाब से कहीं दरिया पलीत या नापाक होता है? बहता पानी है...उसपर कहाँ असर होता है?...प्रवाह में फिर सब निर्मल हो जाता है।' मियाँ मीर ने अब संजीदगी से जवाब दिया: 'ए बादशाह-ए-हिंदुस्तान...रावी तो महज़ एक दरिया है, फ़कीर का दिल तो बामस्त समुद्र है, अगर वह दुनिया की अलाइश से पलीत हो सकता है, तब वह (नदी या दरिया रावी) क्यूँ नहीं?' संत ने स्पष्ट कर दिया की जिस तरह बहता जल इन छोटी अशुद्धियों को दूर कर देता है उसी प्रकार से धार्मिक-आध्यात्मिक संत लोगों के दिल में कोई नापाक इरादा कैसे पनप सकता है? संक्षेप में, मियाँ मीर ने वही कहा जो कबीर पहले ही लिख गए थे: 'संत न छोड़े संतई/कोटिक मिलें असंत'। और फिर इस्लाम के इन प्रचारकों का काम तो हर बुरे इंसान को सही राह दिखाना ही तो था? हिंदुस्तान में यह काम तो शेख मुईनुद्दीन चिश्ती साहब के काल से शुरू हो गया था? इस एक प्रकरण से मियाँ मीर ने हिंदुस्तान के बादशाह को अपनी बात स्पष्टत: समझा दी और उसने इस इशारे को समझ भी लिया और अपने अधिकारियों की ओर हिकारत की एक नज़र डाली। और वह कुछ पल के लिए बिलकुल खामोश हो गया।

इस तरह से अनायास हुए इस पूरे वार्तालाप से बादशाह को समझ आ गया कि इस पहुँचे हुए संत की शिकायत लोगों ने मात्र इर्ष्यावश ही की थी? जिस घोड़े की सवारी बादशाह स्वयं कर रहा था उसकी बीच रावी में की गयी इस हरकत के बारे में या तो वह स्वयं जानता था या

खुदा...तो इस बन्दे को रावी के इस पार लाहौर की अपनी खानक़ाह में बैठे-बैठे अपनी दिव्य-दृष्टि से अगर पता चला है तो यह पक्का इबादत में लगा निहायत ही खुदा का पहुँचा हुआ बौद्धिक-आध्यात्मिक बंदा ही है। इस वाकये का अभिप्राय समझते हुए, अवाक और निरुत्तर हो चुके बादशाह के समक्ष कोई विकल्प ही नहीं था सिवाय मियाँ मीर की आध्यात्मिकता को स्वीकार करने के? उसने बात बदलते हुए मुँह छिपाने की गरज से यही कहा कि हमसे तो जब से अपने फरज़न्द दारा ने आपकी तारीफ़ और शान में कसीदे सुने थे, तभी से खानक़ाह में हाज़िर होने की इच्छा थी। इस शिकायत की जाँच को बहाना बना कर निकल ही आये वरना सल्तनत के कामों से कब फुर्सत मिलती है? बस इसी प्रकरण से ही सही, मियाँजी के हुज़ूर में हाज़िर होने की बात को अपनी खुश-किस्मत कहकर उनसे माफ़ी मांगकर उसने तुरंत ही उनसे रुखसती की इजाज़त मांगी।

संयोगवश जिस समय बादशाह शाहजहाँ मियाँ मीर से अपने वापस चलने के बाबत बात कर रहा था, उसी समय मियाँ जी के पक्के दोस्त छज्जू भगत भी बादशाही लश्कर की खबर पाकर अपने दोस्त के ख्याल-खबर लेने के लिए मियाँजी के खानक़ाह में हाज़िर हो चुके थे। मियाँजी ने उन्हें आया देख, खुद उठकर बड़ी आवभगत के उपरान्त उन्हें अपनी गद्दी पर बिठाया किन्तु बावजूद तार्रुफ्फ करवाने के बादशाह ने भगत जी कोई महत्त्व दिया ही नहीं। बादशाह तो मियाँ मीर के चौबारे के हाल और रंग-ढंग को देखने-जाँचने पहुंचा था सो उसका काम पूरा हो चुका था वह जल्दी से जल्दी बादशाहत के बाकी काम निबटाने के लिए उत्सुक था। उसे संतों, पीरों, फ़कीरों, आलिमों से न तो ख़ास वास्ता और न ही उनके प्रति कोई विशेष आदर का भाव या आग्रह? इस मामले में वह बाबर, हुमायूँ और अकबर से बहुत फर्क़ था। और शायद आने वाले अगले बादशाह, औरंगज़ेब के पूर्व चिन्ह और संकेत शाहजहाँ के मिजाज़ और दृष्टिकोण से मिलने लगे थे। मियाँजी को लगा कि 'श्मशान-विरक्ति' की भाँति बादशाह भी दुनियावी भटकाव में ही जी रहा है। अभी भी उसके सर के ऊपर सिर्फ़ बादशाहत का भूत सवार है...संतों की महफ़िल और

उपस्थिति में भी बादशाह पर कोई ख़ास आध्यात्मिक असर नहीं दिखा था? वह बादशाही में मगरूर बस जाने की जल्दी में ही दिखा। उसे सरकारी अमले और कार्यों को निबटाने की जल्दी में संतों, भक्तों और सत्संग से जैसे कोई वास्ता नहीं था? उसनें छज्जू भगत जैसे पीर का देखा-अनदेखा किया बावजूद इसके कि स्वयं मियाँ जी उनकी तारीफ़ में कसीदे पढ़ रहे थे? और वो यह बताने से भी नहीं चूके कि यह चौबारा जिसका दोनों ही सामान्य रूप से उपयोग करते हैं वह भी वस्तुत: छज्जू का ही है। अत: मियाँ जी को उनके दोस्त के प्रति बादशाह का यह बेरुखी भरा व्यवहार कत्तई रास न आया?

बादशाह की बादशाहत का गरूर और ऐंठ दोनों ही संत को और शायद उनके खुदा को बहुत नागवार गुज़री? बादशाह उसी अकड़ और गुरूर से संतों के चौबारे से वापस गया जिस बेहिस अंदाज़ से वह आया था जैसे वह खुद गुनाहगार मियाँ मीर पर कोई भी दंडात्मक कार्यवाही न करके कोई एहसान लाद गया हो? उसका मियाँ जी के रूहानी प्रभाव का असर उसी तरह ख़त्म हुआ जैसे लोगों का किसी अंतिम या शव-यात्रा या मय्यद में शरीक होना के बाद श्मशान-घाट या कब्रिस्तान से निकलते हुए होता है? उनकी पीठ जैसे ही इधर से मुडती है वे वापस दुनियावी बातों में उलझ जाते हैं? दोनों ही संतों की त्योरियां बिना चढ़े ही चढ़ सी गयीं...उन्हें बादशाह का यह रुख कत्तई रास नहीं आया भले ही आमजन की भाँति बहुत नागवार न भी गुज़रा हो...मगर अपने परवरदिगार को याद करके दोनों ही चुप रह गए। मगर, 'मोटी हाय का असर तो होता है सो हुआ...' खुदा ने अपने बन्दों की अनकही फ़रियाद सुनी और बादशाह को दण्डित करने का फैसला कर दिया।

अभी बादशाह शाहजहाँ मियाँ मीर के यहाँ से रुखसत हुए थे और बमुश्किल अपने शिविर में पहुँच पाए थे कि उनको एकबारगी अफ़रा चढ़ा। बादशाह सलामत की तबियत क्या बिगड़ी उनका इलाज़ शुरू हो गया। लेकिन वे सारे हकीम, वैद्य और यूनानी चिकित्सक सब थक गए किसी की भी दवा से बादशाह को कोई फायदा ही नहीं हो रहा? ज़ाहिर सी बात है जब रात होने लगी और कोई लाभ नहीं हुआ अपितु बादशाह

की स्तिथि बद से बदतर होने लगी तब सारा शाही शिविर सोचने लगा कि क्या बादशाह के ऊपर कोई ऊपरी या रूहानी असर तो नहीं? सरे चिकित्सकों ने भी अपने अजमाए हुए नुख्सों और दवाओं के बेअसर होने पर भी यही संदेह किया कि, हो न हो कोई 'ऊपरी बाधा' है? अब सहज सवाल था कि, क्या बादशाह ने गैर-इरादतन संत की महफ़िल में अनादर का भाव तो नहीं प्रकट कर दिया? क्या उससे जाने-अनजाने संतों की शान में कोई गुस्ताख़ी तो नहीं हो गयी? क्या चाहे-अनचाहे में वह कुछ गलत बयानी तो या ऊँच-ऊँच-नीच का आचरण तो नहीं कर गया? उधर बादशाह स्वयं अपराध-बोध से ग्रस्त तो था ही। कसूर तो उससे हुआ ही था कि बेवजह की शिकायत पर मियाँ जी की जाँच के लिए ही नहीं उन्हें दण्डित करने के उद्देश्य से चल पड़ा था और फिर एहसान दिखा रहा था, जैसे उसने मियाँजी को बख्श कर के उनपर अपार दया की थी? जैसे ही बात स्पष्ट हुयी, मुग़ल सैन्य-मंत्री या मीरबख्शी ने बादशाही लश्कर का एक फौजी प्यादा मियाँ जी के यहाँ भेजा। वह दौड़ा-दौड़ा मियाँजी के यहाँ हाज़िर हुआ और उसने संत को बादशाह की तबियत का सारा हाल सुनाते हुए बताया कि, बादशाह के पेट में हवा भर जाने और बेतहाशा फूल जाने की वजह से उनको बहुत दर्द हो रहा है और किसी भी दवाई से ठीक नहीं हो रहा है। मरता क्या न करता वह मियाँ जी से बादशाह की तबियत ठीक करने के लिए दुआ करने की इल्तज़ा करने आया है। उसने अपने-आप को बादशाह के मुलाजिम होने के नाते उसके प्रतिनिधि के रूप में यह गुहार की?

मियाँजी नें पूरी बात धैर्य से सुनी और कहा कि वे तो इसमें असमर्थ हैं मगर हाँ उनके दोस्त छज्जू भगत के ही पास इस तरह के रोग का इलाज़ है वे इस तरह के लाइलाज मरीजों को उनकी तरफ़ भेज देते हैं? जो बादशाह की हालत है उसका इलाज़ तो छज्जू भगत के पास ही है, उनके पास नहीं और, वे ही बादशाह को इस अफ़रे से निजात दिला सकते हैं, वे स्वयं चाहकर भी इस बीमारी में कोई राहत नहीं दे पाएँगे न उनके पास इस मर्ज़ की कोई अचूक दुआ ही है? प्यादा वहाँ से भागा-

भागा छज्जू भगत के यहाँ पहुँचा। उसने भगत जी को भी वही सुनाकर बादशाह को कष्ट से निजात दिला देने की गुज़ारिश की। भगतजी ने उससे जवाब में बस इतना ही कहा 'मैं टुटपुन्जिया सा आदमी दवा-दारु-दुआ क्या जानूँ? इसकी काट तो बस मियाँजी के ही पास है।' वह बेचारा फिर मियाँ जी के पास जा पहुंचा। मियाँजी ने साफ़-साफ़ कहा: 'इसका इलाज़ सिर्फ़ और सिर्फ़ भगत जी के पास ही है वे ही अवाज़ार हो रहे बादशाह को आराम दिलवा सकते हैं।'

प्यादे के दुबारा अपने दरवाज़े पर पहुँचने पर भगत जी फिर वही कहा और जोड़ा कि 'यह तो साईं जी की उनके ऊपर भी कृपा है, वे बंदानवाज़ी है...मियाँ जी ही असली साहबे-कमाल हैं... उनके सामने और रहते हुए वे बादशाह को क्या ठीक कर सकते हैं? उनकी क्या बिसात? वे तो खुद हर बात के लिए मियाँ जी पर ही निर्भर हैं?' प्यादे ने सारी बातें आकर शाही शिविर में मीर बख्शी को बताईं। अत: प्यादे से बात बनती न देख, मुग़ल साम्राज्य के खान-ए-सामां मय हकीम-ए-हुक्काम के, मियाँ जी के यहाँ उपस्थित हुए, और बादशाह को पेट में बेवजह हुयी तकलीफ़ से निजात दिलाने के लिए अर्ज़ की। मियाँ जी ने हकीम साहब को सवालिया निगाहों से देखा। हकीम-हुक्काम ने फ़रमाया: 'हुज़ूर हम सारे इलाज़ करके थक चुके हैं और दवाईयों से फ़ायदे की जगह सिर्फ तकलीफ़ ही बढ़ रही है...इसका इलाज रूहानी ही हो सकता है...उनको कोई जिस्मानी तकलीफ़ है ही नहीं। यह बात हम सब ही नहीं खुद बादशाह सलामत को समझ आ गया है इसी लिए तो हमें आपसे इल्तज़ा करने के लिए भेजा है।' मियाँ जी ने बिना टस से मस हुए रूखे से स्वर में दोहरा दिया: अरे यार कहा तो है कि इसका इलाज़ सिर्फ़ छज्जू भगत के पास है। वे बोले: 'मगर भगत जी तो कहते हैं कि आपके आगे उनकी क्या हस्ती? हमारा प्यादा तो आपके ही कहने पर भगत जी के यहाँ भी दो-दो बार गया था।'

अब मियाँ जी ने बेहद संजीदा होते हुए कहा 'बादशाह सलामत से जाकर कहो कि उन्हें भगत जी के यहाँ प्यादा नहीं भेजना चाहिए था उन्हें स्वयं उपस्थित होना था?' बिना मरीज़ के क्या इलाज़ मुमकिन है। अगर

दुआ भी करनी है और दुआ करके ही फूँका तो जायेगा? तो क्या प्यादे या आप लोगों को फूँकने से बादशाह को फ़ायदा पहुँच सकता है? ये कोई दवाई तो है नहीं कि, तैयार की और आपने जाकर बादशाह को खिला-पिला दी और आराम हो गया? अगर ये रूहानी मामला है तब इसका असर प्रत्यक्ष बादशाह को दुआ के बाद फूँकने से ही मुमकिन हो सकता है? इधर, चूँकि, सारे हकीम, वैद्य और उनके किये गये सभी इलाज़ जवाब दे बैठे थे, तब कोई विकल्प न जानकर, अंततः बादशाह खुद हाज़िर हुए छज्जू के चौबारे पर...। मियाँ जी के साथ भगत जी के यहाँ स्वयं उपस्थित होकर, शाहजहाँ भगत जी से मुखातिब होकर विनीत स्वर में बोलेः 'ए संत मेरी ख़ता बख्श दी जाए...मैं बड़ी मुश्किल में हूँ। इस असह्य पीड़ा से निजात दिला दी जाए, अब नहीं लगता कि हम बचेंगे भी।'

छज्जू ने पूरे ध्यान से बादशाह की बात सुनी और तब उत्तर देते हुए बोलेः 'ऐ बादशाह तुम्हे अपनी बादशाही का इतना गुमान क्यूँ है? तुम मियाँ जी पर निराधार आरोप के बहाने जाँच करने और दण्डित करने के लिए लाव-लश्कर लेकर चढ़े चले आये? और, अब कहते हो कि हम कुछ करें? हम जैसे मामूली लोग किसी बादशाह का क्या कर सकते हैं? तुम्हारे पास हाकिम, वैद्यों यूनानियों की पूरी फौज़ है...एक से बढ़कर एक। तुम तो हम-लोगों को माफ़ी के भू-अनुदान भी बख्श्ते हो? हमें भी राज्य का चाकर-सा ही मानते हो...तुम्हारी नज़र में हम सब राज्य और तुम्हारी व्यक्तिगत कृपा पर निर्भर जो हैं...तुम दौलत और शक्तिशाली बादशाह हम फक्कड़ फकीर।' बादशाह की बेचैनी बढ़ती जा रही थी, वह दर्द की वजह से सिर्फ़ तड़पकर करवटें बदल रहा था। वह अब गिडगिडाकर बोला 'भगतजी अब रहम कीजिये...तकलीफ़ बर्दाश्त के बाहर है... बस दम निकला जा रहा है।'

छज्जू ने व्यंग में कहाः 'ए शाहंशाह हमारी दुआ से राज़ी हो गए तब क्या करोगे? ठीक और स्वस्थ होने के एवज़ में हमें क्या दोगे? तुम तो सबको इनाम-इकराम से माला-माल कर देते हो?' याचक हो चुके बादशाह शाहजहाँ ने फिर भगत जी से अनुरोध कियाः 'आप जो

चाहैं...हम वही आपको दे देंगे...बस ठीक कर दीजिये हज़ूर...अब, आप ही फरमाईये...?' छज्जू ने प्रतिप्रश्न किया: 'ए बादशाह तेरे पास है ही क्या फ़कत बादशाही न? वह भी तो रियाया और खुदा की ब्ख्शी हुयी है? फिर भी, चलो, अगर वही तेरे पास है तो आज के लिए तुम्हारी ये 'बादशाहत' ही कबूल किये लेते हैं...जैसे कभी बादशाह हुमायूँ ने अपने मददगार सक्का (भिश्ती) निज़ाम को एक दिन की बादशाहत बख्शी थी, उसी परंपरा का पालन करते हुए बादशाहत का पट्टा हमारे नाम लिखो और शाही मोहर लगा कर हमें दे दो?' असहाय बादशाह... मरता क्या न करता... जान जाती तो बादशाहत कहाँ बचती? बादशाह ने वही किया और पट्टा लिख, शाही मोहर लगवा कर उसे भगत जी के हाथों में पेश किया। इस लेने-देने में बादशाह के हाथों को भगतजी के हाथ का स्पर्श होते ही उसके पेट की हवा रफूचक्कर और बादशाह पूर्णत: स्वस्थ हो गया। जैसे उसे कोई तकलीफ थी ही नहीं?

बादशाह ने अपने पेट पर हाथ फिराया, मीर सामाँ और हकीम जो साथ-साथ खड़े थे उनकी ओर देखते हुए फ़रमाया: 'वाकई पेट की हवा खारिज हो गयी है, पेट हल्का हो गया है और बहुत आराम है। बड़ी राहत हुयी...आफत टली...जान में जान आई...वरना लगता था कि आज के बाद साँसे ख़त्म।' फिर, मीरबख्शी की अनुपस्थिति में साथ आये द्वितीय बख्शी को हुक्म दिया, 'अब वापस चलने की तैयारी हो।' छज्जू भगत जी ने जैसे ही शाहजहाँ का यह शहंशाही अदा और अंदाज़ देखा तो हंस पड़े। यह शख्स अभी अपनी जान के एवज़ में बादशाहत छोड़ चुका और ठीक होते ही तेवर बदल दिए? वे बिना बोले न रह सके: 'अरे, होश में तो हो बादशाह-ए-हिन्दुस्तान? अब कैसा हुक्म और कैसी बादशाहत? हिंदुस्तान की हुकूमत का पट्टा तो हमारे नाम हो चुका है? ये देखो हमारे हाथ में है...और हिंदुस्तान की बादशाहत भी। अब तुम्हारी हस्ती बादशाह की नहीं रही। तुम सिर्फ शाहजहाँ हो बादशाह शाहजहाँ नहीं?' शाहजहाँ, मीर सामां, द्वितीय बख्शी, हकीम साहब, लाहौर के सूबेदार और सूबे के वाकिया-नवीस सब के चेहरे स्याह पड़ गए। बादशाह, झुंझलाए, बिलकुल हताश होकर खुद से ही बोले 'ये क्या

तमाशा हुआ?' और दिल ही दिल समझ गए कि अल्लाह-ताला ने कोई ज़बरदस्त सबक़ सिखाया है?

बादशाह किंकर्तव्यविमूढ़ सा वह वहीं, छज्जू के चौबारे में बैठ गया? छज्जू भगत बोले: 'अपने कौल से मुड़ने वाले बादशाह, न्याय की तराजू के एक पलड़े पर हिंदुस्तान की बादशाहत और दूसरी ओर गन्दी हवा का इलाज। इसपर भी तुम घमंड और तक़ब्बुर का शिकार होकर रूहानी लोगों की बराबरी और मुकाबला करने की हिमाकत करते हो? हम तो फक्कड़ फ़कीर हैं, जो ख़ुदा से हम-पंजा हैं। मियाँ मीर जैसे ख़ुदा के जो ख़ास बन्दे हैं, उनके मुकाबले की कभी हिमाकत भी न करना? और न कभी किसी संत-फकीर का बुरा करने की सोचना भी। ऐ मगरूर और दुनियावी सत्ता में चूर बादशाह अभी इसी वक़्त अपनी तशरीफ़ ले जाओ इस चौबारे से...इस मुल्क के तुम बादशाह भले हो पर एक सच्चे इंसान हरगिज़ नहीं हो...और संतों-फ़कीरों से तुम्हे वास्ता भी क्या? अपनी सल्तनत का यह तन्दीरा और लाव-लश्कर भी हमारे यहाँ से उठा ले जाओ।' इतना ही नहीं उसी पल भगत जी ने उस बादशाहत के शाही मोहर लगे पट्टे के कागज़ को पाश-पाश, तार-तार, टुकड़े-टुकड़े कर हवा में उड़ा दिया...दुनियावी चीज़ों और बातों के ऊपर जो उनका असली गुस्सा और नाराज़गी थी, वह इस कागज़ी वास्तविकता को नकारने पर...उसे खारिज़ करने में निकली। इसी के साथ ही शाहजहाँ को एहसास हो गया कि दुनियावी आकर्षणों से बहुत ऊँचे और इल्म-इबादत की दुनिया के बन्दों को पट्टे, कागज़ और बादशाहत का कोई मोह नहीं।

अब बादशाह को एक ही पल अपनी गलती और गुरूर का एहसास हो आया वह एक बच्चे की मानिंद भगतजी के पैरों पर गिर पड़ा। शाहजहाँ छज्जू से माफ़ी माँगने लगा और मियां मीर से भी माँफी की गुज़ारिश की। उसके प्रमुख दरबारी-अधिकारी सभी दंग रह गए। शाहजहाँ जैसा बादशाह बस एक ही रट लगाए रहा: 'हमें अपनी गलती और गुनाह दोनों का एहसास हो गया है...आईंदा से ऐसी न तो कोई गलती होगी... न हिमाक़त। इस नाचीज़ को आप बस एक बार माफ़ी दे दीजिये।' मियाँ मीर और छज्जू भगत ने एक-दूसरे की ओर देखा और

भगत जी कहा: 'माफ़ी देने का हक़दार तो साईयों का साईं मियाँ मीर हैं, मैं नहीं...?' बादशाह ने कहा 'हमें समझ आ गया है कि यह हिन्दू-मुस्लिम, सय्यद-अल्जाफ़, ऊंच-नीच, अमीर-गरीब का फ़र्क सिर्फ हमलोगों में है, पीरों-फ़कीरों, साधू-सन्यासियों, सूफ़ीयों-नाथों में नहीं... हमें आप लोगों से ही सबक लेना चाहिए। आईंदा हम भी इस बात का पूरा ख्याल रखेंगे... अब हमसे रूहानी लोगों के प्रति इस बादशाह से कोई गुस्ताख़ी कभी न होगी।'

मियाँ मीर ने बादशाह को आगे बात समझाते हुए कहा 'शाहजहाँ शायद तुम भूल रहे हो कि पैगम्बरी का यह उसूल खुद रसूल ने समझाया था और, हदीज़ में इसके अनगिनत वाकये हैं...बादशाहत...में दरवेशी और जमशेदी दोनों का सम्मिश्रण होना चाहिए। अब खिलाफ़त के दौर के बाद अगर सुल्तनत और बादशाहत कायम हुईं हैं तब भी यह ख्याल तो कमोबेश रहना ही चाहिए चाहें तबियत जमशेदी ही रहे और दरवेशी न भी हो...तो कम से कम...पवित्र खलीफ़ाओं की उस पाक परंपरा और सिद्धांत के लिहाज़ से दरवेशों का लिहाज़ और ख्याल तो सुल्तानों और बादशाहों को हमेशा रहे ही? और खिलाफ़त के ऊँचे आदर्शों की याद दिलाता रहे। जो रूहानी, आध्यात्मिक, धार्मिक, सांस्कृतिक लोगों और आलिमों-विद्वानों को राज्य की तरफ से 'मदद-ए-माश' या 'सयूरघल' या माफ़ी की ज़मीनें दी जातीं हैं, वे किसी बादशाह की जागीर नहीं है यह अल्लाह-ताला की नेमत है और शासक उसकी इबादत करने वालों को दिए इस माफ़ी की ज़मीन के माध्यम से कुछ उसका हक अदा करने की कोशिश करता है।'

'...और इस माफ़ी की ज़मीन के टुकड़े पर किसी धर्म और किसी ख़ास संप्रदाय का हक नहीं...हर मज़हब के इबादत करने वाले बन्दों और आलिमों को ही ये बिना भेद-भाव के तकसीम होनी चाहिये...जाओ अपना राज-पाट सम्हालो... हमें अपने काम में रहने दो...हाँ जाते वक़्त ख्याल रहे कि तुम्हारा शाही घोड़ा खुदा द्वारा बख्शी गयी हमारी रावी नदी दुबारा से पलीत न करे।' इस तरह से माहौल को हँसी-मज़ाक से हल्का करके दोनों संतों ने बादशाह शाहजहाँ को ज्ञान देकर विदा किया और

तभी से यह कहावत चल पड़ी, 'जो मज़ा बल्ख न बुखारे में, वह मज़ा छज्जू के चौबारे में।'

× × ×

अब इस कहावत की एक छोर पूरी हुयी यानि 'छज्जू का चौबारा' और इसका महत्त्व तो समझा अ गया मगर इत्तेफ़ाक से पूरे मुहावरे को पकड़ने के लिए इसका दूसरा छोर भी पकड़ में आना चाहिए? बादशाह शाहजहाँ और छज्जू की बात तो सबके समझ में आ गई होगी मगर, बल्ख और बुखारे का इससे क्या वास्ता? वस्तुत: बादशाह शाहजहाँ ही वो मुग़ल बादशाह था जिसे अपने वंश वालों की पैतृक भूमि को पुनार्विजित करने का श्रेय दिया जाता है। मुग़ल या बर्लास तुर्क (जिन्हें चगताई तुर्क भी कहा जाता है), मध्येशिया के मूल निवासी थे और इनके पूर्वज अमीर तैमूर ने अपने साम्राज्य की राजधानी समरकंद को बनाया था। वहीं शाहजहाँ के काल में उनका पूरा क्षेत्र बाबर के ही काल से उज़्बेगों के हाथ में आ चूका था। बाबर के तमाम प्रयास उज़्बेग नेता शैबानी खां के हाथों निष्फल हुए थे। हुमायूँ तो वैसे ही भारत में अफ़गानों से परेशान था और फिर पराजित होकर ईरान की शाह के यहाँ खुद ही शरणागत रहा था। अकबर की इच्छा और काबिलियत भी थी कि वह अपने पैतृक राज्य को पुनार्विजित करता। उसके पास संसाधन भी पर्याप्त थे किन्तु अब्दुल्लाह बेग उज़्बेग की शक्ति और सबल प्रतिरोध के चलते यह कत्तई संभव नहीं था। जहाँगीर की भी महत्त्वाकांक्षा तो थी किन्तु अन्य व्यक्तिगत कारणों के अलावा राजनीतिक स्थिरता के अभाव में यह संभव नहीं था। अत: शाहजहाँ को बल्ख-बदख्शां के शासक नज़र मोहम्मद के शासन के समय यह अवसर मिल गया।

शाहजहाँ के काल में ही बल्ख की विजय जुलाई 1646 ई. में संपन्न हुई जब मुग़ल राजकुमार मुराद अपनी पूरी सेनाओं के साथ बल्ख में जुलाई 7 को दाखिल हुआ। किन्तु उसकी इच्छा वहाँ नियुक्त रहने की हरगिज़ नहीं थी। शाहजहाँ चाहता था कि वह बल्ख के साथ-साथ

बोखारा तथा समरकंद का मुग़ल वाइसरॉय के रूप में प्रशासन संभाल ले किन्तु उसने स्पष्ट कर दिया कि वह बिना अपने पिता से एक बार मिले इतनी दूर की नियुक्ति हेतु तैयार नहीं है। अंतत: वहाँ के हालात बिगड़ने लगे तब औरंगज़ेब को वहाँ फ़ौरन भेजा गया (अप्रैल, 1647-अक्टूबर, 1647 ई.) तब जाकर उसने वहाँ की सेनाओं को तो पराजित किया। किन्तु, इसी के साथ सभी को बढ़ती ठण्ड में वापस हिंदुस्तान लौटने का एहसास सताने लग? ठण्ड के मौसम में वहाँ पर प्रत्यक्ष मुग़ल नियंत्रण व शासन संभव नहीं था। हिन्दुकुश के सारे दर्रे बर्फ से आच्छादित होने के कारण भारत से बल्ख-बोखारा का मार्ग सर्दी भर अवरुद्ध रहता था। अत: विजय तो हासिल हुयी...किन्तु वे दूर के ढ़ोल ही साबित हुई? अत: जो व्यक्ति (शाहजहाँ) अपने-आप को सिर्फ बल्ख-बोखारा की विजयों के चलते अकबर से भी बेहतर और श्रेष्ठ होने का दावा करने लगा था, उसके लिए बल्ख-बोखारा भी एक सबक ही साबित हुआ।

अत: जैसे पेट की हवा ने बादशाह के होश गुल किये थे वैसे ही बल्ख-बोखारा जीतना तो एक बात मगर उनपर प्रत्यक्ष नियंत्रण बनाए रखना दूभर था। किन्तु सभी मुग़ल बादशाहों को हिंदुस्तान की बादशाहत के बावजूद कभी पैतृक क्षेत्र पर स्थायी पुनर्विजय नहीं मिली और मन के लड्डू ऐसे ही रहे। वे सदैव उसके लिए लालायित ही रह गए। इसीलिए संतोष क्या है? बल्ख-बोखारा विजित करने के बाद भी हिंदुस्तान से उसपर राजनीतिक-प्रशासनिक नियंत्रण रखना व्यवहारिक रूप से कत्तई संभव नहीं था? अत: उसका कोई लाभ हुआ नहीं? तो ख्याली पुलाव पकाने से क्या लाभ कितनी जानें गयीं, कितने पशु हताहत हुए, लाखों रुपये खर्च हुए, मुगलिया सत्ता की प्रतिष्ठा दाँव पर लग गयी? और हासिल क्या? औरंगज़ेब ने वहाँ के शासक को संधि के लिए ही बाध्य करने में अपने-आप को समर्थ पाया, जिसकी शर्तों के अनुसार उनके द्वारा मुग़ल बादशाह की बस अप्रत्यक्ष संप्रभुता ही तो स्वीकार हुयी? दूसरी ओर हिंदुस्तान के लाहौर में छज्जू का चौबारा...जहां बादशाहत की हनक नहीं तो, कम से कम बादशाह के देह की तकलीफ़ भी तो नहीं शेष रहती? ज़हाँ जिस्मानी नहीं तो रूहानी राहत तो नसीब होती है? जहाँ आकर

बादशाहत और अपनी ज़िंदगी भी बेमानी ही लगने लगे? साँसे शरीर से छोड़कर जाते-जाते अपनी असह्यता का एहसास और फिर रूहानी लोगों की दुआओं, प्रार्थनाओं का असर और सांसों का क्रम फिर से जुड़ जाना...? जहाँ सारे जहाँ और, उस जहां में खुदा और उसके बन्दे की दूरी ही सिमट जाती हो? और सिमटी हुयी महसूस की जा सकती है...अत: ज़ाहिर ही है, 'जो मजा छज्जू के चौबारे में...वो न बल्ख न बोखारे में?'

●●●